保护遗产　永续根脉

——社会力量参与文物保护利用实践研究

刘爱河　于冰　余建立　杜骞　著

文物出版社

图书在版编目（CIP）数据

保护遗产　永续根脉：社会力量参与文物保护利用实践研究／刘爱河等著．—北京：文物出版社，2018.12

ISBN 978-7-5010-6079-5

Ⅰ.①保…　Ⅱ.①刘…　Ⅲ.①文物保护-研究-中国　Ⅳ.①K87

中国版本图书馆CIP数据核字（2018）第298659号

保护遗产　永续根脉

——社会力量参与文物保护利用实践研究

著　　者：刘爱河　于　冰　余建立　杜　骞

责任编辑：李　睿
封面设计：张　帆
责任印制：张　丽

出版发行：文物出版社
地　　址：北京市东直门内北小街2号楼
邮　　编：100007
网　　址：http://www.wenwu.com
邮　　箱：web@wenwu.com
经　　销：新华书店
印　　刷：北京京都六环印刷厂
开　　本：710mm×1000mm　1/16
印　　张：17.5
版　　次：2018年12月第1版
印　　次：2018年12月第1次印刷
书　　号：ISBN 978-7-5010-6079-5
定　　价：98.00元

序

文以载道，史以鉴今。文物是物化的、活着的历史，是民族记忆的载体、民族情感的依托，5000 年文明一脉相承，是中华民族的显著特征。从商周青铜器铭文“子子孙孙永宝用”，到古玩、文物、博物馆收藏，从官家到大家，文物收藏、保护利用从无到有、从小到大。正是有了历朝历代黎民百姓、文人雅士、达官显贵、收藏家、实业家等民间力量的出资出力、保护传承，才有了文物事业的发端；正是有了今天众多企业、社会组织、志愿者以及社会各界人士等社会力量的广泛参与、倾情奉献，才有了文物事业蓬勃发展的崭新局面。

从欧美等发达国家文化遗产保护利用的历程也可以看出，社会力量是文物保护利用的重要推动力。美国的遗产保护完全是自下而上发展起来的，19 世纪中叶，由安・康宁海姆领导的弗农冈女士协会出于对领袖的崇敬，自发对华盛顿故居进行保护和管理，当时没有相关法律法规，政府既不管理也不资助，民间组织成为遗产保护利用的主导力量。英国的建筑遗产保护利用，民间团体功不可没，早在 1877 年，著名设计师威廉・莫里斯率先成立了英国古建筑保护协会，开创了英国古建筑保护利用的先河。法国的文物保护协会遍布全国，工作领域几乎涵盖文化遗产保护工作的各个方面，法国政府赋予协会遗产政策制定的参与权，并把某些遗产的认知和管理权交由协会负责，协会在文物保护利用中的地位举足轻重。

近年来，我国社会力量参与文物保护利用日益受到社会各界的广泛关注，虽然在学界已有一些研究成果问世，但从法律政策、实践案例、中外对比等各方面将社会力量参与文物保护利用作为一个专题加以全面系统的研究，刘爱河、于冰、余建立、杜骞同志所著《保护遗产 永续根脉——社会力量参与文物保护利用实践研究》当属第一部。早在8年前，他们就开始将社会力量参与文物保护利用纳入调查研究视野，并组织完成了国家社科基金项目——《文化遗产领域社会组织作用机理研究》，国家文物局项目——《社会力量参与文物保护利用情况调查与研究》等相关课题，并以此为基础，拓展视野深化研究，经过大量实地调查和走访文物保护、博物馆、文博产业、旅游产业、互联网等相关企业，社会组织和志愿者，积累一手资料、开展分析研究，组织架构分析对比，形成了一系列带有实践性、前瞻性、指导性的研究成果。

《保护遗产 永续根脉——社会力量参与文物保护利用实践研究》一书，以中外社会力量参与文物保护利用案例剖析为切入，以法律政策与现实实践总结为基础，从理论、政策、实践等多个维度，系统梳理了新中国成立以来社会力量参与文物保护利用的发展脉络，全方位展现了当前社会力量参与的总体状况，详细分析了当前法律政策的利弊得失，提出了一系列带有针对性、创新性的意见建议，为政府进一步深化改革、推动社会力量更加广泛参与文物保护利用，加强公共文化服务，有着重要学理支撑和借鉴意义。如书中对山西省社会力量参与文物建筑保护利用案例、浙江省松阳县“拯救老屋行动”案例、古村之友与传统村落保护利用案例的调查解剖，对国内外文物保护利用PPP模式的深度研究和解读，不仅在学术领域、政策研究领域填补了国内这一领域研究的空白，而且在实践指导上，也为社会力量参与、社会资本深度参与文物保护利用开出了一剂良方。

深度阅览，还会发现，本书作者在归纳总结、统计分析近年来社会力量参与文物保护利用相关政策理论与实践成果，剖析中外成功案例的同时，还对未来社会力量参与文物保护利用发展趋势做出判断。明确提出“在党和国家一系列重大政策、重大举措的推动下，社会力量参与文物保护利用的广度深度将会呈现出新的、质的飞跃，成为文物事业创新发展的重要驱动力，深刻改变文物事业的发展进程，深刻改变文物、博物馆单位的组织构成、投入构成、技术构成，极大拓展公共文化事业发展空间，丰富公共文化服务内容，更好连接政府与市场、事业与企业、社会与公众，推动文物事业向着更为科学、更为开放、更为可持续的方向迈进。”这显然是基于长期以来对党和国家政策、对社会力量参与文物保护利用实践的潜心研究和深入观察，基于对新时代我国经济社会发展规律、文物事业发展规律的前瞻认知。我相信，这一预测和判断是科学的，是符合新时代中国特色社会主义发展规律和历史规律的，相信《保护遗产　永续根脉——社会力量参与文物保护利用实践研究》的付梓，会对支持社会力量广泛深入参与文物保护利用，让更多企业、社会组织和公民走进公共文化领域，走进社会主义文化建设的广阔舞台，有所触动、有所裨益！

中国文化遗产研究院院长

目　录

绪　论

文物是人类文明的结晶，是国家历史、民族历史的实物见证。在工业化、信息化、新型城镇化快速发展的形势下，如何更好发挥社会力量的作用，推动政府、市场、社会形成合力，保护利用传承好这一优秀文明成果，始终是摆在我们面前的一项历史任务和现实问题。

党的十八大以来，以习近平为核心的党中央就加强文物保护利用作出了一系列重大决策部署，开创了文物事业发展新局面。习近平总书记多次就文物工作作出重要指示批示，明确指出：文物承载灿烂文明，传承历史文化，维系民族精神，是老祖宗留给我们的宝贵遗产，是加强社会主义精神文明建设的深厚滋养。强调文物是中华文明、中国革命、中华地理的精神标识、文化标识和自然标识，要求广泛动员社会力量参与，发掘和利用好丰富的文物资源，大力推进文化建设，努力走出一条符合国情的文物保护利用之路。文物资源是重要的公共文化资源，既需要政府统筹规划，服务国家发展战略，服务人民群众物质文化生活，也需要政策引导，推动社会力量更好地参与其中，让人民群众在参与中提升对国家和民族历史的认知，提升对文物价值的认知，共享文物保护成果，传承中华文明，助推经济社会发展。围绕社会力量参与文物保护利用，近年来，国务院和相关部门出台一系列政策举措，推动文物保护利用法治化、制度化、社会化。比如，2016 年 3 月国务院出台的《关于进一步加强文物工作的指导意见》[①] 要求各地要“制定鼓励社会参与

① 国发〔2016〕17 号。

文物保护的政策措施；培育以文物保护为宗旨的社会组织，发挥文物保护志愿者作用；制定文物公共政策应征求专家学者、社会团体、社会公众的意见，提高公众参与度，形成全社会保护文物的新格局。”2016 年 5 月，国务院办公厅转发文化部、国家发展改革委、财政部、国家文物局《关于推动文化文物单位文化创意产品开发的若干意见》,[①] 明确提出：“鼓励文化文物单位与社会力量深度合作，建立优势互补、互利共赢的合作机制。”2016 年 10 月，国家文物局印发《关于促进文物合理利用的若干意见》,[②] 明确提出：“支持公民、法人和其他组织通过认领认养等形式参与尚未建立文物保护管理机构、博物馆，或者辟为考古遗址公园等参观游览场所的国有市、县级文物保护单位和未核定为文物保护单位的不可移动文物的保护利用，文物部门要面向社会公开征集保护利用方案和实施主体，涉及审批事项的应依法履行报批程序。支持文博单位与社会力量深度合作，建立优势互补、互利共赢的合作机制，推广政府和社会资本合作（PPP）模式，明确参与范围、参与方法、参与程序，及时公开发布社会力量参与文物保护利用的项目清单，为社会力量广泛参与研发、生产、经营等活动提供便利条件。”国家文物局确立的《文物事业 2020 年发展目标》明确提出：到 2020 年要确立“政府主导、社会参与的体制机制。”在党和国家一系列政策的指引下，社会力量参与文物保护利用的深度和广度不断拓展，文物保护的理念不断深入人心。

社会力量参与文物保护利用既是理论问题，也是实践问题，尽管国家已经出台了一系列政策予以引导规范，一些地方在吸纳社会力量参与文物保护利用方面也做出一些新的探索，但由于受长期以来计划经济惯性的影响，以及文物保护利用的特殊性，在社会力量参与文物保护利用的实践中还存在着政策法规不够完善、相关制度不够健全等一些问题，亟需展开深入系统的调查研究，推动社会力量更加有序有效地参与文物保护利用。

事实上，社会力量参与文物保护利用并不是新生事物，我国一直都倡导和鼓励社会力量参与文物保护工作。发动群众，依靠群众，充分调动广大群

---

① 国办发〔2016〕36 号。

② 文物政发〔2016〕21 号。

众的积极性，是我国文物保护的一项基本政策，也是长期以来坚持的工作理念和方法，只不过不同时期的参与方式不尽相同，参与深度与广度也有所差异。从其历史渊源和发展趋势看：

(1) 社会力量参与文物保护利用在新中国历史上呈现出明显的3个高峰期

从上世纪50年代开始，国务院发布的重要文件均对此作出明确规定。1956年《国务院关于在农业生产建设中保护文物的通知》提出："必须发挥广大群众所固有的爱护乡土革命遗址和历史文物的积极性，加强领导和宣传，使保护文物成为广泛的群众性工作。"1987年《国务院关于进一步加强文物工作的通知》① 提出："贯彻执行《中华人民共和国文物保护法》，必须依靠广大人民群众。各级政府文化部门，要运用多种形式，宣传党和国家的文物保护政策，普及文物知识，把执行党和国家保护文物的政策变为广大群众的自觉行动。""要把保护文物作为社会主义精神文明建设和普法教育的重要内容，要全社会提倡'保护文物、人人有责'的新风尚。要因地制宜地在城市和农村发展群众性的文物保护员，建立各种形式的社会文物保护组织。"1997年《国务院关于加强和改善文物工作的通知》② 要求："要发动、组织人民群众参与文物保护工作，根据实际需要建立群众性的文物保护组织，明确责任和权利；尽快改变许多文物实际处于无人保护的状况。""努力建立适应社会主义市场经济体制要求、遵循文物工作自身规律、国家保护为主并动员全社会参与的文物保护体制"，"制定相应的政策鼓励、引导并广泛吸收有关部门和企事业单位及个人参与文物保护事业。"2005年《国务院关于加强文化遗产保护的通知》③ 提出："到2015年，基本形成较为完善的文化遗产保护体系，具有历史、文化和科学价值的文化遗产得到全面有效保护；保护文化遗产深入人心，成为全社会的自觉行动。""要充分发挥有关学术机构、大专院校、

① 国发〔1987〕101号。
② 国发〔1997〕13号。
③ 国发〔2005〕42号。

企事业单位、社会团体等各方面的作用，共同开展文化遗产保护工作。”这些政策对推动社会力量参与文物保护起到了非常重要的作用。

上世纪50到60年代中期是我国博物馆建设的第一个高峰期。1949年初，中国内地仅有博物馆21座，业务工作基本停滞。新中国成立不久，国家发出关于征集革命文物的命令，在全国范围内展开了轰轰烈烈的文物征集运动。毛泽东、朱德等老一辈无产阶级革命家带头捐出文物珍品，社会各界纷纷响应。在这次热潮中，张伯驹、潘达于、郑振铎、朱家溍等收藏大家纷纷将自己的收藏珍品无偿捐赠给国家。上海博物馆就是非常典型的民间捐赠成就的一家博物馆，国内各大国有博物馆，民间捐赠的收藏品也都占据了重要一席，是博物馆收藏的重要补充，由此可见社会力量参与对于博物馆建设的重要意义。

长城保护历来得到党和国家领导人的高度重视，上世纪80年代曾经掀起一场社会力量参与长城保护的热潮。1984年9月1日和7月6日，邓小平、习仲勋同志为长城保护工作题词“爱我中华　修我长城”，将保护长城与热爱中华紧密联系在一起，从而在中国乃至全球华人界掀起了保护长城、宣传长城的文化热潮。一时间，大江南北，长城内外，应者云集，这次赞助活动也成了建国以来影响最大、规模最大、效果最好的社会赞助活动。八达岭长城北七、北八城台和北六至北八城台之间的城墙当年即得以修复。而在此后的4年中，通过社会赞助，八达岭长城新修复城台10座，城墙3000余米，使长城景观发生了根本变化；怀柔慕田峪长城修复正关台和正关台至大角楼间的4座城台和500余米城墙，1987年慕田峪长城正式开放为北京地区第二个长城旅游胜地；另外，密云司马台长城也修复了东侧4座城台和2000余米城墙。到1994年，10年间为“爱我中华，修我长城”活动捐款的个人超过了50万人，单位、地区捐款者近10万个，国内外各界人士的捐款捐物，折合人民币超过2800万元，修复长城超过6公里。[①] 而且，之前好多长城沿线的群众把城砖搬回家里盖房子、砌猪圈，活动开始后，老百姓自发地

① 丁肇文：《小平题词“爱我中华修我长城”感召千万赤子心》，http：//www. enorth. com. cn，2004－08－19。

把这些长城砖送了回来用于修复。题词激发出社会各界强烈的爱国热情，在很大程度上推动了长城的有效保护。

2007 年至 2011 年间开展第三次全国文物普查是建国以来规模最大的文物普查，在这次普查中，志愿者发挥了非常重要的作用。各地都把招募志愿者作为一项重要工作，鼓励和吸收热爱文物保护的志愿者加入普查工作队伍，共同开展实地调查。志愿者们积极提供线索，绘制地图，为普查队员带路甚至开路，帮助普查队员寻找遗迹，还提供族谱、家谱、地方志等文字资料，为普查工作提供全方位的支持。这次普查中，很多重要文物的新发现都来自志愿者提供的线索。志愿者的全力支持和积极参与为普查工作补充了人力、提供了便利、节省了时间、提高了效率，使得普查工作得以顺利开展、圆满完成。第三次全国文物普查充分表明，社会力量是文物工作的重要主体，是文物事业发展的动力和源泉。

这些成功实践表明，我国社会力量参与文物保护利用具有较好的社会基础，如果能得到有效的组织和引导，可以得到广泛的社会响应，取得较为显著的成效。

(2) 社会力量参与文物保护利用是新时代文物事业发展的必然要求

发达国家文化遗产保护历程表明，社会力量是文化遗产保护的重要主体，社会力量的支持和参与是文化遗产事业持久健康发展的重要推动力。近年来，随着我国经济社会的快速发展，文物事业也呈现出前所未有的发展态势，无论是政府，还是社会，都对社会力量参与文物保护利用提出了更高要求。在国家治理体系和治理能力现代化不断推进的大背景下，文物行业也应该加快推进治理体系和治理能力现代化，这就要求文物行政管理部门、市场和社会要重新定位，互相之间加强沟通协调，形成良性互动、合作共赢的良性循环局面。政府不能大包大揽，要进一步简政放权，更多地向市场、向社会放权，充分调动市场和社会的积极性，激发市场和社会的活力和潜力，由管理型向服务型转变，在引导市场和社会发挥好各自作用的同时，做好管理和监督工作。

长期以来，我国的文物工作都是政府主导，具有浓厚的计划经济色彩，市场和社会的作用没有得到有效发挥。随着市场经济体制的确立和逐步深化，国有经济、集体经济、个体经济、私营经济、外资经济、混合所有制经济都得到长足发展，市场活力得到有效激发，经济总量大幅提升，为社会资本投入文物保护利用提供了可能。而且，市场经济体制的逐步完善为社会力量参与文物保护利用提供了坚实的法制基础和广阔的发展空间，企事业单位等多种主体可以依法合规地参与到文物工作的各个领域，发挥各自所长，为文物保护利用提供广泛的人力、物力、财力和技术支持。市场经济的一个鲜明特征是竞争机制，竞争机制的引入可以更充分地调动市场的主动性和创造性，提供更多元、更优质的产品和服务，一方面可以更好地满足事业发展的需求，另一方面也可以满足公众更高层次的精神文化需求。

当前，我国文物行业人力和财力严重不足，迫切需要社会力量提供更多支持。根据第三次全国文物普查结果，我国不可移动文物总数近 77 万处；根据第一次全国可移动文物普查结果，我国国有可移动文物共计 1.08 亿件（套）。我国拥有世界遗产 53 处，全国重点文物保护单位 4296 处，国家级历史文化名城 134 座，保护任务相当艰巨。相对于浩繁的文物资源，我国文物业从业人员严重不足。据全国文物业统计资料数据显示，2017 年，全国文物业从业人员仅有 16.16 万人。从经费投入看，近年来中央财政资金有了大幅增加，但省级财政资金地区之间分布严重不平衡，市县级财政资金更是杯水车薪，远远不能满足实际需求。人员和经费的严重不足在很大程度上制约着文物保护工作的顺利开展和文物事业的长足发展，迫切需要社会力量广泛关注和参与。

（3）社会力量参与文物保护利用是满足人民日益增长的美好生活需要的必然要求

根据国际经验，人均 GDP 达到 5000 美元，文化消费在总消费支出中的比重会急剧增加。据国家统计局数据，2017 年，我国人均 GDP 已经接近

9000 美元。随着收入水平的增长，人们的物质生活水平明显提高，开始追求更丰富的精神文化生活，具体表现为文化意识开始觉醒，对传统文化的关注度越来越高，因而对文物工作的关注度和参与度也越来越高。根据马斯洛的需求层次论，人的需求是由低级向高级不断发展的。当人们的物质需求得到满足后，必然会有更高层次的精神文化需求。这也是近年来文物保护领域社会组织、志愿者数量大幅增长，参与热情和积极性不断高涨的重要原因。

文物领域的供给侧结构性改革需要社会力量提供更多优质产品和服务。当前，文物领域的产品和服务，还存在着总量不足、质量不高、结构不合理的问题。文物领域的供给侧结构性改革，需要树立以公众需求为中心的理念，充分发挥市场和社会在产品和服务提供方面的主动性和灵活性，增强供给结构和质量对需求变化的适应性，充分激活和释放有效需求，逐步形成需求导向、多元共治、合作共赢的局面，进而不断提高相关产品和服务供给的数量、质量和效率，更好地满足公众个性化、多样化的文化需求。文化旅游的快速发展也为社会力量参与文物保护利用提供了更多机遇。文化旅游是当前旅游业发展的一个重要方向，而文物资源是发展文化旅游的重要依托。如何使文物资源在促进旅游业发展、促进当地经济社会发展中发挥更大作用，仅凭文物行政部门的力量难以应对，需要动员社会力量广泛参与，一方面要使文物资源得到有效保护，另一方面要将文物资源转化为旅游资源，让更多人通过旅游了解文物的价值、文物的历史，以及文物背后的故事。保护文物需要资金的投入，也需要人员的投入；将文物资源转化为旅游资源，需要在深入研究的基础上进行有效的展示阐释，也需要设计参观线路，开发文化创意产品，建设配套基础设施，整治周边环境风貌，这些都需要社会力量的广泛参与。

（4）社会力量的广泛参与必将深刻改变文物事业发展进程，拓展公共文化服务空间

新中国成立以来，社会力量参与文物保护利用虽然掀起过几次高峰，但就其参与的深度、广度而言则各不相同。如上世纪五、六十年代，我国正处

在社会主义制度确立形成阶段，从体制上推行的是社会主义公有制，政策上推行的是对企业、个人资产实行社会主义改造，即由私有制向公有制过度。自然在文物的保护利用和管理上也就有了国家鼓励企业、个人把收藏的文物捐赠给国家，由国家负责文物的保护管理和利用的政策。在这一政策的引导下，一些企业、个人纷纷把收藏的文物捐赠国家，从而形成了社会力量参与文物保护利用的第一次高潮，但就企业、个人参与文物保护利用的深度、范畴而言，还是十分有限的，对整个文物事业发展的影响也是短暂的、局部的。

社会力量参与文物保护利用真正掀起高潮并持续发力，当属改革开放之后。一方面，在体制上，国家打破了计划经济体制下国家对文物保护利用大包大揽的体制机制，从计划经济体制向市场经济体制转换，文物保护利用的主体不再是政府一家，而是趋于多元化；另一方面，在法律政策层面，国家陆续出台了一系列支持非公经济、社会组织发展，支持社会力量、社会资本参与文物保护利用的政策措施。如2002 年10 月28 日经第九届全国人民代表大会常务委员会第三十次会议通过的修订后的《文物保护法》中，明确设立了“民间收藏文物”专章，规定：文物收藏单位以外的公民、法人和其他组织可以收藏依法继承或者接受赠与、从文物商店购买、文物拍卖企业购买、公民个人合法所有的文物相互交换或者依法转让等合法方式取得的文物，并可以依法流通。2005 年《国务院关于加强文化遗产保护的通知》中明确提出“抓紧制定和完善有关社会捐赠和赞助的政策措施，调动社会团体，企业和个人参与文化遗产保护的积极性”。法律解禁、政策导向，不仅为社会力量参与文物保护利用破除了门槛，而且为社会力量如何参与、参与哪些方面指明了方向。由此，社会力量参与文物保护利用开始发力，在文物流通领域，文物拍卖企业、文物商店、文物古玩旧货市场快速发育，民间收藏持续升温，民办博物馆，之后称之为非国有博物馆以日平均 1 座的速度落成开放，计划经济时期曾经由国有文博单位垄断的考古勘探、古建维修、博物馆策展布展、安消防、后勤服务等也随着体制改革和机制创新加快企业化、社会化，文物保护利用进入国家主导、社会参与的多元化时代。

党的十七届六中全会特别是党的十八大以来，社会力量参与文物保护利用波澜不断。《中共中央关于深化文化体制改革 推动社会主义文化大发展大繁荣若干重大问题的决定》明确提出“鼓励社会力量、社会资本参与公共文化服务体系建设，培育文化非营利组织。”国务院推出《关于推进文化创意和设计服务与相关产业融合发展的若干意见》[①]《关于积极推进“互联网+”行动的指导意见》,[②] 国办转发文化部等部门《关于做好政府向社会力量购买公共文化服务工作的意见》。[③] 国家文物局、国家发改委、科技部、工信部、财政部联合启动“互联网+中华文明”三年行动计划，国家文物局印发《关于促进文物合理利用的若干意见》[④]《关于进一步推动非国有博物馆发展的意见》,[⑤] 明确提出支持公民、法人和其他组织通过认领认养等形式参与尚未建立文物保护管理机构、博物馆，或者辟为考古遗址公园等参观游览场所的国有市、县级文物保护单位和未核定为文物保护单位的不可移动文物的保护利用。支持文博单位与社会力量深度合作，建立优势互补、互利共赢的合作机制，推广政府和社会资本合作（PPP）模式，明确参与范围、参与方法、参与程序，及时公开发布社会力量参与文物保护利用的项目清单，为社会力量广泛参与研发、生产、经营等活动提供便利条件。加快现代博物馆制度建设、提高博物馆办馆质量、完善扶持政策，全方位推动非国有博物馆发展。社会力量、社会资本参与文物保护利用的政策边界进一步放宽、门槛进一步降低，无论是政策的引导力度，还是社会各界参与的积极性，都空前释放。截至2017年底，全国非国有博物馆超过1300座，占全国博物馆总量的1/4强，非国有博物馆成为驱动博物馆事业发展的重要方面，成为拓展公共文化服务中的新生力量。2017年，全国文物艺术品拍卖成交额达到339.54亿元，社会资本占据了绝对地位，一些顶级拍品，尤其是馆藏级艺术精品的流向不再是博物馆和收藏家，而是有资金实力和专业能力的收藏企业，企业在文物收藏和保护中的作用更加凸显。同时，围绕让文物活起来，社会力量特别是现代科

① 国发〔2014〕10号。
② 国发〔2015〕40号。
③ 国办发〔2015〕37号。
④ 文物政发〔2016〕21号。
⑤ 文物博发〔2017〕16号。

技、影视、互联网企业等积极加盟，越来越多的高新技术企业、文化创意企业、博物馆策展公司、影视公司、文物修复公司、安消防工程公司等积极投身文物领域，不仅催生了新的业态、新的领域、新的保护利用方式，带动了文物保护利用整体水平的提升，而且在很大程度上拉近了文物和公众的距离，让更多的人有机会近距离接触文物、以更加生动的方式欣赏文物、感知文物。如近年来电视台、手机终端热播的《国家记忆》《国宝档案》《国家宝藏》《如果国宝会说话》《我在故宫修文物》，中国国家博物馆、湖南省博物馆、南京博物院、陕西历史博物馆、浙江省博物馆、山西博物院和广东省博物馆集体推出博物馆抖音创意视频，深入挖掘文物背后的故事，不仅极大丰富和拓展了博物馆文化的传播形式，拉近了文物与寻常百姓的距离，而且改变了公众对文物、博物馆固有的高冷、玄妙的看法，有效促进了文化的交流传播。全国文物保护组织和文物保护志愿者团队数百家，参与人数近20万人，不仅数量越来越多、规模越来越大，而且参与领域越来越广，做文博志愿者、参与文物保护成为一种新的社会风尚和潮流。社会力量正在悄然地改变着文物保护利用的队伍构成、资金构成、技术构成，改变着文物保护利用的传统模式。

随着中国特色社会主义进入新时代，我国社会主要矛盾已经转化为人民日益增长的美好生活需要和不平衡不充分的发展之间的矛盾，人民对美好生活的向往越来越丰富，对精神文化生活的需求越来越多元，参与社会文化生活、参与文物保护利用的愿望和热情越来越高涨。社会主要矛盾的变化，新的发展理念的要求，特别是党和国家关于鼓励、支持、引导非公有制经济发展，使市场在资源配置中起决定性作用等系列新政的推出，社会力量、社会资本参与文物保护利用法律环境、政策环境、社会环境将更加宽松，社会力量参与文物保护利用将成为大势所趋、事业所需、民心所向。

可以预测，在习近平新时代中国特色社会主义思想的引领下，在党和国家一系列重大政策、重大举措的推动下，社会力量参与文物保护利用的广度深度将会呈现出新的、质的飞跃，成为文物事业创新发展的重要驱动力，深刻改变文物事业的发展进程，深刻改变文物、博物馆单位的组织构成、投入构成、技术构成，极大拓展公共文化事业发展空间，丰富公共文化服务内容，更好连接政府与市场、事业与企业、社会与公众，推动文物事业向着更为科学、更为开放、更为可持续的方向迈进。坚定文化自信，推动社会主义文化繁荣兴盛，决胜全面建成小康社会，开启全面建设社会主义现代化国家新征程，政府必须更加关注社会力量、社会资本，完善法律制度，完善政策措施，正确加以引导，最大限度发挥社会力量潜能，释放社会资本活力，形成政府主导宏观规划、发展战略、政策调控，市场、社会、公民出力出资组织实施的新型关系和治理体系，才能真正实现文物保护利用社会参与、全民参与的体制机制、社会氛围，才能使文物事业真正成为与老百姓生产生活密切相关的事业，赢得更广泛的社会认同、民心支持，迎来文物事业持续健康发展的美好前景。

围绕社会力量参与文物保护利用的理论与实践，本书首先对社会力量这一概念加以界定，在此基础上全面系统总结我国社会力量参与文物保护利用的总体状况和发展脉络；其次，对社会力量中最为活跃的社会资本如何有效参与做了重点探讨分析，既有对政策法规的系统梳理，也有国内外案例的剖析，在系统总结分析和国内外对比研究的基础上形成一系列研究成果，提出相应的政策建议。希望这些成果能为政府决策和实践推动提供依据和参考，进而调动起全社会参与文物保护利用的更大热情和积极性，共同传承弘扬中华优秀传统文化，让中华文化根脉绵延永续。

1　社会力量的界定

1.1　何为社会力量？

社会力量作为一个概念，具有多重含义，在不同语境下具有不同含义。按照现行法律法规和政策性文件，社会力量可分为广义概念和狭义概念两种。广义概念指除政府之外的所有机构和个人，狭义概念指依法在民政部门登记成立或经国务院批准免予登记的社会组织，以及依法在工商管理或行业主管部门登记成立的企业、机构。

广义概念如：

《宪法》第十九条：国家鼓励集体经济组织、国家企业事业组织和其他社会力量依照法律规定举办各种教育事业。

《中华人民共和国公共文化服务保障法》[①] 第二条：本法所称公共文化服务，是指由政府主导、社会力量参与，以满足公民基本文化需求为主要目的而提供的公共文化设施、文化产品、文化活动以及其他相关服务。第四十九条：国家采取政府购买服务等措施，支持公民、法人和其他组织参与提供公共文化服务。

《博物馆条例》第四条：国家鼓励企业、事业单位、社会团体和公民等

① 2016 年 12 月 25 日发布，自 2017 年 3 月 1 日起施行。

社会力量依法设立博物馆。

《社会力量办学条例》（国务院：1997）第二条：企业事业组织、社会团体及其他社会组织和公民个人利用非国家财政性教育经费，面向社会举办学校及其他教育机构的活动，适用本条例。

《关于支持社会力量兴办社会福利机构的意见》（民政部：2005）：对企业事业单位、社会团体和个人等社会力量，通过非营利性的社会团体和政府部门向福利性、非营利性的老年服务机构的捐赠，在缴纳企业所得税和个人所得税前准予全额扣除。

1997 年国务院《关于加强和改善文物工作的通知》："要制定相应的政策鼓励、引导并广泛吸收有关部门和企事业单位及个人参与文物保护事业。""要发动、组织人民群众参与文物保护工作，根据实际需要建立群众性的文物保护组织，明确责任和权利，尽快改变许多文物实际处于无人保护的状况。"

2005 年国务院《关于加强文化遗产保护的通知》："抓紧制定和完善有关社会捐赠和赞助的政策措施，调动社会团体、企业和个人参与文化遗产保护的积极性。""要充分发挥有关学术机构、大专院校、企事业单位、社会团体等各方面的作用，共同开展文化遗产保护工作。"

2016 年国务院《关于进一步加强文物工作的指导意见》：制定鼓励社会参与文物保护的政策措施。培育以文物保护为宗旨的社会组织，发挥文物保护志愿者作用。鼓励民间合法收藏文物，支持非国有博物馆发展。制定文物公共政策应征求专家学者、社会团体、社会公众的意见，提高公众参与度，形成全社会保护文物的新格局。

从宪法和法律法规文件对"社会力量"的界定可以看出，企业事业单位、集体经济组织、社会团体、其他社会组织、学术机构、大专院校、专家学者、社会公众、志愿者、公民个人等都可以看作"社会力量"的范畴，各个条文说法虽然不尽相同，但都是广义的社会力量。

狭义概念如：

《国务院办公厅关于政府向社会力量购买服务的指导意见》（2013）：承接政府购买服务的主体包括依法在民政部门登记成立或经国务院批准免予登记的社会组织，以及依法在工商管理或行业主管部门登记成立的企业、机构等社会力量。

文化部、财政部、新闻出版广电总局、体育总局《关于做好政府向社会力量购买公共文化服务工作的意见》（国办转发：2015）：承接政府向社会力量购买公共文化服务的主体主要为具备提供公共文化服务能力，且依法在登记管理部门登记或经国务院批准免予登记的社会组织和符合条件的事业单位，以及依法在工商管理或行业主管部门登记成立的企业、机构等社会力量。

文物界有关专家也对社会力量做出界定：

《励小捷的深度思考：社会力量如何参与文物保护?》：社会力量，主要是指政府之外的所有机构和个人，就文物工作来说可以界定为文物系统之外的企事业单位、社会组织和公民个人。

郑欣淼《建立以全社会参与的文物保护新体制——从河南省的文物保护工作调查谈起》：社会参与是相对于国家投入文物保护并进行管理而言的。“全社会参与”是指社会各个阶层、团体、组织或个人，以不同方式，直接或间接地投入文物保护事业。

文物保护利用几乎涉及到所有类型的机构和个人。为研究方便，本书采用的是广义概念，涵盖除政府之外的所有社会主体，包括企事业单位、社会组织和公民个人。其中，高校和科研院所等事业单位有成熟的运作模式，不作为重点研究对象，本书主要研究参与文物保护利用的企业、社会组织、文物保护员、志愿者等。

1.2 社会力量参与的类型

社会力量参与文物保护利用的方式多种多样，从不同角度进行分类，有助于对参与行为、参与目的、参与机制等有更明晰的认识。

按照是否营利，可以将参与分为公益性参与和营利性参与两类。公益性参与是指不以营利为目的的参与，如社会组织、志愿者的参与，捐资捐物、举报投诉等都是公益性参与。营利性参与是指以营利为目的的参与，如企业承担文物保护规划、设计、施工、监理项目，博物馆展览设计与施工，考古遗址公园建设，景区管理运营等。

按照是否制度化，可以将参与分为制度化参与和非制度化参与，非制度化参与又可以分为市场性参与和自发式参与。制度性参与是通过制度明确各方的责权利，具有长期性和稳定性，如文物保护员、长城保护员、博物馆志愿者的参与，承担文物保护相关工程项目，不可移动文物认领认养，以及以制度形式确立的意见征询会、听证会等。市场性参与是政府公布需求，并对参与主体资格提出要求，政府和市场通过双向选择的形式确定是否建立合作关系，通常是一事一议，通过签订合同的形式明确双方的责权利，如考古遗址公园建设、景区管理运营、文创产品开发等。自发式参与形式较为灵活多样，如捐款捐物，志愿者出于个人兴趣从事文物保护调查研究、巡查巡护等，发现文物主动上交，为文物保护建言献策等。

按照发起主体，可以分为由政府发起和由社会力量发起，上述提到的制度化参与、市场性参与主要由政府发起，自发式参与主要由社会力量发起。

按照参与的方式，可以分为设计、建造、运营、维护和融资等。PPP 模式是近年来发展较快的一种公私合作形式，以上多种参与方式均有涉及，政府与社会资本利益共享、风险共担，通过合同等形式予以明确、规范，第 3 章将做专题探讨。

按照参与的程度，可以由低到高分为 5 个阶段：通知、协商、参与、合作和赋权，参与的深度和价值依次增加。如表 1－1 所示。[①]

表 1－1　参与阶段

通知知情	协商	参与	合作	赋权
给公众提供公正、客观的消息帮助他们理解问题，进行选择、提供机会和解决方案	听取公众意见，征求公众关丁分析、选择和决定的反馈	在整个过程中直接与公众一起工作，确保公众所关心的问题和愿望得到理解和考虑	在决策每一个方面都和公众合作，包括讨论各种备选方案并确定优选方案	把最后的决定权交给公民

① Carolyn J. Lukensmeyer，Joe Goldman，David Stern. Assessing Public Participationin an Open Government Era：A Review of Federal Agency Plans.

每种类型的参与都有价值，不同的情况需要不同的参与方式。仅仅知情和协商是“低级”的，形式上的公众参与程序通常不能满足公众诉求，无法获得创新解决方案。在表 1 - 1 中从左向右，参与的程度和获得的价值逐步增加。

需要说明的是，非国有博物馆和民间收藏也都是社会力量参与文物保护利用的重要形式，而且在社会生活中的影响越来越大。非国有博物馆是指由社会力量利用或主要利用非国有文物、标本、资料等资产设立，经登记管理机关依法登记的非营利组织。截至 2017 年底，全国登记注册的非国有博物馆超过 1300 家，占到全国博物馆总量的 1/4 强，已经成为我国博物馆体系的重要组成部分。非国有博物馆的创办使得大量民间收藏文物得以走出“深闺”，为大众共享，公共文化服务功能越来越突出。民间收藏是社会关注度很高的热点问题，据估计我国有数千万收藏爱好者，藏品数量巨大，需要在系统调查的基础上展开深入研究。本书没有将非国有博物馆和民间收藏作为专章进行研究，是一个缺憾，需要在以后的研究中加以弥补。

2 社会力量参与文物保护利用总体状况

2.1 社会力量参与文物保护利用的基本主体与参与形式

随着经济社会和文物事业的快速发展，近年来，社会力量参与文物保护利用的积极性越来越高，主体越来越多元，方式越来越丰富，程度越来越深入，已经成为文物工作中不可或缺的重要力量，为文物事业发展注入新的活力和动力。

2.1.1 企业：市场参与的主体

近年来，企业参与文物保护利用的积极性越来越高，深度与广度也在不断拓展，市场主体作用更加明显。在不可移动文物保护利用方面，文物保护工程的勘察设计、施工、监理是企业参与程度较高的领域。此外，一些企业通过资金投入的方式参与景区开发管理、不可移动文物认领认养、考古遗址公园建设、土地开发和经营管理等。在博物馆领域，企业主要通过博物馆展陈设计、文物保护设施设备研发制作、高新技术开发运用、文创产品开发、文物包装运输、文物修复、文物复制仿制等方式参与可移动文物保护利用。

关于参与文物保护利用企业的数量，很难做出全面准确统计。目前收集到的数据有：文物保护工程勘察设计甲级资质、文物保护工程施工一级资质、文物保护工程监理甲级资质名单，2005 年－2014 年参与长城保护利用的企业名单[①]和参加“2016 第七届中国博物馆及相关产品与技术博览会”的企业名单。[②]

具备文物保护工程勘察设计甲级资质的企业有 34 家，占全部资质单位的 32.1%；具备文物保护工程施工一级资质的企业 162 家，占全部资质单位的 88.5%；具备文物保护工程监理甲级资质的企业 28 家，占全部资质单位的 77.8%。

以参与长城保护利用的企业为例，2005－2014 年参与长城保护利用的资质单位共 140 家，其中企业 113 家，占 80.7%。参与勘察设计的单位共 35 家，其中企业 10 家，占 28.6%；参与施工的单位共 69 家，其中企业 62 家，占 89.9%；参与监理的单位共 42 家，其中企业 39 家，占 92.9%。[③]

表 2－1 文物保护资质单位概况[④]

资质类型	数量	其中：企业	企业所占比例（%）
文物保护工程勘察设计甲级资质	106	34	32.1
文物保护工程施工一级资质	183	162	88.5
文物保护工程监理甲级资质	36	28	77.8
合计	325	224	68.9

表 2－2 2005－2014 年参与长城保护利用的资质单位[⑤]

参与类型	数量	其中：企业	企业所占比例（%）
勘察设计	35	10	28.6
施工	69	62	89.9
监理	42	39	92.9

目前没有全面掌握各级各类资质单位的数量，从文物保护工程勘察设计甲级资质、施工一级资质、监理甲级资质单位和参与长城保护利用的单位均可以

① 详细名单见附件一：表 1。
② 详细名单见附件一：表 2。
③ 由于参与勘察设计、施工、监理的单位有交叉，因而各项数量之和大于 140 家。
④ 根据国家文物局文物保护与考古司提供数据汇总整理。
⑤ 根据中国文化遗产研究院编制的《“长城保护”工程（2005－2014）总结评估报告》中的数据汇总整理。

看出，目前，从事文物保护工程勘察设计的以事业单位为主，企业约占1/3左右；而从事文物保护工程施工和监理的则以企业为主，占4/5甚至更多。

参与可移动文物保护利用的企业，目前没有全面的统计数据，仅掌握了参加“2016第七届中国博物馆及相关产品与技术博览会”（简称“博博会”）的企业名单。第七届“博博会”共491家单位参展，其中企业207家，占全部参展单位的43%。从历届参加“博博会”的单位变化情况大致可以看出企业参与可移动文物利用的发展历程。第一届“博博会”的参展单位均为博物馆，后来逐步增加了企业，而且数量越来越多，参加第七届“博博会”的企业比第六届增加25家，为历届最多，其中高新企业数量也为历届最多，成为第七届“博博会”的一个亮点。由此可以看出，企业参与博物馆建设和发展的规模越来越大，涵盖范围越来越广，博物馆事业正在向社会化、专业化、科技化方向迈进。

从地域分布情况看，各类资质单位的分布很不均衡。文物保护勘察设计甲级资质单位数量较多的省份有北京、山西、甘肃等，这3个省（市）的资质单位数量占全国的38.68%；文物保护工程施工一级资质单位数量较多的省份有北京、浙江、江苏、山西等，这4个省（市）的资质单位数量占全国的38.80%；文物保护工程监理甲级资质单位数量较多的省份有北京、四川等，这2个省（市）的资质单位数量占全国的25.00%。

从参加第七届“博博会”的企业分布情况看，数量较多的省份有北京、广东、上海、江苏、陕西等，这5个省（市）的企业数量为125家，占全部参展企业的60.39%。

由以上数据大致可以看出，参与文物保护利用的企业主要分布于经济较发达或文物资源较丰富的省份。

表2-3 文物保护工程勘察设计甲级资质分布情况①

省份	文物保护工程勘察设计甲级资质	比例（%）
北京	26	24.53

① 根据国家文物局文物保护与考古司提供数据汇总整理。

续表

省份	文物保护工程勘察设计甲级资质	比例（%）
山西	9	8.49
甘肃	6	5.66
上海	5	4.72
江苏	5	4.72
河南	5	4.72
广东	5	4.72
陕西	5	4.72
河北	4	3.77
内蒙古	4	3.77
四川	4	3.77
辽宁	3	2.83
浙江	3	2.83
福建	3	2.83
山东	2	1.89
湖北	2	1.89
湖南	2	1.89
重庆	2	1.89
西藏	2	1.89
天津	1	0.94
黑龙江	1	0.94
安徽	1	0.94
江西	1	0.94
广西	1	0.94
贵州	1	0.94
云南	1	0.94
新疆	1	0.94
吉林	—	—

续表

省份	文物保护工程勘察设计甲级资质	比例（%）
海南	—	—
青海	—	—
合计	106	—

表 2－4 文物保护工程施工一级资质分布情况①

省份	文物保护工程施工一级资质	比例（%）
北京	29	15.85
浙江	16	8.74
江苏	14	7.65
山西	12	6.56
广东	10	5.46
西藏	10	5.46
河北	9	4.92
河南	9	4.92
湖南	8	4.37
四川	8	4.37
福建	6	3.28
陕西	6	3.28
山东	5	2.73
重庆	5	2.73
云南	5	2.73
甘肃	5	2.73
辽宁	4	2.19
江西	3	1.64
湖北	3	1.64
贵州	3	1.64

① 根据国家文物局文物保护与考古司提供数据汇总整理。

续表

省份	文物保护工程施工一级资质	比例（%）
内蒙古	2	1.09
上海	2	1.09
安徽	2	1.09
青海	2	1.09
新疆	2	1.09
黑龙江	1	0.55
广西	1	0.55
海南	1	0.55
天津	—	—
吉林	—	—
宁夏	—	—
合计	183	—

表2－5 文物保护工程监理甲级资质分布情况①

省份	文物保护工程监理甲级资质	比例（%）
北京	6	16.67
四川	3	8.33
河北	2	5.56
山西	2	5.56
安徽	2	5.56
云南	2	5.56
陕西	2	5.56
甘肃	2	5.56
内蒙古	1	2.78
辽宁	1	2.78

① 根据国家文物局文物保护与考古司提供数据汇总整理。

续表

省份	文物保护工程监理甲级资质	比例（%）
吉林	1	2.78
上海	1	2.78
江苏	1	2.78
浙江	1	2.78
福建	1	2.78
江西	1	2.78
河南	1	2.78
湖南	1	2.78
广东	1	2.78
重庆	1	2.78
西藏	1	2.78
新疆	1	2.78
天津	—	—
黑龙江	—	—
山东	—	—
湖北	—	—
广西	—	—
海南	—	—
贵州	—	—
青海	—	—
宁夏	—	—
合计	36	—

表2－6　参加“第七届中国博物馆及相关产品与技术博览会”企业分布情况①

省份	参加第七届“博博会”企业数量	比例（%）
北京	60	28.99

① 根据中国博物馆协会提供数据汇总整理。

续表

省份	参加第七届“博博会”企业数量	比例（%）
广东	24	11.59
上海	16	7.73
江苏	13	6.28
陕西	12	5.80
四川	7	3.38
浙江	7	3.38
天津	6	2.90
辽宁	5	2.42
河南	4	1.93
福建	4	1.93
湖北	3	1.45
湖南	2	0.97
河北	2	0.97
山东	2	0.97
重庆	2	0.97
江西	1	0.48
安徽	1	0.48
黑龙江	1	0.48
云南	1	0.48

大遗址是目前企业参与较多的领域之一。大遗址保护利用涉及面广、资金需求量大，仅凭文物系统一己之力难以应对，企业有很大的参与空间。西安大明宫、隋唐洛阳城、杭州良渚遗址、郑州商城遗址、荆州楚纪南城等大遗址的保护利用中，企业都深度参与。具体参与方式如表2－7所示。

表2-7 企业参与大遗址保护利用方式

名称	投资	地方政府目标	筹资还款方式	参与企业
西安大明宫国家考古遗址公园	120亿	项目计划周期为五年，分三步实施。定位是以大明宫遗址保护改造和展示盛唐文化为特色，建设集文化、旅游、商贸、居住、休闲服务为一体的，具有国际水准的城市新区。在空间形态上形成“一心两翼三圈六区”的基本格局：以大明宫国家遗址公园为中心；以火车站北广场为轴心，沿陇海线形成东西两大城市改造板块；形成未央路、太华路、北二环三个商业圈；规划建设文化旅游区、商贸服务区、商务核心区、改造示范区、中央居住区、集中安置区等六个功能区[1]	组建西安曲江大明宫投资（集团）有限公司，负责大明宫遗址区保护改造的项目招商、投融资、基础设施建设、土地开发和经营管理工作[2]。国家开发银行提供60亿元贷款，采取“一拖一”的方案，即以城市环境开发托起遗址保护工程，以大明宫国家遗址公园保护与周边商业开发衔接的方式，解决了遗址公园营业收入少、投资回收期长的还款困境；同时借鉴城建项目，采取政府委托代建，实行土地出让金回流动态还款的方式，解决了因门票无法质押（归集财政）的担保困境[3]	西安曲江大明宫投资（集团）有限公司
隋唐洛阳城国家考古遗址公园	预计总投资约230亿元[4]	大遗址保护和主题公园开发项目为洛阳国际文物旅游名城重点文化旅游产业项目之一。深入挖掘历史文化资源，通过文物、文化与旅游结合，项目建设、产业发展与城市提升结合，政府主导、社会参与同市场运作结合，推进文化旅游产业实现跨越式发展，建设国际文化旅游名城。建设隋唐城文化旅游产业园区。其中隋唐城宫城区及历史轴线景观区按照文化、文物、旅游、城建融合发展理念，对天堂、明堂、应天门、天津桥、定鼎门、洛玻原厂区等进行连片整体开发	通过文化产业运营来收回投资成本。仅为复建明堂、天堂两座隋唐大遗址的主体建筑，国家文物局扶持洛阳市大约3亿元，剩下的资金则由洛阳市文化投资管理有限公司自筹。洛阳市希望通过旅游开发的市场运营，收回前期的投资成本[5]	洛阳市文化投资管理有限公司

续表

名称	投资	地方政府目标	筹资还款方式	参与企业
浙江杭州良渚国家遗址公园	预计100亿元[6]	要坚持以综合利用为手段，认真研究良渚国家遗址公园的经营业态，确保建成后的良渚国家遗址公园“活”得下来。要坚持以积极保护为方针，以保护为目标，以利用为手段，通过适度利用来实现良渚遗址真正的保护[7]	通过运作周边土地、开发房地产项目，换取遗址公园的建设资金。公园一期工程的重点良渚博物院和美丽洲公园就是通过采用市场化运作手段，引进房地产商万科房地产集团，由其出资建设后，无偿移交政府，再由政府负责室内陈列展示。杭州市余杭区政府当初是以“统筹规划，保护遗址”的名义进行拆迁，但在拆迁完成之后，原有地块变成别墅开发项目，良渚博物院周边至少有12个私家别墅项目正在建设[8]	万科房地产集团
西安汉长安城考古遗址公园	先期启动项目投资总额约75亿元[9]	汉长安城大遗址保护特区以文化遗产保护为中心，通过合理规划建设遗址区以外的城市发展空间，分流大遗址保护区内的人口和产业，通过大型遗址公园和文化遗产园区建设，改善当地人文景观和生态环境，带动周边可建设用地综合效益的提高，使当地民众直接受益，并“反哺”大遗址保护，实现大遗址保护区与周边地区的全面和谐发展。特区区域包括城址区、建章宫遗址区、礼制建筑区和景观协调区，共75.02平方公里[10]。先期启动汉长安城未央宫遗址申报丝绸之路世界文化遗产范围，面积7.14平方公里[11]	组建西安汉城投资有限公司，承担特区保护的项目招商、投融资、基础设施建设和经营管理工作[12]。遗址总规划为75平方公里，其中遗址保护区面积约37平方公里，剩余的38平方公里将通过土地出让获得收益[13]	西安汉城投资有限公司

续表

名称	投资	地方政府目标	筹资还款方式	参与企业
河南郑州商城遗址保护项目	博物院片区土地收储计划总投资29.7亿元	市政府规划“新商城组团”，以商城遗址保护工程为核心，打造以宜居、商贸、文化功能为主的“大商城遗址板块”和以产业聚集、商贸物流为主的“商都新区板块”，总规划面积约116.2平方公里，几乎涵盖了整个管城区[14]。其中郑州商城遗址保护项目核心区总体规划为1.5平方公里，分四个片区分期进行改造，一期为博物院片区[15]	郑州市土地储备中心作为投资主体，负责实施博物院片区的土地收储和整理工作。资金来源除市政府先期投入部分启动资金外，主要通过市场化运作土地、向金融机构融资（21亿元）、市财政支持（财政预算9亿元）等筹措。项目还款来源主要为：第一，市土地储备中心通过对列入新商城组团40平方公里改造范围的60余家仓储工业企业关停搬迁置换而腾出的约4000亩土地收益专项用于偿还金融机构的融资资金；第二，商城遗址保护项目拆迁后，腾出规划为商业、住宅用地的土地出让收入，用于弥补其他项目投资支出；第三，不足部分由市财政安排弥补，并纳入相应年度财政预算[16]	郑州市土地储备中心（由政府机构直接组织土地一级开发，进行市场化运作）
湖北荆州楚都纪南城遗址公园[17]	100亿	纪南城暨海子湖休闲度假区项目，将再现楚都历史景象。规划用地20多平方公里，建设生态旅游新城。包括重建纪南城，严格按楚纪南城建设的规划和格局，在1平方公里区域重建纪南城，包括城门、城堡、城墙、宫殿、牌坊、街市、旅馆、港口、商业区、作坊区、军事区等设施。	通过招商引资进行合作、独资开发	海子湖开发有限公司

续表

名称	投资	地方政府目标	筹资还款方式	参与企业
湖北荆州楚都纪南城遗址公园[17]	100 亿	将在海子湖建设大型现代水上娱乐项目和旅游配套的商务休闲度假目的，分区建设现代水上娱乐设施、高尔夫球场、高星级度假酒店、旅游商务区、水上游艇俱乐部、山地运动俱乐部等项目	通过招商引资进行合作、独资开发	海子湖开发有限公司

注：

1. 《西安市人民政府办公厅关于印发〈大明宫遗址区保护改造实施方案〉的通知》，市办发〔2007〕44 号。

2. 同 1。

3. 李婧、李琤《文化金融合作创新案例》，《中国文化报》2014 年 3 月 29 日。

4. 洛阳市隋唐城遗址管理处公布资料。

5. 刘永《摈弃地产开发，洛阳大遗址寻找景区运营模式》，《中国经营报》2013 年 7 月 1 日。

6. 国家文物局《关于促进国家考古遗址公园可持续发展的调研报告》（内部），2011 年。

7. 摘自记者邓国芳《建好良渚国家遗址公园，打造大遗址保护良渚模式》，《杭州日报》2008 年 10 月 10 日。

8. 张家振《良渚国家考古遗址公园变身别墅"盛宴"》，《中国经营报》2013 年 6 月 29 日。

9. 陕西省文物局等《汉长安城遗址保护总体规划（2008 ~ 2025）》，2008 年。

10. 同 9。

11. 刘振《西安将实施汉城国家大遗址保护区建设》，《西安晚报》2012 年 8 月 4 日。

12. 同 11。

13. 王力凝《西安汉长安城遗址开发成地产商盛宴》，《中国经营报》2012 年 8 月 17 日。

14. 《商城遗址公园带动旧城改造，郑州东南规划新商城组团》，《东方今报》2011 年 4 月 19 日。

15. 《郑州市人民政府办公厅关于印发〈郑州商城遗址保护项目博物院片区土地收储实施计划〉的通知》，郑政办〔2011〕92 号。

16. 同 15。

17. 荆州市商务局招商引资项目介绍：纪南城暨海子湖休闲度假区项目，2011 年 5 月 16 日发布，http：//www. jzsww. gov. cn。

景区运营也是企业参与较多的领域之一。截止到2017年7月31日，全国共有国家5A景区248家。据课题组不完全统计，248家国家5A景区中，159家有文物景观，占64%，其中有77家由企业经营，占48%。由此可以看出，企业在经营管理经济效益好的景区方面有较高的积极性。

表2-8　企业经营以文物资源为依托的国家5A景区信息汇总①

序号	省份	景区名称	评定年份	经营企业名称
1	河北	河北省石家庄市西柏坡景区	2011	河北旅游投资集团股份有限责任公司
2		河北保定野三坡景区	2011	河北野三坡旅游投资有限公司
3		唐山市清东陵景区	2015	唐山清东陵旅游实业开发有限公司
4		河北省邯郸市广府古城景区	2017	邯郸市广府旅游有限公司
5		河北省保定市白石山景区	2017	涞源白石山旅游开发有限公司
6	山西	山西晋城皇城相府生态文化旅游区	2011	阳城县皇城相府（集团）实业有限公司
7		晋中市介休绵山景区	2013	介休市绵山风景区开发有限责任公司
8		晋中市乔家大院文化园区	2014	山西乔家大院旅游股份有限公司
9		晋中市平遥古城景区	2015	平遥古城旅行社有限公司
10	辽宁	辽宁省鞍山市千山景区	2017	辽宁千山旅游集团有限公司
11	吉林	吉林长春净月潭景区	2011	长春净月潭旅游发展集团有限公司
12		敦化市六鼎山文化旅游区	2015	吉林六鼎山实业有限公司
13		长春市长影世纪城旅游区	2015	长春长影世纪城有限公司

① 根据国家旅游局和各景区官网数据汇总整理。

续表

序号	省份	景区名称	评定年份	经营企业名称
14	江苏	苏州市周庄古镇景区	2007	江苏水乡周庄旅游股份有限公司
15		南京市夫子庙－秦淮风光带景区	2010	南京夫子庙文化旅游集团有限公司
16		苏州市同里古镇景区	2010	苏州同里国际旅游开发有限公司
17		扬州市瘦西湖风景区	2010	扬州瘦西湖旅游发展集团有限公司
18		江苏省姜堰市溱湖旅游景区	2012	泰州市姜堰溱湖景区旅游发展有限公司
19		江苏省常州市中国春秋淹城旅游区	2017	常州市春秋淹城建设投资有限公司
20	浙江	金华市东阳横店影视城景区	2010	横店影视股份有限公司
21		嘉兴市桐乡乌镇古镇旅游区	2010	乌镇旅游股份有限公司
22		宁波市奉化溪口－滕头旅游景区	2010	溪口旅游集团有限公司
23		浙江省嘉兴市南湖旅游区	2011	嘉兴旅游发展有限公司
24		浙江省衢州市江郎山・廿八都景区	2017	江山市旅游发展有限公司
25		浙江省嘉兴市西塘古镇旅游景区	2017	浙江西塘旅游文化发展有限公司
26	安徽	黄山市黄山风景区	2007	黄山旅游发展股份有限公司
27		池州市九华山风景区	2007	九华山风景区管理委员会
28		安徽省黄山市皖南古村落—西递宏村	2011	黄山京黟旅游开发有限公司
29		安徽省安庆市天柱山风景区	2011	天柱山风景名胜区管理委员会
30		安徽省宣城市绩溪龙川景区	2012	安徽航佳龙川旅游开发有限公司
31		阜阳市颍上八里河景区	2013	安徽八里河旅游开发有限公司
32		黄山市古徽州文化旅游区	2014	安徽省旅游集团
33		合肥市三河古镇景区	2015	肥西县三河镇旅游文化有限公司

续表

序号	省份	景区名称	评定年份	经营企业名称
34	江西	江西省上饶市三清山旅游景区	2011	江西三清山旅游集团有限公司
35		江西省鹰潭市龙虎山旅游景区	2012	江西省龙虎山旅游文化发展（集团）有限公司
36		景德镇古窑民俗博览区	2013	景德镇市古窑民俗旅游有限公司
37		上饶市婺源江湾景区	2013	上饶市婺源旅游股份公司
38		宜春市明月山旅游区	2015	宜春明月山建设投资开发有限公司
39	山东	烟台市蓬莱阁旅游区（三仙山－八仙过海）	2007	蓬莱阁文化旅游集团有限公司
40		济宁市曲阜明故城（三孔）旅游区	2007	曲阜市三孔旅游服务公司
41		山东烟台龙口南山景区	2011	南山旅游集团有限公司
42		山东青岛崂山景区	2011	青岛崂山旅游集团有限公司
43		山东威海刘公岛景区	2011	威海刘公岛实业发展有限公司
44		枣庄市台儿庄古城景区	2013	枣庄市台儿庄古城旅游发展有限公司
45		山东省沂蒙山旅游区	2014	山东沂蒙山云蒙景区旅游发展有限公司
46		山东省潍坊市青州古城旅游区	2017	青州古城文化旅游发展有限公司
47	河南	焦作市云台山风景名胜区	2007	焦作云台山旅游发展有限公司
48		登封市嵩山少林景区	2007	嵩山少林文化旅游有限公司
49		河南省平顶山市尧山－中原大佛景区	2011	天瑞集团旅游发展有限公司是
50		河南省洛阳栾川老君山·鸡冠洞旅游区	2012	河南省老君山文化旅游集团有限公司
51		驻马店市嵖岈山旅游景区	2015	嵖岈山旅游实业发展集团
52		太行大峡谷旅游景区	2016	林州市太行大峡谷旅游开发有限公司

续表

序号	省份	景区名称	评定年份	经营企业名称
53	湖北	宜昌市三峡大坝－屈原故里旅游区	2007	长江三峡旅游发展有限责任公司
54		湖北省十堰市武当山风景区	2011	湖北武当山旅游股份有限公司
55		湖北省宜昌市三峡人家风景区	2011	三峡人家文化旅游发展有限公司
56		宜昌市长阳清江画廊景区	2013	湖北清江画廊倒影峡旅游开发有限公司
57		武汉市黄陂木兰文化生态旅游区	2014	武汉市木兰文化旅游发展投资有限公司
58	湖南	衡阳市南岳衡山旅游区	2007	衡阳市南岳衡山旅游发展有限公司
59		湖南省湘潭市韶山旅游区	2011	韶山旅游发展集团有限公司
60		郴州市东江湖旅游区	2015	湖南东江湖旅游发展有限公司
61		湖南省邵阳市崀山景区	2016	崀山恒源国际旅游发展有限公司
62	广东	惠州市罗浮山景区	2014	罗浮山旅游开发总公司
63	广西	桂林市独秀峰－王城景区	2012	桂林升辉旅游景区投资管理有限责任公司
64		广西自治区桂林市两江四湖·象山景区	2017	桂林两江四湖旅游有限责任公司
65	海南	三亚市南山大小洞天旅游区	2007	三亚南山大小洞天发展有限公司
66		海南槟榔谷黎苗文化旅游区	2015	海南槟榔谷黎苗文化旅游发展有限公司
67	四川	乐山市峨眉山景区	2007	峨眉山旅游股份有限公司
68		南充市阆中古城旅游区	2013	阆中古城文化旅游发展有限公司
69		广元市剑门蜀道剑门关旅游区	2015	四川省剑门关发展投资有限公司
70	贵州	贵州省贵阳市花溪青岩古镇景区	2017	贵阳青岩古镇景区管理有限公司
71	云南	大理市崇圣寺三塔文化旅游区	2011	大理旅游集团有限责任公司
72		丽江市丽江古城景区	2011	丽江古城管理有限责任公司

续表

序号	省份	景区名称	评定年份	经营企业名称
73	陕西	西安市华清池景区	2007	陕西华清文化旅游有限公司
74		陕西西安大雁塔·大唐芙蓉园景区	2011	西安曲江文化旅游股份有限公司
75		宝鸡市法门寺佛文化景区	2014	法门寺文化实业公司
76		陕西省宝鸡市太白山旅游景区	2016	陕西太白山投资集团有限公司
77	宁夏	宁夏银川镇北堡西部影视城	2011	宁夏华夏西部影视城有限公司

为深入了解企业参与文物景区的运营情况，课题组对被列入国家4A以上景区的历史文化名镇的运营机构及其主要开展的工作进行汇总。根据课题组目前掌握的数据，被列入4A以上景区的国家级历史文化名镇有54家，[①]其中33家由企业在经营管理，占60%以上。在开发经营的同时，有的公司也开展了保护规划、古建筑保护修缮、设立保护标志、环境综合整治、配套基础设施建设等工作，对文物保护有一定的促进作用。详细信息见表2-9。

表2-9 企业参与被列入国家4A以上景区的历史文化名镇保护利用概况[②]

序号	地区	景区名称	5A或4A（评定年份）	管理机构	运营机构	运营机构主要开展工作
1	北京	北京市密云县古北口镇	4A（2008）	司马台长城景区、古北水镇	北京古北水镇旅游有限公司	文物保护，古建筑修缮和基础设施的重建
2	山西	山西灵石王家大院旅游景区	4A（2002）	灵石县王家大院风景区管理委员会	灵石县静升古镇王家大院文化旅游开发有限公司	基础设施建设，环境整治，文物安全工作，文物建筑保护修缮
3	上海	上海市金山区枫泾古镇景区	4A（2008）	枫泾镇人民政府	上海枫泾古镇旅游发展有限公司	民居古建筑修缮保护，基础设施建设维护

① 截至2015年，国务院公布的国家级历史文化名镇共252家。

② 根据各景区官网和相关报道汇总整理。

续表

序号	地区	景区名称	5A或4A（评定年份）	管理机构	运营机构	运营机构主要开展工作
4	江苏	江苏苏州市周庄古镇景区	5A（2007）	昆山市周庄镇人民政府	江苏水乡周庄旅游股份有限公司	制定保护规划，环境整治，古镇整体风貌控制
5	江苏	江苏太仓沙溪古镇景区	4A（2015）	沙溪镇人民政府；沙溪古镇保护管理委员会	太仓市沙溪古镇旅游开发有限公司	基础设施改造，环境整治，完善配套服务，古建筑修缮
6	江苏	江苏苏州木渎古镇景区	4A（2008）	苏州市吴中区木渎镇旅游产业管理委员会	木渎旅游公司	古建筑保护修复，环境整治
7	江苏	江苏苏州角直古镇旅游区	4A（2001）	苏州市吴中区角直古镇保护与开发管委会	角直旅游发展公司	环境风貌整治，文物建筑修缮保护
8	浙江	浙江省嘉兴市西塘古镇旅游景区	5A（2017）	西塘古镇保护与旅游开发管理委员会	浙江西塘旅游文化发展有限公司	古建筑维修，景观环境整治
9	浙江	浙江省衢州市江郎山·廿八都景区	5A（2017）	廿八都古镇保护与旅游开发领导小组办公室	廿八都古镇旅游开发公司	古建筑修缮，环境综合整治，配套基础设施建设
10	浙江	浙江湖州市南浔古镇景区	5A（2015）	南浔古镇管理委员会	浙江南浔古镇旅游发展有限公司	古建筑修缮保护，环境风貌整治，古民居保护修复，河道综合治理
11	浙江	浙江嘉兴桐乡乌镇古镇旅游区	5A（2010）	乌镇国际旅游区建设领导小组（原管委会）	乌镇旅游股份有限公司	基础设施建设改造，遗迹保护，修缮古建筑，历史街区文化保护，环境保护工程

续表

序号	地区	景区名称	5A或4A（评定年份）	管理机构	运营机构	运营机构主要开展工作
12	浙江	浙江宁波前童古镇景区	4A（2011）	前童镇人民政府	宁海前童古镇旅游发展有限公司	古民居建筑修缮保护
13	浙江	浙江宁波慈城古县城景区	4A（2009）	慈城古县城保护开发管委会	慈城金源旅游开发有限公司	宅院修缮，遗址重建，景观改造，历史街区修复
14	安徽	安徽肥西三河古镇景区	5A（2015）	肥西旅游局三河古镇景区管委会	肥西县三河镇旅游文化有限公司	古建筑修缮维护，挂牌保护文物点，设置保护标志
15	福建	福建龙岩市古田旅游区	5A（2015）	古田县人民政府	古田旅游集团有限公司	修缮古建筑，改造景区环境，控制游客数量
16	福建	福建邵武和平古镇景区	4A（2015）	邵武和平镇旅游开发办公室	福建和平古镇旅游文化发展有限公司	完善配套服务，古建筑修缮，环境整治
17	江西	江西鹰潭龙虎山旅游景区	5A（2012）	鹰潭市龙虎山风景名胜区（景区管委会）	龙虎山旅游集团公司	宣传文物保护理念，编制文物保护方案，不可移动文物保护修缮
18	江西	江西吉州窑景区	4A（2015）	吉州窑保护管理局	吉州窑旅游发展有限公司	景区配套设施建设，环境整治
19	江西	江西景德镇市瑶里风景名胜区	4A（2005）	瑶里风景名胜区管理局	景德镇瑶里旅游发展有限公司	基础设施建设，古建筑维修

续表

序号	地区	景区名称	5A或4A（评定年份）	管理机构	运营机构	运营机构主要开展工作
20	湖南	湖南湘西浦市古镇景区	4A（2016）	泸溪县浦市经济开发区管理委员会	泸溪浦市古镇文化旅游开发有限责任公司	古建筑修缮，基础设施建设，环境整治
21	湖南	湖南湘西州芙蓉镇景区	4A（2012）	永顺县人民政府	湖南山水芙蓉镇旅游产业发展有限公司	基础设施建设，建筑风貌控制
22	湖南	湖南长沙靖港古镇景区	4A（2011）	靖港古镇风景区管理委员会	湖南省中锦靖港古镇旅游发展有限公司	基础设施建设，园林养护，古建筑保护，环境卫生整治
23	广东	广东百侯名镇旅游区	4A（2015）	大埔县百侯镇人民政府	梅州百侯名镇旅游开发公司	古建筑保护修复，设立导览标识
24	广西	广西昭平黄姚古镇风景名胜区	4A（2009）	黄姚古镇风景名胜管理局	黄姚古镇文化旅游公司	古建筑保护修复，设立保护标志，景观原貌维护
25	重庆	重庆合川涞滩古镇风景区	4A（2015）	涞滩古镇景区管理委员会	重庆市合川旅游发展有限公司	文物建筑保护修复，历史街区整治，基础设施建设维护
26	重庆	重庆铜梁安居古城景区	4A（2015）	安居古城景区管委会	重庆安居古城华夏文化旅游发展有限公司	基础设施建设，生态环境综合治理
27	重庆	重庆酉阳龙潭古镇	4A（2012）	龙潭古镇景区管委会	酉阳县龙潭古镇文化旅游开发有限责任公司	历史建筑修缮，景区基础设施建设，景区环境综合整治

续表

序号	地区	景区名称	5A或4A（评定年份）	管理机构	运营机构	运营机构主要开展工作
28	四川	四川成都市五凤溪旅游景区	4A（2014）	金堂县五凤镇人民政府	成都文旅集团	景区基础设施建设
29		四川宜宾市李庄古镇	4A（2009）	李庄古镇景区管理局	李庄文旅传媒集团	基础设施建设，景区风貌整治
30	贵州	贵州贵阳青岩古镇景区	5A（2017）	青岩古镇景区经营管理公司	贵阳青岩古镇景区管理有限公司	基础设施建设，控制古城整体风貌，古建筑修缮，古镇环境整治
31	云南	云南腾冲和顺景区	4A（2006）	腾冲和顺古镇保护管理局及古镇保护管理办公室	云南柏联和顺旅游文化发展有限公司	环境综合治理，古建筑风貌保护
32	陕西	陕西宁强县青木川景区	4A（2014）	宁强县青木川景区管理委员会	宁强青木川古镇旅游开发有限公司	制定保护规划，古建筑修缮保护，环境整治
33	新疆	新疆惠远古城景区	4A（2012）	惠远古城建设管理委员会	惠远古城文化旅游产业有限公司	古城历史建筑保护修复、环境治理、基础设施建设维护

企业参与大遗址保护利用、文物建筑保护利用等方面，各地开展了很多实践，已经有不少成功案例。如：

南京市文化投资控股集团参与大遗址保护利用。南京市文化投资控股集团（简称“南京市文投集团”）是南京市政府直属的国有独资公司、全市唯一的国有经营性文化资产运营主体、新兴文化业态投资主体和重大文化项目投资建设主体。南京市文投集团参与了大报恩寺遗址的保护与大报恩寺遗址公园的建设，先后共投入资金40亿元，用于遗址区居民拆迁、土地征收、博物馆建设等，已经取得初步成效，大报恩寺遗址公园于2015年正式对公众开放。

南京晨光置业投资管理有限公司参与文物建筑保护利用。南京晨光1865

科技创意产业园的前身是李鸿章于 1865 年 9 月创建的金陵机器制造局，是一座反映中国工业建筑历史演变的博物馆，共 50 多栋历史建筑，其中 9 栋清代建筑、19 栋民国建筑，全部为工业老厂房和办公用房。南京晨光置业投资管理有限公司在坚持保护为主的前提下，着力打造融文化、旅游、时尚休闲、创意和科技为一体的综合性时尚生活创意展示中心和地标。为吸引文化类企业入驻园区，除在租金价格上给予优惠外，还给予一定的免租期，通过引进文化创意企业，鼓励其在充分挖掘园区历史文化价值的基础上开发文创产品，提升产业园的文化内涵。该创意产业园既是南京的爱国主义教育基地，也是高校建筑学专业学生的实习基地。

苏州市社会力量积极参与文物建筑保护利用。苏州有大量民居建筑，产权原属于私人，上世纪 50 年代因公私合营改为国家所有，由房管部门代为管理，分租给居民。由于居民无力维护和不合理使用，导致民居建筑现状较差，有些甚至处于濒危状态。这些国有不可移动文物的保养维修经费对于地方政府是巨大的财政负担，虽然苏州逐年增大文物保护经费投入力度，但仍是杯水车薪。2004 年，苏州颁布实施《苏州市区古建筑抢修贷款贴息和奖励办法》，鼓励社会力量和民间资本参与文物保护利用。截至 2013 年底，共有 18 个项目先后得到政府奖励，奖励金额达 653.6 万元，吸引社会资金近 7000 万元用于古建本体修缮，一批古建筑得到修缮保护和合理利用。2012 年，苏州市出台《苏州市区古建老宅保护修缮工程实施意见》，实施古建老宅保护修缮工程，加大对古建老宅的抢修、保护和利用力度。一方面，成立文旅集团和城投公司两个政府国有公司作为项目实施主体，负责资金筹措、项目策划、居民搬迁、保护修缮和利用运作。另一方面，按照“谁投资、谁管理、谁收益”的原则，鼓励社会力量参与古建老宅的保护、修缮和利用。省级文物保护单位潘世恩故居，市级文物保护单位博习医院、卫道观，控制保护建筑潘祖荫故居、丁宅、王宅、陈宅等 50 余处亟待保护的文物建筑列入项目计划。2014 年苏州市出台《苏州市中心城区古建老宅保护利用市场化运作指导意见》。意见规定，由工程实施主体完成搬迁或修复的古建老宅，可采用市场化运作办法，吸收国有企业、民营企业、外资企业、社团和个人等社会力量参与古建老宅保护修缮利用。实施主体可按照自营、出租、转让等方式处置文物建筑的使用权或所有权。2016 年，苏州已完成转让保护的项目共有 23 个，正在启动或列入计划的项目有 40 多个。

认领认养作为社会力量参与文物建筑保护利用的方式之一，有效保护了一批文物建筑，使之在现代生活中发挥出更好作用。通过已有实践可以看出，近年来企业的社会责任感明显提升。有的企业家不图任何回报，出资保护文物建筑完全是出于对文化遗产的热爱，出于朴素的公益心，愿意为文物保护出一份力，尽一份责任；也有的企业家认为，投资做文物保护有利于提升企业形象，增强企业的凝聚力、知名度和社会影响力，是否有经济回报并不重要；也有企业把投资文物保护利用作为企业转型的方向，作为新的经济增长点，社会效益和经济效益并重。无论出于哪种目的，愿意为文物保护利用出资出力，就是社会责任感的体现，值得肯定和鼓励。

企业参与文物保护利用，一方面弥补了事业单位力量的不足，另一方面也通过发挥各自专业优势，为文物工作带来了新理念、新技术和新手段，为文物事业发展带来了新的动力和活力。总体来看，目前企业或者通过提供技术或服务的形式承担各类文物保护工程项目方式参与，或者通过投入资金、进行建设管理运营的方式参与。山西、广东开平、江苏苏州、安徽黄山、浙江金华等地出台了古建筑认领认养办法，取得了一定效果，但还只是小范围的试验。在陕西、河南、浙江、湖北的大遗址保护利用中，企业通过投融资、基础设施建设、土地开发和经营管理等方式积极参与，在一定程度上弥补了财政资金的不足。目前企业在参与文物保护利用中面临的一个重要困惑是，哪些文物资源对社会开放、哪些不开放，目前并不明晰，各地的标准也不尽一致，企业不清楚哪些领域可以参与，哪些领域不可以参与。而且，企业在参与过程中不同程度面临着文物保护意识薄弱、相关法规标准和专业知识欠缺等问题，导致保护利用工作出现偏差，迫切需要加大专业培训力度，提升参与能力和水平，使企业更加规范、有序地参与文物保护利用。

2.1.2 社会组织：公益性参与的主体

社会组织是凝聚民间文保力量的重要载体，近年来，其作用和影响力不断增大，越来越成为我国文物事业中一支不可或缺的力量。“一般而言，社会运动可以区分为两个基本类型，一种是维护或争取某个群体实际利益的社会运动，可以叫做自我指向或利益取向的运动；一种是并不以实际利益为中心，而在于表达或宣传某种文化价值的社会运动，可以叫做他人指向或表意取向的运动。”① 就我国文物保护领域社会组织所开展的活动而言，具有明显的他人指向或表意取向。几乎所有组织开展的活动都是以文物价值的传播、保护意识的培育、调查研究、以及行业服务等为宗旨，鲜有为维护个人权益成立的组织，社会组织是公益参与的重要主体。

民政部一般将社会组织分为社会团体、民办非企业单位和基金会三类。为便于研究和分析，本书根据成立主体的不同，将文物保护领域社会组织分为由政府部门发起成立、民间自发成立和学生社团三类。此外，近年来，各地纷纷成立了文物保护志愿者团队，它们虽然没有正式在民政部门注册，但具有社会组织的基本特征，因此也将之纳入社会组织的范畴。

目前，在政府成立的文保组织中，以全国性社团（包括基金会）最为活跃，全国性社团虽然数量并不多，但其实力最雄厚、资源最丰富、作用和影响也最大。从组织管理情况看，全国性社团一般都拥有较为丰富的人力资源，团结了最广泛的业内外专家、学者，经过较长时间的发展和探索，基本都形成了比较完善的组织架构和管理制度，都有规范的组织章程，而且能够根据时代的发展变化做出相应的修改完善。这些社团基本能够在各自的业务范围内有条不紊地开展工作，拥有较好的社会基础，也拥有良好的声誉。与全国性社团相比，地方性社团的影响要小一些，而且发展还很不均衡。地方性社团的发育水平不仅与当地的经济社会发展水平有关，也与当地政府部门对文物工作的重视程度有关，还与当地民众的文保意识等因素密切相关。

与政府部门发起成立的组织相比，民间自发成立的组织面临的困难更多。很多组织几乎得不到政府和社会的任何支持，主要依靠发起人及其成员的热情和社会影响力勉强维持。也有少量由民间自发成立的组织，由于当地政府部门对文物保护的重视程度较高，对这些组织的工作业绩较为肯定，因而为其发展

① 洪大用等：《中国民间环保力量的成长》，北京：中国人民大学出版社，2007 年。

提供宽松的政策环境，并给予其工作场地、资金、信息等多方面的支持，久而久之，这些组织和当地的文物行政部门、社科联、高校等形成了良好的合作关系，他们资源共享、成果互补，共同致力于当地的文物保护。

学生文保社团是一个比较特殊的类型。学生社团不需要在民政部门登记注册，一般由校团委或社团联合会组织管理。由于会员的类型单一，因而组织管理也相对比较简单。学生社团的优势是成员都比较年轻，充满激情和活力，勇于尝试和实践，能够富有创造性地开展工作，由于不断有新鲜血液输入，总能保持旺盛的生命力。学生社团是校园里文物保护的宣传者和倡导者，也是文物保护的重要后备军。

还有一类是文物保护志愿者团队，他们组织管理有序，并定期开展活动，已经产生了一定的社会影响，而且有很大的发展潜力。各地的志愿者团队在当地的文物保护中都起到了拾遗补缺的积极作用，弥补了文物部门力量的不足，而且有的团队的建议得到当地文物部门或城建部门的采纳，促使政府部门决策更加科学合理。在保护文物的同时，也起到宣传教育的作用，增强了当地民众的文物保护意识。

总之，不同类型的组织职责不同、服务对象不同、关注点不同，因而发现和解决问题的视角也有所不同。一般而言，政府部门成立的组织主要立足于政府诉求，同时兼顾民众需求，呈现出自上而下的特征；民间自发成立的组织主要立足民众诉求，同时兼顾政府需求，呈现出自下而上的特征。二者的路径虽然不同，但都服务于文物事业发展这一目标。

社会组织是社会力量的重要组成部分，目前，对全国文物保护领域社会组织的情况尚未做过全面系统调查，缺乏权威数据，无法进行全面分析。对之进行全面系统的调查非常有必要，建议适时组织专项调查。

我们对文物保护领域社会组织进行了初步分类统计，包括全国性文物保护社会组织、地方性文物保护社会组织、文物保护志愿者团队、高校文保社团四类。目前统计到的全国性文物保护社会组织 29 家，地方性文物保护社会组织 180 家，尚未注册的文物保护志愿者团队 27 个，高校文保社团 21 个，均为不完全统计数据。[①]

① 详细名单见附件一：表 3、表 4、表 5、表 6。

从目前的统计数据看，地方性文物保护组织较多的省份有北京、山东、江苏、广东、辽宁等，志愿者团队较多的省份有北京、广东、河南、辽宁等，主要分布于经济较发达或文物资源较丰富的地区。

表 2－10　文物保护领域社会组织概况①

类型	数量	分布	
全国性文物保护社会组织	29	—	
地方性文物保护社会组织	180	北京	21
		天津	3
		河北	5
		山西	5
		内蒙古	7
		辽宁	10
		吉林	4
		黑龙江	3
		上海	7
		江苏	12
		浙江	7
		安徽	5
		福建	7
		山东	14
		河南	8
		湖北	7
		湖南	6
		广东	10
		广西	2
		江西	5
		海南	2
		重庆	3
		贵州	2

① 根据课题组收集数据汇总整理。

续表

类型	数量	分布	
地方性文物保护社会组织	180	云南	4
		四川	4
		西藏	1
		陕西	8
		甘肃	3
		青海	2
		宁夏	1
		新疆	2
文物保护志愿者团队	27	北京	4
		天津	2
		河北	2
		河南	3
		黑龙江	1
		吉林	1
		辽宁	3
		宁夏	1
		江苏	2
		湖南	1
		湖北	2
		广东	4
		福建	1
高校文保社团	21	—	
合计	257	—	

社会组织是政府、市场之外重要的第三极力量，是政府的重要合作伙伴，社会组织的发展有利于文物治理体系的构建和治理能力现代化。就目前文物保护领域社会组织的参与方式来说，几乎囊括了文物工作的方方面

面，包括文物保护、利用、管理、调查研究、公共服务、宣传教育、收藏捐赠等，尤其是在调查研究、公共服务、宣传教育等方面，形式越来越多样，效果越来越明显，作用越来越突出。由于社会组织具有非政府、非营利、相对独立、自愿等特性，因而在文物工作中起着与政府、市场所不同的独特作用。

文保组织是政府和民众之间的桥梁和纽带。社会组织以其广泛的群众基础以及与政府部门千丝万缕的联系，在政府和民众间架起了沟通的桥梁。一方面，社会组织可以通过各种形式的活动把政府的声音向民众传播，把文物保护的理念向民众渗透，提高民众对文物保护的认知水平；另一方面，也可以把民众的诉求反映到政府部门，通过良好的沟通协调，帮助民众解决实际问题，或在一定程度上化解矛盾。社会组织的实践一定程度上为政府部门改进工作或制定政策法规提供了重要参考和依据。

文保组织是文物和民众之间的桥梁和纽带。民众是文物的真正主人，但在目前，大多数民众对文物的价值和文物保护的重要性并没有深刻认识，能够自觉付诸行动的更是少数。通过社会组织对文物重要价值的发掘和宣扬，以及为保护它们付出的种种努力，可以深化民众的认知水平，提升民众的参与热情。而且，通过社会组织的深入实践，还可以了解民众所知所想，帮助民众为文物保护找到更好的出路。

文保组织是不同政府部门之间的桥梁和纽带。文物保护涉及文化、文物、教育、城建、国土、规划等多个政府部门，不同部门由于立场不同，观点难免会有不一致和冲突之处。社会组织正好可以发挥好客观、中立的优势，与不同部门进行博弈，在这个过程中，社会组织自然而然成为不同政府部门之间沟通的桥梁和纽带，成为促进社会稳定与和谐的润滑剂。

当前，我国文物保护领域的社会组织不仅数量越来越多，涉及的领域越来越广，作用也越来越明显，在调查研究、宣传教育、学术交流、建言献策、陈列展示、行业管理、标准制定和推广、职业培训、保护规划编制、文物普查、文物巡查巡护、编辑出版、组织文化遗产旅游等方面都发挥着不可替代的作用。

中国文物学会创立于 1984 年 6 月，是经民政部登记注册，由国家文物局主管的学术类全国性社会团体，由文物工作者和专家学者、文博机构、以及关心、支持文物保护的有关人士和单位自愿组成。学会拥有一批国内外知名专家学者，他们在考古、古建、文物管理、文物科技、规划设计等领域有很高的造诣，是学会的宝贵智力资源和最大优势。为此，学会努力为发挥专家学者余热提供多种途径，力争把学会办成“专家之家”。从成立伊始，中国文物学会就站在一个很高的起点上，而且有宽广的视野。学会始终坚持公益性和学术性，为国家的文物事业拾遗补缺、建言献策。多年来，学会团结了一大批全国文物界的专家学者和社会各界有志于文物保护的有识之士，围绕国家文物保护大局，根据政府和社会需求，开展了大量卓有成效的工作，不仅队伍越来越壮大，社会影响也越来越大。近年来，学会的活动越来越丰富多彩。学会每年的常规活动有两项。一项是年初召开的春节联谊会，还有一项是在重阳节组织考察一个文化遗产地，为老领导、老专家提供见面、交流的机会，增加他们对文物保护维修新成果的认识。此外，每年都举办许多大型活动。近年来影响较大的活动有：在登封举办的“保护世界遗产、建设美丽家园”研讨会，在绍兴举办的水利遗产保护研讨会，在宁波举办的保国寺大殿千年纪念系列活动，围绕我国大运河和丝绸之路申报世界文化遗产和新型城镇化建设开展学术活动，围绕《文物保护法》修订工作召开的专题研讨会，围绕中国文物学会成立 30 周年召开的纪念座谈会等。通过各项活动增强了学会的生机和活力，拓宽了学会的研究领域，使学会的工作更加贴近基层、贴近实际，树立了良好的社会形象。

中国博物馆协会成立于 1936 年，作为我国第一个全国性的博物馆学术团体，自觉担当起规范行业发展、沟通国内外博物馆信息及促进博物馆学术研究的任务。协会仿欧美近代学术团体模式而建，把自身定位为自主、互助性质的学术团体，秉持“研究博物馆学术、发展博物馆事业，并谋博物馆之互助”的宗旨，在管理模式上突出强调开放、务实、独立的办会理念。协会一开始就摒弃了狭窄的行业观念，采取开放的开门办会方式，广泛吸纳社会各界人士入会。抗日战争爆发后，协会的活动被迫停止。直到 1983 年，中国博物馆协会复会，由国家文物局主管，是由开展博物馆有关业务的组织和个人自愿结成的，并依法登记的行业性、全国性的非营利社会团体法人。近年来，随着中国博物馆事业的快速发展，中国博物馆协会的规模和影响力也越来越大，团体会员和个人会员都有大幅增加。在学术研究领域，中国博物馆协会承担了一批国家文物局委托的课题和项目，如国家一级博物馆运行评估、国家二、三级博物馆定级评估、博物馆开放服务指南等项目在全国博物馆界产生了较大影响。通过承担这些课题和项目研究，不仅拓宽了协会的研究领域，提升了协会的研究水平，同时也为更好地发挥博物馆协会的行业管理职能奠定了良好基础。此外，中国博物馆协会还通过举办研讨会的形式，围绕博物馆工作中的重点和热点问题展开交流和研讨，促进博物馆领域相关研究的深化。在行业指导方面，中国博物馆协会也发挥着积极作用。2010 年 11 月，国际博物馆协会第 22 届大会暨第 25 次全体会议在上海举办。此次大会由中国博物馆协会主办，来自 122 个国家、地区和国际组织的 3360 余名博物馆专家学者参加了会议，大会的主题是“博物馆致力于社会和谐”。本届国际博协大会是该协会成立 64 年来首次在中国举行的会员代表大会。大会让渴望了解世界的中国博物馆工作者和渴望了解中国的各国博物馆同行走到一起，通过相互间的讨论和交流，不仅丰富了国际博物馆界的理论宝库，而且对各国博物馆事业的和谐发展都提供了有益的帮助。从此，中国的博物馆事业开始融入世界，中国博物馆协会成为促进国际交流合作的一个重要平台。

中国文物保护基金会创立于 1990 年，是经民政部登记注册的社团法人，由国家文物局主管。基金会致力于中国文物保护事业，宗旨是筹措文物保护基金，资助文物保护项目，传承优秀的民族传统，弘扬悠久的历史文化，为社会的政治文明、物质文明和精神文明建设做贡献。中国文物保护基金会聚合海内外一切矢志与热心这一事业人士之智慧与爱心，是中国文物保护事业成长的“助推器”和资金支持的“蓄水池”。近年来，基金会从机构建设、制度建设、活动策划到文保项目落实，各项工作规范有序、稳步发展。通过举办各种大型活动，中国文物保护基金会和社会各界的合作不断加强，募资渠道也不断拓展，募资能力不断提升，2015 年接受捐赠额为 1700 多万元，

2016 年接受捐赠额为 2800 多万元,① 不断打破历史记录。与此同时，作为公募基金组织的社会形象持续提升，在 2010 年国家文物局主办的文化遗产日活动组织奖评选活动中，被评为全国“文化遗产日活动组织奖先进集体”；2011 年被民政部评定为 3A 等级基金会；入选“福布斯 2010 年中国十佳公募慈善公益基金会”；在由第三方机构评定的“2010 中国基金会等级评价百强榜”中，中国文物保护基金会荣列第 22 位。“薪火相传”评选活动是中国文物保护基金会的品牌活动，从 2008 年开始，到 2017 年已经举办九届，每次活动都得到社会各界的广泛响应，以及相关部门和媒体的大力支持。通过该项活动，不仅极大地鼓舞了文保志愿者，使得一大批在文物保护领域做出突出贡献的个人和团队进入公众视野，而且在全社会宣传了文物保护的理念，产生了持久而广泛的社会影响。近两年来，中国文物保护基金会不仅开展了一系列具有重大影响力的项目，如“拯救老屋行动”、价值研究与传播计划、“保护长城，加我一个”长城保护公益项目等，而且在倡导和引领社会力量参与文物保护方面成效显著。从 2016 年开始，中国文物保护基金会每年举办一次“社会力量参与文物保护论坛”，将社会组织、志愿者代表汇聚一堂，共议社会力量如何更好地服务文物事业。通过论坛的举办，社会组织和志愿者的热情空前高涨，凝聚力大幅提升，中国文物保护基金会作为社会力量参与文物保护引领者的平台作用日益凸显，为中国文物事业注入了新的活力和动力。

中国敦煌石窟保护研究基金会是在国家有关领导的关注、国内外有识之士和敦煌研究院的支持、资助下创办的全国性公募基金会。1994 年经中国人民银行批准成立，1995 年在民政部注册登记，由国家文物局主管。基金会的宗旨是用公募资金从事中国敦煌石窟保护、研究、弘扬的公益活动。近年来，中国敦煌石窟保护研究基金会开始步入正轨，在规范管理的同时，社会公信力逐步提升，募资能力得到加强。“香港敦煌之友”、天津郁美净集团有限公司、网易公司、上海春秋书院、法拉利汽车国际贸易（上海）有限公司、爱马仕（上海）商贸有限公司等对基金会给予大力支

① 参见中国文物保护基金会 2016 年度审计报告。

持。2016 年，中国敦煌石窟保护研究基金会接受捐赠额近 1000 万元，是历史最高水平。① 为弘扬民族传统艺术，让博大精深的敦煌文化走进高校，中国敦煌石窟保护研究基金会和敦煌研究院推出“敦煌壁画艺术精品高校公益巡展”，展品是一批通过现代数字技术复制的敦煌石窟艺术经典作品，这些展品完整保存了敦煌石窟艺术的信息，真实地再现了敦煌艺术的神韵，该展览受到高校师生和社会各界的广泛好评，已经成为中国敦煌石窟保护研究基金会的品牌展览。为促进敦煌石窟保护研究事业“薪火相传”，鼓励有志于敦煌文物保护研究的青年学子投身于敦煌文物的保护研究工作，基金会设立了敦煌奖学金，每年选定若干高等院校、科研院所，并在其中有敦煌学、敦煌艺术、敦煌文物保护研究方向的在读博士、硕士生中评选“敦煌奖学金”。敦煌石窟的保护历来受到全世界的高度关注，中国敦煌石窟保护研究基金会通过举办系列公益活动，一方面可以调动社会各界力量，为敦煌石窟保护研究助一臂之力，另一方面也可以在全社会弘扬敦煌文化，使敦煌石窟得到更多的关注和支持。

四川省古迹遗址保护协会成立于 2014 年，是由从事文化遗产保护与研究的专家学者和管理工作者自愿组成的全省性、群众性、非营利性的学术团体。协会主要从事文化遗产保护理论、方法与科学技术的研究、运用、推广与普及，为文化遗产的保护工作提供专业咨询服务，促进对文化遗产的全面保护与研究。协会主要业务范围包括研究并交流有关古迹遗址保存、保护、修复和加固技术，培训相关人才，组织和实施文化遗产保护、研究、合作、交流项目，就有关专业工作提供咨询服务，参与古迹遗址保护法规的研讨等；协助省级文物行政部门开展省内世界文化遗产保护、管理、申报工作；结合省内实际情况，对文化遗产保护中出现的问题进行调研，向省级文物行政部门提供科学依据等。协会的成立对于进一步简政放权，加快行政审批制度改革，发挥第三方机构的专业咨询作用，加强文物保护工程管理，推动社会组织承担或参与行业管理等方面具有积极的推动作用。

苏州古城拍摄记录志愿者协会成立于 2008 年，是由热爱文化遗产的志

---

① 数据来源：中国敦煌石窟保护研究基金会。

愿者依法自愿组成的，以拍摄、记录和保护苏州城市、农村的文化遗产和记录历史变迁为己任的非营利性社会组织。协会以“保护文化遗产、记录历史变迁”为根本宗旨，团结各行各业的文化遗产保护志愿者、摄影摄像爱好者，为苏州文化遗产保护、留存苏州城市档案、建设社会主义精神文明贡献力量。协会成立以来不断发展壮大，已有会员100余人。10年来，相继开展了对古城老宅、古村落、古镇、郊外摩崖石刻、大运河沿线文化遗产的拍摄记录活动，积累了大量珍贵照片、摄像资料和档案材料。作为民间文保人士，他们在拍摄、记录的同时，也致力于苏州文化遗产的保护和宣传，成为以政府部门为主导的文化遗产保护的有益补充，在向居民普及文化遗产保护知识，增强居民保护意识的同时，还向政府部门提出自己的建议和见解，以民间文保人士的良知，尽到民间文保人士应尽的义务和责任。

重庆市文物保护志愿者服务队成立于2011年，他们致力于重庆传统文化的传承与发展、传播，关注重庆老街、重庆文物、古镇（古村落），期望通过他们的努力对重庆历史文化的保护起到一定的作用。他们的口号是：“让我们抓紧时间，跟着群友去找寻那些即将消失的老街老巷，用脚丈量老街、用画面记录老景，用文字保存传奇。”成立以来，服务队登记在册的志愿者已经有200余名。“扫街”是服务队最经常的活动，通过“扫街”走访和记录重庆的老街和文物点，定期对一些市级以上文物保护单位进行巡查，遇到文物破损或无故被拆的情况，第一时间向政府和文管所报告。他们自筹资金、自寻线路、奔走呼吁、锲而不舍，五年来，这支队伍不但没有因为重重困难而减员，反而越来越壮大。他们还通过专题讲座、志愿者培训、年会等各种形式的活动，传承、传播重庆历史文化，不断增强团队的素质及影响力。他们认为，他们是城市的文保民兵。关于志愿服务，他们也有深刻的认识：“我们的付出是为了若干年后，在回顾重庆历史时，少一些遗憾；我们的付出是为子孙后代留下更多的历史文化遗产。我们每天巡视在老街小巷，古镇山寨，尽自己的微薄之力，努力将这个城市的根留住，让大家有地方寄托乡愁。”

襄阳拾穗者民间文化工作群成立于2005年，2013年正式注册。“回到田野，守望故乡”是其核心理念，志愿奉献是其核心价值。他们长期致力于民间文化、地域文化和汉水文化的整理、研究、保护和传播工作，不仅关注遗产保护，而且关注环境、关注民生、关注教育，最终目的是促进全社会文保意识的提升和文化自觉的提升。成立10多年来，已经开展了漳纸工坊、南漳古山寨、老河口木版年画、文化岘山、樊城历史街区、襄阳古城、荆山古村落保护等10余个具有重大影响的文物保护项目，取得累累硕果，在得到社会广泛认同的同时，也得到襄阳市领导的高度关注和大力支持。2017年6月，襄阳市市长秦军观看了拾穗者举办的展览后对拾穗者给予高度评价："拾穗者是我们襄阳文化传承的重要载体，襄阳人民要永远记住这支队伍。"目前，拾穗者已经成为襄阳市文物保护的重要生力军，成为政府职能部门的重要补充力量。正是由于他们的不懈努力和鼎力相助，襄阳市越来越多的人文古迹和民间工艺得到保护和传承，彰显出独特的文化魅力；正是由于他们的拍摄记录和研究考证，襄阳的历史文化为更多的人所熟知，越来越多的人对襄阳的历史文化产生敬意。

"人文武汉志愿者"成立于2004年，是活跃在武汉的一个致力于城市历史文化保护的志愿者群体。这个群体中，有社科界的专家、学者，大专院校师生，新闻媒体采编人员，企业管理人员及收藏、摄影、拓印、旅游等方面的爱好者。因为热爱武汉这块热土，对武汉的历史文化有极大的兴趣，他们走到了一起。十多年来，针对文化遗产遗存消失较快的状况，他们进行了大量抢救性拍摄、记录、整理和存档工作，留下上万张珍贵老照片，其中很多被城市规划设计、文化出版、传媒等部门选用。从2016年8月开始，与武汉市江汉区文化局联合举办《人文武汉大课堂》讲座，授课嘉宾绝大部分由"人文武汉志愿者"承担，每月举办两期，受到文保志愿者和武汉市民的欢迎。与此同时，他们还开展对城市老街区、革命旧址等的现场寻访和调查，积累了大量宝贵资料。互联网为"人文武汉志愿者"提供了极为便利的平台，使他们的民间文保活动开展得有声有色，在社会上产生了较大影响。他们非常重视团队建设，坚持以人为本，坚持自我约束，立志发展成为一支高素质的文保团队。

长城小站成立于1999年，是由长城爱好者与志愿者自发组建并运营的公益性网站，基于"热爱长城、热爱生活"的宗旨，通过网络和影像的力量促进长城知识整理、传播、分享，促进长城的保护。十几年来，长城小站策划实施或协助举办了40余场影展，举办近百场各类讲座、文化沙龙，组织、协助、参与出版了长城主题的出版物十多种，为长城文化传播做出了自己的贡献。2004年起，长城小站志愿者发起长城沿线长城宣传保护活动，2005年，活动正式确立为“家住长城边”项目，在实践中逐渐转型，致力于通过长城沿线学校助学来进行长城与文化的保护宣传工作，目前在长城沿线长期维护有十余所小学。2015年底，小站志愿者修订了《人人能为长城做的五件事》，联合34家单位、媒体、机构共同发起倡议，于2016年1月16日向社会发布。人人能为长城做的五件事，从普通公民角度入手，告诉人们保护长城保护文物可从身边做起、可从小事做起、可从改变自身观念做起、可以快乐地做起。

四川省自贡市蜀光中学中国文化遗产保护志愿者协会成立于2007年。协会的口号是“文物保护，蜀光师生在行动”。协会旨在推动学校文化遗产保护教育活动的开展，促进学生素质的提高。协会主要活动包括：举办文化遗产保护知识专题讲座；组织经验交流、成果展览，进行文化遗产保护理论的探讨和研究；积极开展对本土文化艺术资源的调查、研究和富含地方文化元素的校本教材的教育，加深学生对文化艺术的了解。以此让学生树立“传统的、民间的就是世界的”理念，达到加强对传统文化的认识和文化遗产的保护意识的目的。全校在校生8000人，协会会员700余人，常年活动的有200余人，学生毕业后还继续关注协会活动，协会不仅在校内产生了积极影响，在社会上也有很好的反响，得到文化部门的高度认可。

诸如此类的文物保护社会组织和志愿者团队还有很多，如中国长城学会、中国考古学会、中国收藏家协会、中国古迹遗址保护协会、中国华夏文化遗产基金会、北京文化遗产保护中心、四月公益、民间保护天津皇会奖励基金、新乡市文物保护协会、中国记忆网、天津市建筑遗产保护志愿者团队、天津记忆、辽宁文化遗产保护志愿者团队、大河网文化遗产志愿者团体、广州民间文物保护者协会、福州老建筑团队、北京大学文物爱好者协会、西安交通大学文物爱好者协会等等，都在尽各自所能，为文物保护奉献着自己的力量，做出了重要贡献。限于篇幅，无法在此一一详述。

从以上数据和案例可以看出，文物保护领域社会组织近年来发展较快，但由于我国的文物保护工作长期以来由政府主导，社会组织发展较为滞后，还普遍存在着规模小、影响力不足的问题。无论与国内其他领域的社会组织，还是与发达国家的文化遗产组织相比，都有较大差距。课题组通过问卷调查的形式对参与中国文物保护基金会“首届社会力量参与文物保护论坛”的40个社会组织（包括志愿者团队）的基本信息进行汇总分析，结果显示：近4/5的组织成立于2000年之后，近1/3的组织没有正式在民政部门登记注册，近1/2的组织人员不足20人，4/5以上的组织没有固定经费来源，近3/5的组织没有固定办公场所。由此可见，注册困难、资金短缺、人员不足是当前制约社会组织发展的三个主要因素。

2016年9月1日，《中华人民共和国慈善法》正式施行。文保组织开展的活动符合《中华人民共和国慈善法》第二条第四款的规定“促进教育、科学、文化、卫生、体育等事业的发展”，是慈善活动的范畴，因而应将文保组织纳入慈善组织的范畴。① 根据第七条规定：“设立慈善组织，应当向县级以上人民政府民政部门申请登记。”按照这一规定，文保组织的成立可以实行直接登记制度。难以找到业务主管部门一直是制约社会组织发展的重要因素，如果可以免去找“婆家”的程序，可以使更多的民间团体获得法律地位，更加规范、有序地开展活动。

资金短缺是文保组织面临的普遍困境，即使是政府部门成立的组织也不例外，民间成立的组织资金短缺问题则更为严重。一般来说，政府资助、社会赞助、会员会费和服务收入是社会组织的四大经费来源。从目前我国文保组织的经费情况看，这四个方面均存在不足。一般来说，对社会组织的扶持包括直接资助、项目资助、税收优惠等多种方式。目前来看，加大政府购买公共服务力度是支持社会组织发展较为可行的方式。政府向社会组织购买服

① 《中华人民共和国慈善法》第二条：自然人、法人和其他组织开展慈善活动以及与慈善有关的活动，适用本法。其他法律有特别规定的，依照其规定。第三条：本法所称慈善活动，是指自然人、法人和其他组织以捐赠财产或者提供服务等方式，自愿开展的下列公益活动：（一）扶贫、济困；（二）扶老、救孤、恤病、助残、优抚；（三）救助自然灾害、事故灾难和公共卫生事件等突发事件造成的损害；（四）促进教育、科学、文化、卫生、体育等事业的发展；（五）防治污染和其他公害，保护和改善生态环境；（六）符合本法规定的其他公益活动。

务，一方面可以缓解社会组织经费严重不足的窘境，另一方面可以通过有效的竞争机制，促进社会组织自身能力的提高，公众也能因此而获得更加优质、高效的服务，可谓一举多得。

人员不足也是制约社会组织发展的一个突出问题。吸引不到专业人才，不仅仅因为待遇低，还涉及人事管理、职称评定、社会保障等多重问题。因此，迫切需要“健全社会组织财务制度、人事管理、工资福利、医疗保险、养老保险等政策，为社会组织发展提供良好的制度保障。制定出台鼓励各类人才到社会组织就业的扶持政策，增强社会组织的吸引力，发展壮大社会组织人才队伍，切实解决社会组织人才队伍建设落后的状态。”①

打铁还须自身硬。对文保组织来说，只有自身能力提高了，才能在社会管理和公共服务中赢得主动、赢得空间。因此，必须严格内部管理制度，包括业务活动制度和财务管理制度。不仅要确保活动的规范和有序，所提供服务的优质和高效，而且要确保信息的公开和透明。社会组织应通过网络等多种渠道及时向社会公开其相关信息，不仅应公开其成立的章程和各种规章制度，而且要公开开展活动情况，接受捐赠、资助情况，年度财务报告等，做到事务和账务两公开。在信息公开的同时，也应加强诚信建设，不仅要自我约束、自我管理，而且要自我教育、自我服务，在遵纪守法的前提下，在自身业务范围内开展活动，恪守非营利原则，主动提高社会责任感，接受会员和社会各界监督。只有依法合规、公开透明，才能不断提高社会公信力和知名度，逐步赢得政府和社会的更多认同，才有利于组织自身的可持续发展；也只有这样，才能塑造起文保组织在整个社会中的良好形象，使“政府—市场—社会”这一格局更为健全。

2.1.3 文物保护员：专业队伍的重要辅助力量

文物保护员是指受文物行政管理部门聘任和指导，协助文物行政管理部门义务行使文物保护有关职责的人员。其职责一般包括：在当地文物行政部

① 侯江红：《云南省社会组织现状与培育监管对策研究》，《社团管理研究》2012 年第 7 期。

门的指导下参与调查、了解本地文物保护单位现状，及时、准确上报或反映相关各种信息；一旦发现盗窃、盗掘、擅自移动、拆除、污损等破坏文物的违法犯罪现象，采取妥当方式予以制止，并及时向文物行政部门和公安部门报告，必要时协助查处工作的开展。文物保护员在很多地方已经成为文物行政部门的重要补充力量，成为重要的信息员和监督员，为当地文物筑起一道坚实的防线，在当地文物保护中起着不可或缺的作用。

浙江省宁波市鄞州区早在1976年就在全国首创建立了业余文保员制度，每个镇、乡也都建立了文保领导小组，业余文保员队伍不断扩大，形成了完善的农村文物保护网络。2007年7月，浙江省绍兴县建立了业余文保员队伍，后又结合第三次全国文物普查成果进行增补，目前业余文保员遍布全县19个镇（街道），已经成为文物保护管理工作的重要力量之一。2011年7月，浙江省湖州市文物局公布了《湖州市业余文保员管理办法》，实行以当地乡镇党委政府领导，由市文物局牵头，市文物保护管理所和市文物监察支队共同具体组织、指导，覆盖全市乡镇及各行政村，形成市、乡镇、村三级文物保护管理机制。湖北省荆州市很早就建立起覆盖市区重点文物保护区域，市、区、镇、村四级联动的文物保护网络，市、区护墓队员、巡逻队员、信息员等合计600多人，[①] 有力地保障了荆州市大遗址日常保护管理工作的开展。全国范围内，还有很多市（县、区）建立起文物保护员制度，有效弥补了专业管理人员的不足。

此外、山西、河南、甘肃等省在省级层面建立起比较完备的文物保护员制度，有效充实了基层文物保护队伍，解决了基层文物管理机构人手不足、专业力量薄弱的难题，提高了文物保护管理水平。

全国文物保护员的情况没有进行全面统计，我们仅掌握了全国长城保护员和新疆文物保护员的基本情况。

全国长城保护员共3403人，分布于长城沿线15个省（自治区、直辖市）。总体来看，长城保护员待遇很低，大部分没有报酬，有的每年仅1000元，个别地区每月500－600元，只有天津按照最低工资标准发放。

① 数据来源于荆州市文物旅游局。

表 2-11 全国长城保护员基本情况①

行政区	人数	待遇
天津市	15 人	最低工资标准
青海省	127 人	无
吉林省	59 人	大部分无报酬
黑龙江省	75 人	无
山东省	305 人	无
新疆维吾尔自治区	19 人	吐鲁番市 600 元/月，哈密市 500 元/月
内蒙古自治区	433 人	不均衡
宁夏回族自治区	104 人	青铜峡市发放工作证和服装
北京市	421 人	各区县不一
甘肃省	569 人	嘉峪关市每年 1000 元
辽宁省	164 人	无
陕西省	97 人	—
河南省	103 人	无报酬，每年只选少量优秀者予以奖励
河北省	779 人	不均衡，秦皇岛市每年 6000 元，迁西县每年 1000 元
山西省	133 人	—
全国	3403 人 （实为 4600 余人）	—

新疆维吾尔自治区各地市基本都建立起文物保护员制度。课题组对 47 份问卷进行统计分析，结果显示：2000 年之前开始实施文物保护员制度的有 18 个县，2000 年之后开始实施文物保护员制度有 29 个县，文物保护员数量最多的有 85 人，最少的只有 1 人，5 人以下的占 1/3，6~10 人的占 1/3，10 人以上的占 1/3。新疆全区共有文物保护员 830 人。

① 数据来源：中国文化遗产研究院文物研究所长城项目组。

表 2-12 新疆文物保护员基本情况①

序号	行政区	开始实施年份	文物保护员数量（人）
1	阿勒泰地区福海县	2010	1
2	阿勒泰地区福海县	2010	1
3	阿勒泰地区福海县	2010	1
4	塔城地区和布克赛尔蒙古自治县	2001	1
5	伊犁州尼勒克县	2011	2
6	喀什地区叶城县	1996	2
7	阿克苏地区乌什县	2014	2
8	塔城地区裕民县	2011	3
9	阿克苏地区柯坪县	2007	3
10	阿克苏地区阿瓦提县	—	3
11	昌吉地区呼图壁县	2013	4
12	昌吉地区木垒县	1992	4
13	昌吉回族自治州吉木萨尔县	2002	5
14	喀什地区疏勒县	1995	5
15	博尔塔拉自治州精温泉县	2005	5
16	昌吉地区昌吉市	2008	5
17	伊犁州察布查尔锡伯自治县	2016	6
18	乌鲁木齐市	2015	6
19	阿克苏地区沙雅县	2008	6
20	昌吉地区阜康县	1993	6
21	伊犁州霍城县	2006	7
22	喀什地区伽师县	1997	7
23	昌吉地区巴楚县	1991	7
24	阿勒泰地区富蕴县	2008	8
25	伊犁州昭苏县	2016	8
26	喀什地区麦盖提县	1996	8

① 根据调查问卷信息汇总整理。

续表

序号	行政区	开始实施年份	文物保护员数量（人）
27	昌吉地区奇台县	1973	9
28	阿勒泰地区布尔津县	2007	10
29	阿勒泰地区阿勒泰县	2000	10
30	喀什地区岳普湖县	1993	10
31	昌吉地区玛纳斯县	2006	10
32	阿克苏地区温宿县	2000	12
33	喀什地区泽普县	1996	15
34	阿勒泰地区吉木乃县	2005	16
35	博尔塔拉自治州博乐市	1996	16
36	阿克苏地区新和县	—	17
37	喀什地区塔什库尔干塔吉克自治县	1993	18
38	喀什地区英吉沙县	1993	29
39	阿勒泰地区哈巴河县	2007	30
40	喀什地区喀什市	1992	33
41	喀什地区莎车县	1993	42
42	阿克苏地区拜城县	2011	50
43	阿克苏地区库车县	2007	60
44	塔城地区沙湾县	2012	69
45	喀什地区疏附县	1990	85
46	和田地区	1981	104
47	博尔塔拉自治州精河县	2007	13
48	温泉县	2005	4
49	全州	—	36
50	博乐市	1996	16
51	哈密地区巴里坤县、伊吾县、伊洲区	80 年代	—
合计	—	—	830

当前，文物保护员已经成为协助文物部门管理监督不可移动文物的重要力量。有的省市实施文物保护员制度较早，形成了较为完善的管理机制和较为稳定的文物保护员队伍。但目前较为普遍的现象是，很多省市尚未建立起文物保护员制度，大量不可移动文物处于无人看管状态，有的即使有文物保护员制度，由于经费短缺，文物保护员待遇很低，因而流失非常严重。因此，为保证文物保护员队伍的稳定，迫切需要通过提高文物保护员的待遇来调动其工作积极性。有的文物保护员长期在外巡查，需要配备必要的交通工作、巡查装备和防护器械，确保巡查工作的安全和高效。

以新疆为例，新疆地域辽阔，田野文物众多且分布广泛，文物保护员看护任务异常繁重。田野文物因地处偏远地区，是犯罪分子的觊觎目标，以田野文物为侵害目标的盗掘、盗窃、倒卖等犯罪活动时有发生，且呈现出职业化、智能化、集团化特点，给文物保护员带来很大的心理压力。有的文物保护员看护的面积达几十平方公里，一个月需要巡查两次，任务非常艰巨，但工作条件非常艰苦，由于经费短缺，必要的巡查装备和防护器械都无法配备。他们付出的劳动、承担的风险和所得报酬严重不对等，在很大程度上影响了文物保护员的积极性。

可喜的是，从 2017 年开始，新疆设立野外文物保护单位看护人员专项补充经费，对全区现有无人值守的 475 处全国重点文物保护单位、自治区级文物保护单位及长城烽燧按照每处 2 人，配齐文物看护人员共计 925 名，每人每月发放 2000 元生活补助，每年 2280 万元，列入自治区年度财政预算。这一做法可以很好地解决文物保护员长期以来待遇低的问题，有利于调动文物保护员的积极性，使更多文物得到有效看护，值得其他省份借鉴。

国家文物局对长城保护员高度重视，于 2016 制订了《长城保护员管理办法》，并给长城保护员发放了工作证和巡查服，但从整体上看，长城保护员的待遇非常低，在很大程度上影响其积极性的发挥。

2016 年，国务院办公厅转发文化部等部门《关于做好政府向社会力量购买公共文化服务工作的意见》，“指导性目录”其中一条为“文化遗产保护、传承与展示”。相关部门应积极争取，将文物保护员纳入政府向社会力量购买公共文化服务的范畴，这样经费问题就能在很大程度上得到缓解，文物保护员的作用也能因此而得到更好的发挥。

2.1.4 志愿者：自愿参与的中坚力量

志愿者是当前文物保护中一支重要力量，近年来发展迅猛，参与热情不断高涨，在各地文物保护中的作用越来越突出，有效弥补了文物部门力量的不足。博物馆志愿者是志愿者中数量最多、管理最为有序的部分，博物馆志愿者几乎参与到博物馆工作的方方面面，包括参观引导、展览讲解、展览策划、展览推广、问卷调查、网站维护、业务咨询、社教活动、编辑出版等。此外，还有大量志愿者，他们主要通过拍摄记录、学术讲座、调查研究、文物普查、文物巡查巡护、监督举报、组织文化遗产旅游、编辑出版等方式参与文物保护利用，在文物工作中发挥着重要作用。

博物馆志愿者是目前我国文保志愿者最重要的组成部分。课题组调研的江苏、四川等省的博物馆，尤其是一、二、三级博物馆，对志愿者的招募和组织管理都比较重视，经过多年的摸索，已经建立起较为完善的管理机制和稳定的志愿者队伍，汇聚了一大批热爱文博事业，具有奉献、友爱、互助精神的志愿者。在一些博物馆，志愿者的工作领域已经不仅仅局限于讲解和导览，而是渗透到展览策划、展览推广、问卷调查、编辑出版、网站维护等多个领域，在博物馆工作中发挥着越来越重要的作用。

南京博物院拥有一支300多人的志愿服务团队，涵盖了教师、记者、公务员、企业管理人员、学生、退休人员、家庭主妇等，具有较高的素质。他们不仅提供免费讲解、开展社教活动，还在多项活动中承担视频拍摄、嘉宾引导、同声翻译等工作，高质量的服务赢得了观众的肯定和赞扬。南京博物院的志愿者自我管理制度较为成熟，通过成立志愿者委员会，实行“值班志愿者负责制”，实现了志愿者的自治化管理。委员会按照志愿者特长，将志愿者分为讲解宣教、咨询接待和社会教育三大类，安排专项培训和考核，提高志愿服务质量。值班志愿者负责当天志愿者考勤、服务岗位安排、服务质量监督等。南京博物院的志愿者培训和交流活动非常丰富，对新招募的志愿者安排集中授课、分类辅导、岗前实践等多种方式的岗前培训。开设“志愿者沙龙”，帮助提升志愿者团队的人文修养，组织志愿者到兄弟博物馆参观学习，就志愿服务的特色和经验开展交流。年终举办志愿者表彰大会，评选优秀志愿者，为优秀志愿者提供更多学习考察机会。

南京市高度重视国家文物局《关于进一步发挥文化遗产保护志愿者作用的意见》的贯彻落实，鼓励支持文化遗产保护志愿者开展各种形式的志愿服务行动。目前，南京市博物馆、南京市民俗博物馆、太平天国历史博物馆、六朝博物馆、江宁织造博物馆、渡江胜利博物馆、梅园新村纪念馆等均建立起志愿者队伍，其中，南京市博物馆、太平天国历史博物馆志愿者人数最多，均稳定在200人左右。从人员构成看，志愿者队伍包括教师、医生、在校生、公务员、企业管理者、个体经营者、自由职业者等；从服务内容看，市属博物馆的志愿者主要在参观引导、展览讲解、业务咨询、社教活动等岗位提供服务；从素质适配来看，各博物馆均对志愿者进行系统培训，培训内容主要包括文博专业知识和岗位工作技能。志愿服务行动在弘扬志愿服务精神、扩大文博事业影响、弥补在编人员短缺等方面发挥了积极作用。

苏州博物馆志愿社成立于2007年，以弘扬吴地文化、服务社会公众为使命，为苏州博物馆及公众提供义务服务。志愿社成立以来，先后有600多名志愿者参与到团队中来，为公众累计提供公益服务8万余小时，惠及公众100多万人次。目前有注册志愿者170余人，成立10余年来，获得了“文化志愿服务基地”、“中国博物馆十佳志愿者之星”等多项团体和个人荣誉。

扬州博物馆于2007年9月成立志愿服务队伍，到2016年，注册志愿者230余人，在咨询导览、讲解服务、社会教育、展厅维护、展览策划、展览推广、问卷调查、翻译编辑、网站维护等方面都发挥着重要作用。为提高志愿者的业务水平和服务质量，扬州博物馆不定期组织志愿者参加讲座培训和参观交流。通过参观学习，加强与兄弟博物馆的志愿者之间的联系，可以优势互补、资源共享，有利于志愿者团队的建设。2013年11月，被扬州共青团市委确定为“文博场馆青年志愿者服务队”，2013年度“扬州市优秀青年志愿服务组织”“扬州市学雷锋活动示范点”。

金沙遗址博物馆志愿者团队组建于2010年，目前拥有注册志愿者300余人。志愿者团队分为讲解、服务、视觉、外宣、翻译五个小组。博物馆在招募志愿者时坚持宁缺毋滥、质量至上的原则，对志愿者的培训也非常严格，培训内容包括金沙文化、考古历史知识、讲解礼仪等，经过3个月的试用期才能正式上岗。博物馆每年对志愿者进行考核，考试不合格或服务时间不足者自动淘汰。博物馆建立了志愿者激励机制，每3个月评选一次“服务之星”，每年年终评选优秀志愿者，志愿者有很强的参与感。据不完全统计，自志愿者团队分组以来，共为游客提供中文讲解60000多人次，外文讲解5000多人次，提供各类服务累计时长42000多小时。来自各行各业，具备不同的专业或知识背景的志愿者充分发挥各自所长，为游客提供了专业周到贴心的服务，志愿者已经成为金沙遗址博物馆的一张新名片。

为更好地促进博物馆志愿者的规范发展，2009年，中国博物馆协会成立了志愿者专业委员会。该专业委员会致力于促进和传播博物馆志愿者理念，组建全国性的博物馆志愿者网络，搭建博物馆与志愿者之间的桥梁，帮助志愿者在志愿服务的同时得到自我提升，为志愿者提供可以分享经验与快乐的平台。成立以来，已经举办八届“牵手历史——中国博物馆十佳志愿者之星”评选活动，表彰了一批在博物馆志愿服务中做出突出贡献的志愿者个人和团队，这是对博物馆志愿者服务的高度肯定，有利于进一步调动志愿者的参与热情，激励志愿者更好地弘扬志愿精神，参与博物馆公共文化服务，提升博物馆的公共服务能力和水平。

近年来，文物保护领域涌现出一批充满活力和创造力的文物保护志愿者团队，如北京文物安全保护志愿服务队、黑龙江文化遗产保护志愿者团队、吉林文保志愿者团队、辽宁文物保护志愿者团队、大连历史文化保护志愿者团队等。有的地方志愿者团队有上百人，甚至上千人，而且能够定期有序开展工作，在当地文物保护调查研究、监督管理、宣传教育等领域都发挥着重要作用。在社会监督方面，志愿者的作用尤为明显，好多文物违法案件都是志愿者向文物部门举报或在媒体曝光之后引起文物部门重视的。北京文物安全保护志愿服务行动三年来，全市被义工认领的文物景点1540处、上报的有效信息6756条、文物保护志愿者参与文物巡查人次5.5万、总服务时长15万个小时、参与文物保护宣传活动人次2.1万，在北京市的文物安全监督管理中作用非常突出。

为更好地发挥志愿者作用，国家文物局也将与共青团中央合作，共同组织开展文物安全志愿者行动试点工作，吸纳具有奉献精神的在校大学生和社会各界人士参与文物安全社会监督，协助监管部门发现问题、解决问题，引导社会各界关注文物安全、支持文物保护。国家文物局负责培训、指导志愿者开展工作，并定期表彰奖励。

根据《全国文物业统计资料》显示，2016年全国文物保护领域的志愿者共114281人。志愿者数量较多的省份分别为浙江、山东、江苏、重庆、上海、河南、陕西等。全国的文物保护志愿者中，博物馆志愿者共105696人，占92%；文物保护管理、文物科研机构和其他机构占8%。也就是说，目前的志愿者主要集中于博物馆，其他领域的志愿者还比较少。

在重庆、浙江、上海、吉林、广西、广东等省（区、市），博物馆志愿者远远高于博物馆从业人员，重庆的博物馆志愿者为博物馆从业人员的2.85倍，浙江的博物馆志愿者为博物馆从业人员的2.5倍，上海的博物馆志愿者为博物馆从业人员的2.4倍。由此可见，志愿者在博物馆工作中的分量越来越重，作用也会越来越明显。

表2-13 2016年全国文物保护志愿者概况①

省市	文物保护志愿者	其中：博物馆志愿者	博物馆志愿者比例（%）	博物馆从业人员	博物馆志愿者与博物馆从业人员百分比（%）
中央本级	526	426	80.99	2588	16.46
北京	878	725	82.57	1196	60.62
天津	989	989	100.00	760	130.13
河北	2961	2704	91.32	3764	71.84
山西	2836	2258	79.62	3303	68.36
内蒙古	2317	2270	97.97	1625	139.69

① 根据国家文物局编印的《2016全国文物业统计资料》数据汇总整理。

续表

省市	文物保护志愿者	其中：博物馆志愿者	博物馆志愿者比例（%）	博物馆从业人员	博物馆志愿者与博物馆从业人员百分比（%）
辽宁	2864	2769	96.68	2159	128.25
吉林	2307	2305	99.91	1218	189.24
黑龙江	3428	3411	99.50	2867	118.97
上海	7571	7551	99.74	3096	243.90
江苏	8849	8650	97.75	6524	132.59
浙江	14947	12423	83.11	4960	250.46
安徽	3393	2977	87.74	2641	112.72
福建	2703	2515	93.04	2259	111.33
江西	2653	2355	88.77	3007	78.32
山东	9472	9451	99.78	7152	132.14
河南	6896	6002	87.04	6209	96.67
湖北	2590	2531	97.72	3556	71.18
湖南	2352	1927	81.93	3035	63.49
广东	5527	5394	97.59	3615	149.21
广西	3732	3629	97.24	2013	180.28
海南	55	30	54.55	285	10.53
重庆	7591	6364	83.84	2232	285.13
四川	4752	4633	97.50	6452	71.81
贵州	524	471	89.89	1465	32.15
云南	951	917	96.42	1139	80.51
西藏	6	4	66.67	226	1.77
陕西	6339	5886	92.85	8947	65.79
甘肃	3030	2956	97.56	3371	87.69
青海	14	12	85.71	281	4.27
宁夏	244	202	82.79	324	62.35
新疆	984	959	97.46	1162	82.53
合计	114281	105696	92.49	93431	113.13

志愿服务是现代社会文明进步的重要标志，也是加强精神文明建设、培育和践行社会主义核心价值观的重要内容。根据中宣部、中央文明办、民政部等8部门《关于支持和发展志愿服务组织的意见》[①] 精神，中宣部、中央文明办、教育部、民政部、文化部、国家文物局和中国科协印发了《关于公共文化设施开展学雷锋志愿服务的实施意见》（以下简称《实施意见》），明确提出到2020年，基本建成公共文化设施志愿服务组织体系、志愿服务项目体系和志愿服务管理制度体系。《实施意见》指出，要以培育和践行社会主义核心价值观、满足人民群众日益增长的精神文化需求为出发点，以提高国民素质和社会文明程度为目标，以公共图书馆、博物馆、文化馆、美术馆、科技馆和革命纪念馆为平台，稳步推进公共文化设施志愿服务站点建设，广泛吸引志愿者参与文化志愿服务，发展壮大学雷锋志愿服务队伍。《实施意见》从做好志愿者招募和注册，加强志愿者培训和管理，健全志愿服务考核激励机制，加强志愿服务保障和支持等方面提出了建立健全公共文化设施志愿服务制度的具体措施。《实施意见》确定了61家公共文化设施开展学雷锋志愿服务首批示范单位，其中博物馆和革命纪念馆43家，可见博物馆和革命纪念馆在学雷锋志愿服务中的突出地位和作用，需要引起足够重视。

由于志愿者组织毕竟是松散型组织，因而管理难度比较大。有的博物馆志愿者学生比例较大，因而流动性大，不利于工作的持续开展，而且由于志愿者是无偿服务，管理尺度不好把握。此外，开展志愿者培训、组织志愿者馆际参观交流等都需要一定的经费，各个博物馆都不同程度存在经费不足的情况，难以满足实际需求。还有一个较为普遍的问题是，志愿者倾向于去影响力大的博物馆当志愿者，规模小、影响力小的博物馆招募志愿者难度较大。对此，可以从宏观上予以引导和管理。如，建立全国性或地方性博物馆志愿者统一培训机制。共性的培训内容可以由中国博物馆协会志愿者专业委员会或地方博物馆协会承担，这样既节约成本，也能保证培训内容的规范和统一。个性的培训内容可由各博物馆根据自身特点和业

① 文明办〔2016〕10号。

务需要自行开展。此外，应大力鼓励和引导志愿者轮岗和馆际交流，轮岗和馆际交流有利于调动志愿者更大的热情和兴趣，获得更多进步和成长的机会，无论对博物馆还是对志愿者本人都大有裨益。建立健全激励机制对调动博物馆志愿者的积极性也至关重要。志愿者不求物质回报，但精神奖励必不可少。给予志愿者一定的精神奖励是国外管理志愿者普遍采用的一种方式，如美国有的博物馆规定在博物馆服务10年以上的志愿者，会得到一封馆长的嘉奖信，15年以上者会把名字刻在一个博物馆的荣誉牌上。中国国家博物馆规定，如果一个志愿讲解员服务达到1000小时就可以成为“中国国家博物馆荣誉馆员”。如果志愿者的经历在升学或求职时可以成为优先录取的重要参考，无疑也能在很大程度上调动志愿者的积极性。志愿者的劳动虽然不计报酬，但也需要得到社会的认可和尊重，感觉到自我价值的实现是每一个志愿者追求的目标。志愿服务是社会责任感的表现，是利人利己的社会公益行为，应该在全社会大力倡导和鼓励。

对于博物馆志愿者之外的文保志愿者，一方面要予以鼓励和支持，另一方面也要加强培训和管理。在遇到社会热点问题时，志愿者应本着实事求是和严谨负责的态度，在充分调查研究并有确凿证据的前提下陈述自己的观点，不能随意猜测，更不能大肆渲染，要从正面引导，积极弘扬正能量，不能单纯地为了吸引公众眼球、增加点击量而发表不符合事实的言论，给管理部门带来不必要的麻烦和负面影响。

2010年，国家文物局下发《关于进一步发挥文化遗产保护志愿者作用的意见》，其中指出：要将支持、协调志愿者开展工作纳入议事日程；主动培育志愿者队伍，与志愿者紧密合作，帮助志愿者解决困难；要积极、及时地向志愿者通报信息，使广大志愿者充分了解文化遗产保护工作的成就以及面临的困难；要更多地为志愿者搭建参与平台，提供发挥作用的机会；要更耐心诚恳地倾听志愿者的意见和建议，把志愿者的智慧和积极性化作推动文化遗产事业发展的资源和动力；要进一步肯定志愿者工作的成果和作用，大力鼓励志愿者队伍，表彰优秀志愿者。这些意见都需要切实予以推动落实。

2017年9月，国务院公布《志愿服务条例》（以下简称《条例》，于

2017 年 12 月 1 日起施行)，对志愿服务组织的法律地位、规范管理和活动开展等进行了系统规定。《条例》第二十三条规定："国家鼓励和支持国家机关、企业事业单位、人民团体、社会组织等成立志愿服务队伍开展专业志愿服务活动，鼓励和支持具备专业知识、技能的志愿者提供专业志愿服务。""国家鼓励和支持公共服务机构招募志愿者提供志愿服务。"《条例》第三十二条规定："对在志愿服务事业发展中做出突出贡献的志愿者、志愿服务组织，由县级以上人民政府或者有关部门按照法律、法规和国家有关规定予以表彰、奖励。""国家鼓励企业和其他组织在同等条件下优先招用有良好志愿服务记录的志愿者。公务员考录、事业单位招聘可以将志愿服务情况纳入考察内容。"《条例》第三十三条规定："县级以上地方人民政府可以根据实际情况采取措施，鼓励公共服务机构等对有良好志愿服务记录的志愿者给予优待。"《条例》施行后，将为文博行业鼓励和规范志愿服务活动提供重要的法规依据和制度保障，可以有效推动志愿服务向制度化、常态化、规范化方向发展，提升文博行业志愿服务的整体水平。

2.2 社会力量参与文物保护利用的成功实践

在对我国社会力量参与文物保护利用的基本主体和参与形式进行总体分析的基础上，聚焦典型案例，剖析当前社会力量参与文物保护利用的主要做法，总结可供借鉴的成功经验，可以为进一步推动社会力量参与文物保护利用提供依据和参考。

2.2.1 山西省社会力量参与文物建筑保护利用

山西是文物大省。据第三次全国文物普查统计，山西省现有不可移动文物 53875 处，其中现存古建筑 28027 处。文物资源丰富是山西的优势，但繁重的保护任务也给山西的文物工作带来很多困扰，这些散落各地的文物，因缺乏修缮资金很多面临消失的危险。为破解古建筑保护利用的难题，山西省非常重视社会力量参与古建筑保护利用，已经开展了初步探索，取得了一定成效。

2.2.1.1 基本情况

据山西省文物局的统计数字，山西省对文物保护的财政投入呈逐年增加趋势，从2012年的7000多万元增加到了2016年的1.2亿元。但如果分摊到28027处古建筑，平均每处不足5000元。山西省文物局的一份《文物保护工程的交流材料》显示，在山西现存的28027处古建筑中，假定其中10%亟须保护维修，按照现有的施工实力，每年仅能完成20余处，全修一遍需140年。①

近年来，中央财政和山西省财政投入大量资金对有重大价值和影响的古建筑进行修缮保护，已经取得一定成效，尤其是对元代以前早期木构建筑实施的整体保护，为国家和民族抢救保护了一大批早期建筑科学和建筑艺术标本。但由于古建筑数量庞大，保护资金仍然捉襟见肘。据统计，山西119个县（市、区）的9000多处市县级文保单位中，只有40多个县将文物保护经费纳入了本级财政预算，离文物保护有关法律中文物保护经费应纳入到当地财政预算并逐年增长的规定，还相差较远。面对繁重的文物保护任务和利用拓展需求，仅靠各级政府的力量是远远不够的，所以山西省把政府主导、社会参与、成果共享确定为文物事业健康发展的方向，引入社会资金投入古建筑保护利用势在必行。

2.2.1.2 前期探索

2.2.1.2.1 曲沃县鼓励认领古建筑

山西省临汾市曲沃县曾是晋国古都，文物古迹众多。第三次全国文物普查中，曲沃县登录的文物有550处，其中，全国重点文物保护单位2处、省级文物保护单位7处，其余为市县级文物保护单位和尚未列为文物保护单位的不可移动文物。曲沃县面积仅437.9平方公里，是个小县，但从文物数量看却是一

---

① 乔建彬：《文物古建筑"认领认养"扩大文化保护圈：我省已将社会力量参与文物保护列入省人大立法预备项目》，《生活晨报》2017年4月17日。

个文物大县，曲沃县财政根本无力承担巨额的保护费用。

2010 年，为破解古建筑保护难题，充分调动社会力量参与，曲沃县制定了《曲沃县古建筑认领保护暂行办法》（以下简称《办法》），以地方法规形式确定了认领者的权利和责任，《办法》的范围主要是一些级别较低的文物保护单位或未列入各级文物保护单位的古建筑。《办法》规定，“古建筑认领应明确文物保护单位的用途，可以居住或做为游览场所和博物馆。”“在古建筑认领保护期间，该建筑的产权不变，实行产权与使用权、经营权分离。认领者不得转让、抵押，不得作为企业资产经营。”“认领保护本县范围内的古建筑，一次签约年限不超过 30 年。按认领投资额多少，由双方协商确定认领保护年限。认领保护期满，认领者要无条件归还认领的古建筑的使用权、经营权。”

2011 年，曲沃县遴选了一批迫切需要保护的古建筑，组织当地企业家认领、修缮。截至 2012 年，曲沃县首批 6 处急需修缮的古建筑得到认领。认领情况如下：

表 2－14　曲沃县古建筑认领情况汇总①

古建筑名称	级别	认领人	投资金额
西海龙王庙	县保	黄文生 畅义龙	投资 500 多万修缮；每月 600 元聘请专人看管
西海童儿庙	—	闫宝林	投资 50 万元
桥山黄帝庙	—	畅义龙	投资 500 万元
义城黄帝庙	县保	巩代生	出资 140 万元修缮
神泉黄帝庙	—	赵金有	投资 180 万元
南林交龙泉寺	修缮前为县保，修缮后（2013 年）被列入第七批国保	冯　才	投资 400 万元

通过认领，这些古建筑得到妥善修缮，但修缮后的古建筑所起的作用非常有限——老百姓在庙里拜佛，利用场地搞活动，庙会期间演几场戏。

① 根据网络相关报道资料汇总整理。

曲沃县文物局原局长孙永和并不避讳古建筑认领的利与弊：好处是政府没掏一分钱，文物修缮了，政府在群众中的形象提高，企业家有了新的社会地位和公众形象；弊端在于，沿用古建筑传统功能，认领者的投资收益太慢，古建筑安全风险大，认领人没有或不具备安全管理经验及力量，认领古建筑后的继承问题难以解决。

也有古建筑认领给出资的企业家带来好处的例子：赵金有是当地一家铸造企业掌门人，该企业生产的铸管主要销往法、德等欧洲国家。曾有一个德国客商前往赵金有的企业考察，期间参观了赵金有认领并投资180万元修缮的神泉黄帝庙，“那个客商说，赵金有是一个有社会责任感的人，愿意和他打交道。”于是合同就签了。

但就目前的情况看，大部分认领人难于得到切实的回报，既没有享受到税收减免等相关优惠政策，也没有通过妥善的经营获得经济利益。按照当前的趋势，在认领期限30年之内，根本收不回成本，只是做了一件善事。这样的认领是不可持续的，只有认领人能够从认领古建筑中得到真正的实惠，才会有更多企业家愿意认领。

2.2.1.2.2 晋中市给社会力量发“奖金”[①]

晋中是文物大市，文物资源丰富，保护任务繁重。近年来，随着民众文物保护意识的提高，民间投资文物保护热情高涨，民间资金为晋中市文物保护提供了巨大支持。据不完全统计，“十二五”期间晋中市民间投资金额达4000余万元，有效缓解了政府在文物修缮维护上的资金压力，社会力量成为文物保护的重要支撑。但由于理念、技术等诸多原因，这类文物保护工程多存在维修资料不全、工程质量欠佳或环境风貌改变等问题。

为更好地鼓励、引导、规范社会资金进行文物保护，2015年，晋中市文化局制订了《晋中市社会资金投入文物保护工程以奖代补实施方案（试行）》，确定从2015年开始，每两年对符合条件的社会资金投入文物保护工程项目进行一次评选。补助范围包括民间组织、企业、个人或文物所在地村委筹资（出资）对晋中市境内国家和集体所有的不可移动文物实施的保护工

① 毛静、李娜：《晋中市百万资金奖补保护文物》，http://www.sx-ts.net，2017年5月13日。

程项目。只要报审程序符合相关规定，工程资料完善且通过验收的项目即可参与评选。市文化局将按照投资金额，分档给予补助，最高可给予50万元资金补助。

2016年，晋中市社会资金投入文物保护工程“以奖代补”工作正式启动。2017年5月，市文化局组织相关科室及市级文物维修工程专家对全市申报的11项奖补项目进行资料审查和实地考察，最终确定了9个奖补项目，奖补金额共123万元。

2.2.1.2.3 社会力量参与案例汇总分析

近年来，山西省在动员社会力量参与文物保护利用方面开展了一系列探索，已经积累了不少成功案例。从这些成功案例可以看出，参与主体主要包括：企业、村委会、个人等。这些案例中，涉及全国重点文物保护单位2处，市县级文物保护单位8处，一般不可移动文物15处，主要集中于级别较低的不可移动文物；以公益为目的的18处，以开发旅游为目的的7处。详细信息见表2-15。

表2-15 山西省社会力量参与文物保护利用案例汇总①

序号	名称	时代类型	功能	保护级别	参与主体	保护举措	投入资金	保护动机
1	五龙庙	唐代木构建筑	祭祀	国保	企业（万科集团）	整治周边环境，加固、修复了周边附属建筑，布置展览	—	公益
2	张壁古堡	始建于后赵，民居建筑	古代军事设防村落	国保	企业（山西凯嘉集团）	文物保护和旅游开发相结合，实现旅游开发反哺文物保护的良性循环	投资1.3亿建设新村	开发旅游

① 根据山西省文物局《山西省社会力量参与文物保护利用事例汇编》（2016年9月）整理。

续表

序号	名称	时代类型	功能	保护级别	参与主体	保护举措	投入资金	保护动机
3	侵华日军石墨加工厂	近现代建筑	掠夺矿产资源	市县保	企业（大同能源有限公司炭素分公司）	保护性维护机器设备，设立陈列室，配备人员进行维护保养	投资10余万元	公益
4	绵山文物	始建于唐宋，寺庙建筑	寺庙	未定级	企业（三佳集团）	私营资本参与文物保护开发，投资文物保护，制定保护规划，组织专业队伍，规范保护制度	—	开发旅游
5	八路军太南办事处	近现代建筑	革命文物	未定级	村委会（成家川办事处，台东村委会）	捐献相关文物资料，筹建纪念馆，举办展览并负责其日常管理维护	—	公益
6	石膏山	明清建筑	寺庙	市县保	企业（石膏山旅游文化发展公司）	制订景区规划，开展文物保护修复工程，促进文物保护与景区开发协调发展	—	开发旅游

续表

序号	名称	时代类型	功能	保护级别	参与主体	保护举措	投入资金	保护动机
7	圣寿寺	明清建筑	寺庙	未定级	企业（沁源县文化旅游产业发展公司）	修缮灵空山古建筑群，组建宗教管委会拓宽文保资金来源，建立安全管理制度，修建消防水系工程	抢险修缮工程，1700余万元；消防设施，250余万元	开发旅游
8	呼延关公庙	清代寺庙建筑	寺庙	未定级	村委会	筹措资金，保护修复建筑，完善配套和安保设施，倡导文物保护	保护工程，420余万元	开发旅游
9	城内村古城	明清石、木牌坊，古建筑等	军事重镇	未定级	村委会	筹集保护资金，政府与个人出资，专业队伍修缮，制定管理办法措施	总投资12亿元	开发旅游
10	关帝庙	清末山村自建庙宇	祭祀	未定级	个人自发	捐款出资修缮关帝庙及周边戏台、厢房，整治周边环境，建立文化广场、德孝文化苑	村民捐款2万元，出资80余万	公益

续表

序号	名称	时代类型	功能	保护级别	参与主体	保护举措	投入资金	保护动机
11	观音庙、府君庙、三官庙	清末山村自建庙宇	祭祀	未定级	村民	捐款出资修复观音庙、府君庙、三官庙3处古建筑	观音庙花费4万余元，府君庙花费6万余元，三官庙3万余元	公益
12	关帝庙	明清时期庙宇	祭祀	未定级	个人自发	村民捐款，筹资修复关帝庙，落实保护修复方案，配备专人看护	村民捐款30余万，王万明捐资115万元	公益，开发旅游
13	神泉黄帝庙	明清建筑	庙宇	未定级	企业家	认领文物，出资修缮文物古建黄帝庙，创办石雕博物馆，对外开放	投入100万元	公益
14	梵乘寺	始建于宋	庙宇	市县保	个人自发	筹措资金，修缮寺院主体建筑，对外开放	筹集20余万元	公益
15	龙天庙	清代建筑	庙宇	市县保	企业家	投资修缮龙天庙，为文物建筑保护捐资	投入400万元	公益

续表

序号	名称	时代类型	功能	保护级别	参与主体	保护举措	投入资金	保护动机
16	西海龙王庙	始建于元	庙宇	市县保	企业家	认领保护西海龙王庙，投资聘请专业人员修缮四海龙王庙，并对外开放	投资600万元	公益
17	成汤庙	明清建筑	庙宇	未定级	10位老人自发组织“文管所”	发动群众捐款，整修庙宇，成立群众性文物保护组织	群众捐款5.1万余元	公益
18	高君宇故居	近现代建筑	故居	未定级	个人自发	自愿承担故居管理守护	—	公益
19	平遥段村文物	明清时期乡村集镇	集镇	未定级	个人自发	自愿发起保护段村历史文物，宣传文物保护，研究探索平遥文物	—	公益
20	神农庙	明清建筑	庙宇	市县保	个人自发	自发看管维护神农庙，积极协助文物保护工程实施，成立古建筑保护小组和消防队，宣传普及文物保护	—	公益
21	观音寺	不详	庙宇	未定级	个人自发	筹集资金修葺寺庙，管理维护	筹资10余万元	公益

续表

序号	名称	时代类型	功能	保护级别	参与主体	保护举措	投入资金	保护动机
22	草堂寺	明清时期	庙宇	市县保	文物保护员	制定保护修缮计划，筹集资金修缮寺内建筑、佛像，尽职保护	筹资80余万元，财力物力折合20万元	公益
23	定祥寺	始建于元，明清重修	庙宇	市县保	村党支部书记	筹措资金，组织实施定祥寺保护修缮工程	投入300余万元，欠款150余万元	公益
24	老西儿民俗博物馆	民俗文物	博物馆	未定级	个人自发	自费收藏各类民俗文物，开办民俗博物馆，对外免费开放	投入300余万元	公益
25	生云博物馆	民俗文物	博物馆	未定级	个人自发	自费出资收藏寿阳地方民窑民用古陶瓷，举办展览，对外免费开放	投资600余万元	公益

2.2.1.3 立法与实施

为全面推进并规范社会力量参与古建筑保护利用，2014年，山西省启动了《山西省社会力量参与古建筑保护利用条例》立法工作。经过2年多的酝酿、起草、修订，2016年9月，山西省文物局印发《山西省社会力量参与文物建筑保护利用暂行办法》，[①] 对本办法的适用范围、参与主体、参与程序、

① 晋文物发〔2016〕6号。

各方责任和义务、保护利用的原则、奖惩原则等做出了相应规定。

2016年9月26日，在省政府召开的全省文物工作会上，山西省省长楼阳生明确提出要加大社会力量参与文物保护利用的探索力度，要像抓“希望工程”一样，在文物领域形成一个动员社会力量参与的长效机制。按照楼阳生省长要求，省政府对省文物局印发的《山西省社会力量参与文物建筑保护利用暂行办法》进行了全面提升，形成了“文明守望工程”的概念和实质内容。2017年1月6日，楼阳生省长听取了省文物局专题汇报并给予肯定，将这项工作作为2017年山西省重点工作任务，写入了《政府工作报告》；3月11日，省政府印发了《山西省动员社会力量参与文物保护利用“文明守望工程”实施方案》（以下简称《实施方案》），目的就是要进一步动员和鼓励社会团体、企业、社会热心人士、当地居民等社会各方面力量，通过文物修缮、捐赠、看护巡查、展示利用、文化创意、志愿服务等多种形式参与文物保护工作，努力形成“政府主导、社会参与、成果共享”的文物保护新机制，真正让文物“活”起来，为“塑造山西美好形象，实现山西振兴崛起作出积极贡献。”

《实施方案》的一项重要内容就是“实施文物建筑‘巨手擎’项目，推进文物建筑认领认养工作。”其中规定：“积极鼓励和引导社会组织、企业或个人通过出资修缮、认领认养等方式，参与市、县级文物保护单位和其他不可移动文物的保护利用。市、县人民政府及其文物行政部门要选择一批适合社会力量参与的文物保护利用项目，遴选热爱文物保护事业、经济实力强、社会信誉高的申请者，签订认领认养协议，在不改变文物所有权的前提下，在一定年限内给予认领认养者使用权、经营权。经整体维修保护的不可移动文物可以辟为文化旅游场所、博物馆、纪念馆和其他文化教育场所、发展相关文化产业场所，尽可能向社会开放。”

此次文物建筑认领认养把全省范围内的252处市、县（区）级文物保护单位列入第一批《山西省社会力量参与文物建筑保护利用供选项目名单》，文物年代覆盖了宋、金、元、明、清、民国等时期。

“文明守望工程”启动以来，社会各界表现出很大的热情，积极认领认养。长治市壁村几十家企业联合成立了“守望文明有限公司”，拟认领认养一处文物保护单位进行修复，并将其开辟为劳模纪念馆。

截至 2017 年 9 月，已有 22 处文物保护单位由企业家认领认养，其中 11 处已修缮完工，4 处正在实施，7 处已签订协议，准备开工，还有部分项目正在协商中。22 个案例可分为 3 种模式：企业家仅捐资，不参与保护维修和管理使用的；出资并维修，然后交所有人管理利用；出资、维修并管理利用。全省认领认养（出资修缮）项目详细情况见表 2 – 16。

表 2 – 16　“文明守望工程”启动以来社会力量认领认养（出资修缮）项目情况汇总表①

序号	文物单位名称	所在地	保护级别	产权	认领认养（出资）人	协议签订时间	出资金额（万元）	主要保护内容	工程进展
1	丰济寺	临汾隰县	未定级	集体	张文武	2016. 9	280	整体修缮保护	已完工
2	八墩知青住所旧址	新荣区破鲁堡乡八墩村	区保	集体	大同市新荣区宏远农林牧发展有限责任公司（孙珍旺）	2017. 8. 8 – 2037. 8. 8	每年 5 万元	日常维护及保护管理	已完工
3	兆曲龙王庙	运城稷山县	县保	集体	刘学珍及村民	出资修缮	41	正殿、戏台及享亭修缮	已完工
4	卢虔墓	河津市清涧村	市保	国家	卢陈志	出资修缮	30	重建石道碑亭	已完工
5	下庄财神庙	绛县下庄村	县保	集体	当地村民	出资修缮	20	整体维修	已完工
6	洼里娘娘庙	垣曲县洼里村	县保	国家	洼里村老年协会	出资修缮	20	正殿、献殿	已完工

① 数据来源：山西省文物局。

续表

序号	文物单位名称	所在地	保护级别	产权	认领认养（出资）人	协议签订时间	出资金额（万元）	主要保护内容	工程进展
7	赵村石牛寺	运城盐湖区	县保	集体	马军民（运城通宝国际集团公司总裁）	出资修缮	100	修缮山门、献殿、正殿、院落铺墁	已完工
8	石侯狐神庙	吕梁市交城县石侯村	县保	集体	村民集资	出资修缮	64	修缮正殿三间，东西耳房两间，东配殿三间	已完工
9	朱村关帝庙	晋中榆次区北田镇	县保	集体	河北省阳原县青年晋剧团张俊奎	出资修缮	33	山门、正殿、偏殿屋面维修；钟鼓楼梁架整修；正殿室内地面铺墁；偏殿墙体挖补	已完工
10	魁星塔	晋中寿阳县马首乡河底村	未定级	集体	河底村自发成立的修缮文物古建理事会	出资修缮	20	塔基，塔身周围散水	已完工

续表

序号	文物单位名称	所在地	保护级别	产权	认领认养（出资）人	协议签订时间	出资金额（万元）	主要保护内容	工程进展
11	武氏宗祠	晋中灵石县南浦村	未定级	集体	武姓村民集资	出资修缮	45	全面修复包括正殿、配殿、耳殿等	已完工
12	台上玄帝庙	长治郊区马厂镇台上村	区保	集体	周华兵	2017. 9. 10 – 2027. 9. 10	450	修缮东西配殿、院落整治	正在实施
13	赵家山大王庙	尖草坪区西塄乡赵家山村	区保	集体	刘建月	2017. 7. 4 – 2047. 7. 4	119. 9	东西配殿、山门、照壁、禅房、地面的硬化、美化、绿化	正在实施
14	小垣村关帝庙	孝义市高阳镇小垣村	县保	集体	王铁生	出资修缮	400	全面修缮	正在实施
15	延庆寺	忻州宁武县	县保	国有	李虎旺	出资修缮	—	藏经楼维修	正在实施
16	汾阴洞	临汾襄汾县赵康镇北赵村	县保	集体	山西唐人居古典家居文化有限公司	2017. 6. 2 – 2047. 6. 2	—	整体修缮保护	拟开工
17	石壁张家大院	临汾古县石壁乡石壁村	县保	国有	古县牡丹景区旅游开发有限公司	2017. 6 – 2020. 6	10 万元/年	日常维护及消防安全	拟开工

续表

序号	文物单位名称	所在地	保护级别	产权	认领认养（出资）人	协议签订时间	出资金额（万元）	主要保护内容	工程进展
18	郭庄昭泽王庙	长治襄垣县	国保	国有	山西潞安煤基清洁能源有限公司	6月10日，与县政府签署框架协议	未定，具体协议再定	该公司负责昭泽王庙的安防、消防、技防、人防等工作	拟开工
19	壁头府君庙	长治郊区	区保	集体	长治郊区大辛庄壁头村村民委员会	2017.6.29－2047.6.29	—	对大殿、东西耳殿、东西配殿、山门等残损建筑进行修缮	拟开工
20	吕梁市离石区城内烈士园	吕梁离石区	县保	国有	郝宏武（吕梁晋绥边区文物研究院有限公司）	2017.5－2067.5	390	修缮烈士园（筹建晋绥兵民博物馆）	拟开工
21	北燕竹德馨庙	晋中寿阳县	县保	集体	北燕竹村委会	出资修缮	5	正殿、戏台、东西配殿等16座文物建筑	拟开工

续表

序号	文物单位名称	所在地	保护级别	产权	认领认养（出资）人	协议签订时间	出资金额（万元）	主要保护内容	工程进展
22	文昌阁	晋中灵石县庆余村	县保	集体	庆余村委会筹资	出资修缮	25	修复文昌阁	拟开工

为更好地推进文物建筑的认领认养，山西省文物局启动了奖补办法制订，希望通过规范的程序和有效的激励机制，让企业和个人实实在在地感受到从事文物保护的荣誉感和获得感，从而鼓励更多企业和个人参与其中。此外，为全面有效推进“文明守望工程”，山西省文物局也在起草《社会力量参与文物保护利用条例》，已经列入 2017 年省政府立法预备项目，拟于 2018 年出台。

众多事实证明，对于文物保护，单靠相关部门来实施并不现实，也难以为继，必须发挥社会共同参与的整合力。但是，激发社会参与的热情，并将其转化成自觉践行的行动，离不开制度保障这个关键。以“认领认养”的方式，把公共服务“私有化”、“定格化”和“明确化”，既解决了公众参与度不高的基础短板，又让责任的落实有了更坚实的保障。[①]

在“文明守望工程”实施过程中，也暴露出组织管理工作中的一些问题。《实施方案》规定：“各市、县人民政府及其文物行政部门应建立社会力量参与文物认领认养信息服务平台，结合本地实际选择适合社会力量参与的文物保护利用项目，在信息服务平台进行公布，供社会力量参与者选择认领认养。公布的信息应包括项目名称、保护要求、经费需求、利用要求以及参与的具体途径、方式和程序等内容。同时，要加强业务培训，提高投资人的保护、管理能力和修缮队伍的技能。”由于一些市、县人民政府及其文物行政部门对这项工作重视程度不够，建立信息服务平台、加强业务培训等措施没有得到很好落实，文物部门也没有及时与有意向的企业积极沟通，就认

① 唐伟：《认领认养文物建筑有助激发社会责任》，四川文明网，2017 年 3 月 23 日。

领认养的具体问题进行充分协商，因而一些本来有意向参与的企业最终没有签订协议，不能不说是一个遗憾。由此也可以看出，基层文物行政部门的管理能力还有待加强，对社会力量参与文物保护利用重要性的认识也有待提高。另外，252处文物保护单位的遴选没有经过科学论证，有的可能维修成本太高，投入和产出难成正比；有的可能地理位置偏僻，即使修复完毕，也无法通过发展旅游或其他经营手段带来经济效益，这些都是不利于社会力量参与的重要因素。

还有一个不容忽视的现状是，目前已经被认领认养的文物建筑虽然修缮完毕，但没有通过有效的手段让这些文物建筑“活”起来，没有给认领认养者带来实惠，成本难以收回，这也在一定程度上抑制了企业家或个人认领认养的积极性。对于这种情况，文物部门要积极引导，通过举办培训班等形式，将国家的相关政策向认领认养人讲解，通过将文物建筑辟为文化教育场所、发展相关文化产业场所等手段，使修缮好的文物建筑得到妥善合理的利用，同时给认领认养人带来一定收益，这样文物建筑的认领认养才更有价值、也更可持续。

总体来看，山西省对引导社会力量参与文物建筑保护利用高度重视，采取了一系列行之有效的措施，已经初步形成多主体、多方式参与的局面，取得一定成效。从类型来看，有企业投入资金保护利用的，有企业家以个人名义投资保护的，有以企业参与为主并带动成立社会组织共同参与的，有农民主动出资保护的，有农民自发看护并募集资金开展保护修复的。虽然参与形式有所不同，但都体现出对文物的敬畏，对历史的珍爱，这与山西省文物资源丰富，历史文化底蕴深厚是分不开的。有的企业家不图任何回报，出资保护文物建筑完全是出于对文物的热爱，出于简单的公益心，愿意为文物保护出一份力，尽一份责任。也有的企业家认为，投资做文物保护有利于提升企业形象，增强企业的社会影响力，是否有经济回报并不重要。

近年来，山西省经济发展速度放缓、持续下行，处于非常困难的时期，“一煤独大”的不合理产业结构成为制约山西经济发展的重要因素。为重新振兴山西经济，转型势在必行。2016年2月，国家旅游局决定开展“国家全域旅游示范区”创建工作,[①] 并公布首批国家全域旅游示范区名单，山西晋中市、长治市壶关县、长治市平顺县、晋城市阳城县、朔州市右玉县5县市入选。2016年山西省旅游经济工作会议上，全域旅游的理念被确定为发展旅游业的主打思路。山西历史悠久，文化底蕴深厚，文物资源丰富，为发展旅游产业提供了宝贵资源，于是一些企业家把注意力投向旅游业，投向文物资源的保护利用。恰逢近年来山西省大力倡导社会力量参与古建筑保护利用，为企业家提供了很好的机遇，因而，一些有远见、有情怀的企业家开始关注古建筑保护利用，希望通过有效的方式参与进来，一方面可以为企业发展开辟一个新的领域，另一方面也可以为文物保护尽一份社会责任，有效提升企业的知名度。

近年来，山西省社会资金投入文物保护领域的数额不断增长，在一定程度上弥补了财政资金的不足。虽然与财政资金相比，社会资金的比例还很小，但这是一个很好的开端。随着经济社会的发展，民众文物保护意识会不断提高，企业的社会责任感也会不断提升，社会各界参与文物建筑保护利用的积极性会越来越高，必将会有更多的社会资金投入到文物保护领域，保护更多的文物，让文物在现代社会发挥出更好的作用。

2.2.2 浙江省松阳县“拯救老屋行动”

“拯救老屋行动”是2016年以来中国文物保护基金启动的一个重大项目，是“政府主导、社会参与”传统村落保护利用的典型案例，实施过程中积累了丰富成功经验，值得推广借鉴。

2.2.2.1 项目概况

2016年初，为突破传统村落中私人产权文物建筑存量大分布广，而且修缮资金严重短缺的瓶颈，中国文物保护基金会启动了“拯救老屋行动”项

① 全域旅游是将特定区域作为完整旅游目的地进行整体规划布局、综合统筹管理、一体化营销推广，促进旅游业全区域、全要素、全产业链发展，实现旅游业全域共建、全域共融、全域共享的发展模式。

目，将浙江省松阳县确定为唯一一个整县推进试点县。该项目经费为4000万元，实施期限为两年（2016年–2017年），资助范围为松阳县中国传统村落内各级文物保护单位和尚未核定公布为文物保护单位的不可移动文物中的私人产权民居。

经过一年多的调查摸底、建立组织、制定政策、宣传发动、项目实施等工作。截止2017年9月15日，全县有135幢老屋的产权人开展申报，现场方案审核133幢，105幢已经签订合同，开工修缮102幢，其中50幢已基本完工。[①]

"拯救老屋行动"项目是"政府主导、社会参与"传统村落保护利用的典型案例。国家文物局、中国文物保护基金会、浙江省古建筑设计研究院、松阳县委县政府等部门和机构都高度重视该项目，从组织、资金、制度和技术等多方面予以支持；"拯救老屋行动"领导小组办公室负责项目的组织、协调、管理，以及具体的技术指导、人员培训等工作；村镇干部积极配合，承担了大量细致入微的宣传教育、说服劝导工作，身体力行、率先垂范；村民们在各级领导的组织动员和引导下，也逐步从不理解到理解、从不支持到支持、从被动参与到主动参与。经过一年多的实施，项目已经取得了丰硕的阶段性成果，当地村民切切实实感受到了"拯救老屋行动"带来的实惠，房子安全了、环境美化了，住得越来越舒服、越来越舒心。村落保护也带动了民宿、生态农业、有机农业等其他产业的发展，村民的收入增加了，幸福感、获得感和满足感都大幅提升，村民们发自内心地拥护党和政府的政策，感谢"拯救老屋行动"给村里带来了巨大变化。

2.2.2.2　成功经验

"拯救老屋行动"之所以能在短时间内取得显著成效，与松阳县在传统村落保护方面的先进理念、多年来形成的良好基础有密切关系，与此同时，项目各相关方的凝心聚力和通力配合也是"拯救老屋行动"能够顺利实施的

① 数据来源于松阳县委书记王峻在2017年9月15日国家文物局组织召开的"符合国情的文物保护利用之路研讨会"上的发言。

重要因素。

（1）国家文物局高度重视、大力支持

国家文物局将“拯救老屋行动”作为财政委托项目，由中国文物保护基金会具体实施，显示了国家文物局对传统村落保护的高度重视，也显示了对中国文物保护基金会的大力支持。为确保“拯救老屋行动”的顺利实施，松阳县委县政府成立“拯救老屋行动”领导小组，县委书记为组长，农办、建设、文化、旅游等相关部门为成员单位。从重点乡（镇）和相关部门抽调了精干力量，组建了领导小组办公室，具体负责项目实施。各个乡镇（街道）也建立了相应的组织，全力保障项目实施。2017 年又整合名城古村工作，成立名城古村老屋保护发展领导小组办公室。按照“拯救老屋行动”项目计划，基金会资助老屋修缮资金总额的 50%（低保户、五保户资助 70%），其余由农户和其他社会资金筹集。为切实解决百姓资金短缺的实际困难，松阳县将农办的民宿经济发展和传统民居改造政策、建设局的农村困难群众住房救助、文广出版局的历史文化建筑修缮等政策资金加以整合，均用于传统村落保护，使“拯救老屋行动”的综合效益大幅提升。

（2）中国文物保护基金会搭建平台、全面指导

“拯救老屋行动”是中国文物保护基金会近两年来最重要的项目之一。能争取到财政部和国家文物局的支持，充分说明中国文物保护基金会的务实作风和工作成效已经得到广泛认可。

该项目经费来源为国家重点文物保护专项补助资金，该项资金原则上主要用于全国重点文物保护单位的维修保护工程、文物考古调查、发掘等，但在这一项目中实现了重大突破，开创了运用国家财政资金修缮非国有不可移动文物的先例。虽然《文物保护法》第二十一条规定：“非国有不可移动文物有损毁危险，所有人不具备修缮能力的，当地人民政府应当给予帮助”，但一直没有得到有效落实。中国文物保护基金会充分发挥了社会组织的中介作用，通过争取财政委托项目的形式，使“政府主导”和“社会参与”有机结合，在政府和非国有不可移动文物所有人之间架起了一座桥梁，扩大了国家重点文物保护专项补助资金的使用范围，使有限的资金可以发挥出更大的效益。

在项目的前期筹划和具体的组织实施过程中，中国文物保护基金会全程参与、全面指导，从项目和资金管理办法的制订、项目资助合同文本的起草到各项技术规范的制订，在每一个工作环节都给予具体指导。修缮工作开始后，中国文物保护基金会多次赴现场指导监督，确保老屋修缮高标准、高质量完成。

（3）浙江省古建筑设计研究院制订规范、全程监督

每一个理念的落地和项目的实施，都需要强有力的技术团队做支撑。“拯救老屋行动”之所以能在松阳顺利推行，浙江省古建筑设计研究院功不可没。浙江省古建筑设计研究院是浙江省乃至全国的重要文保力量，拥有一支专业齐备、工种齐全的专业化技术队伍，在“拯救老屋行动”中发挥了极其重要的技术指导和质量监督作用。“拯救老屋行动”项目是国内首例，成本如何核算？技术如何规范？如何评估？如何验收？没有标准、没有范例、没有经验，需要从最基础的标准和规范的制订做起。浙江省古建筑设计研究院经过半年的实地调研、反复论证修改，终于完成了修缮方案要求、修缮技术导则、概算指南、修缮验收办法等的制订，为“拯救老屋行动”提供了可操作的依据。在老屋修缮的具体施工过程中，浙江省古建筑设计研究院还在现场进行技术指导监督，并对乡土施工队伍进行专业培训，确保老屋修缮遵照文物建筑修复的理念来进行。据统计，从项目开始实施到 2017 年 7 月，浙江省古建筑设计研究院的专家、工程师们赴松阳共 40 余次，平均每个月去2 –3 次，约 100 天，现场审核 115 幢古民居，开展培训、现场指导和座谈会等 20 余场，对“拯救老屋行动”给予了最大程度的支持。

（4）村镇干部耐心协调、率先垂范

“拯救老屋行动”并非一开始就得到村民的支持。据中国文物保护基金会的统计数据，松阳县的传统村落中，70% 的房屋产权人没有迫切修老房子的需求，有的在县城等地有了新房；有的平时外出打工，只有春节才回来小住一下；有的虽然长期住村里，但经济条件差，不具备修房子的能力；还有的是一幢老房子里住着好几户人家，到底要不要修、怎么修、钱怎么分摊等问题，认识上很难达成一致。有的村民甚至把陈年老账翻出来，声称旧的问题不解决，修房子的事免谈。事实上，刚开始很多人是心

存疑虑的，认为政府出钱帮老百姓修房子，这可是从来没有过的事，怎么可能！“拯救老屋行动”初期遇到的问题可谓林林总总、不一而足。村镇干部面对这种现状，只能一家家一户户悉心开导、耐心解释，讲政策、讲机遇、讲道理、讲故事，晓之以理、动之以情，村民慢慢地开始在思想上有了转变，也在行动上予以配合。为了让村民看到实实在在的效果，有的村镇干部自己首先报名，积极主动配合修缮工作。看着邻居家的老屋变得结实、安全、整洁、敞亮，村民们意识到，政府出钱帮老百姓修房子是真的，于是申报热情大幅增加，由“要我修”变成了“我要修”，“拯救老屋行动”逐渐步入正轨。

（5）当地村民积极配合、热情参与

当地工匠和村民也是实施“拯救老屋行动”的重要主体。很多年来，松阳县的工匠在当地找不到工作，被迫外出打工谋生。“拯救老屋行动”以来，他们重新找到了用武之地，纷纷回到自己的家乡，积极参与到老屋修缮中来。工匠们认为，回来以后既能有不错的收入，还能照顾家庭，与在外打工相比，他们更喜欢现在的生活状态，觉得更踏实、更舒心。松阳县也非常重视工匠队伍的建设，在项目实施过程中，与浙江省古建筑设计研究院一起，通过集中培训和现场指导的方式加强工匠队伍建设，着力打造“松阳匠人”品牌。截至2017年7月，集中培训人数达710余人次，分散的现场指导则贯穿于每一处老屋的修缮中。其他村民也都尽自己所能，积极参加到自家老屋的修缮中，做一些材料运输、整理环境等配合老屋修缮的工作，乐此不疲。在参与的过程中，村民们也越来越意识到自己的老屋原来这么珍贵，文物保护的意识也在潜移默化中得到增强。

（6）外来工商资本主动介入、积极作为

外来工商资本的介入也在老屋保护利用方面发挥着积极作用。有的企业或个人自己出资修缮老屋，以修缮资金抵消房屋租金；有的则是租用已经修好的老屋经营民宿。投资多的高达1000多万，主要集中于精品民宿。有的精品民宿非常火爆，让原本冷清破落的空心古村变得门庭若市，不仅为古村落增添了亮丽的色彩，也为松阳县的经济社会发展注入了新的活力。据不完全统计，“拯救老屋行动”以来，来松阳县投资的企业和个人已有十多个，投资额5000多万元。[1] 随着“拯救老屋行动”项目的进一步深入，松阳县对外来工商资本的吸引力也会越来越大，可以带动更多产业、更多领域步入快速发展的轨道。

“拯救老屋行动”是当前松阳县重中之重的工作，已经在县内外、省内外产生了重大影响，近来去松阳学习取经者络绎不绝，充分说明“松阳模式”的成功。“松阳模式”有很多可圈可点之处，其中非常重要的一点是通过“拯救老屋行动”带动起了社会各方保护传统村落的积极性。松阳县各个政府部门、各个乡镇村都全力支持传统村落保护，人员和资金得到有效整合，清华大学、香港大学、中央美院等高校的设计团队参与了民宿的规划设计，赋于古民居新的生命，让古村落焕发出新的活力。“拯救老屋行动”项目还拓宽了融资渠道，通过个人自筹、亲友拆借、银行贷款、村集体垫付、社会资本参与“五管齐下”的方式，使资金筹措方式多样化，有效破解群众修缮资金短缺的难题。由于多方参与、凝心聚力，“拯救老屋行动”进展非常顺利，在美化环境、提高当地居民生活品质的同时，也将文物保护的理念在群众中广泛传播开来，传统村落需要保护、值得保护的理念越来越深入人心。“拯救老屋行动”是当前传统村落消失加速亟需保护的现实需求，也是建设生态文明、尊重自然、保护自然的现实需求，不仅可以为中国农耕文明的延续保留根基、积蓄能量，而且可以满足越来越多人渴望回归田园、留住乡愁的生活方式，既是文保工程，也是民生工程，更是文化工程，功在当代、利在千秋！

2.2.3　古村之友与传统村落保护利用

传统村落承载着中华传统文化的精华，是不可再生的文化遗产，对于逐渐远逝的农耕文明而言，则更具弥足珍贵的价值。随着工业化、城镇化的快速发展，传统村落衰落、消失的现象日益加剧。据调查统计，2000年，中国

---

① 数据来源于松阳县委书记王峻在2017年9月15日国家文物局组织召开的“符合国情的文物保护利用之路研讨会”上的发言。

有360万个自然村，到2010年，自然村减少到270万个。10年里有90万个村子消失，平均一天之内就有250个自然村落消失。至今，全国的自然村只剩约200万个。2012年，住房城乡建设部、文化部、财政部组织开展了全国第一次传统村落摸底调查和认定，并联合发布了《关于加强传统村落保护发展工作的指导意见》，对传统村落保护发展提出明确的指导意见，其中指出："加大对传统村落保护发展项目的支持，鼓励社会力量参与传统村落的保护发展，多渠道筹措保护发展资金，建立政府推动、社会参与的协同保护发展机制。"截至2016年，我国共公布了4批"中国传统村落"名录，共4153个传统村落入选。此外还有更多的传统村落尚未列入名录，传统村落的保护任务还相当繁重，古村之友正是在这种形势下应运而生。

2.2.3.1 古村之友：让参与更简单、更有效

2014年11月，汤敏发起成立了"古村之友"全国古村落志愿者网络，简称"古村之友"，旨在为全国保护和关爱古村落的志愿者搭建交流学习、互助共享的平台，共同推动古村落的全面保护与活化。"古村之友"是古村镇领域规模最大的专业枢纽组织。经过3年多的发展，古村之友在全国已有数万名志愿者，并形成数百支可独立开展组织活动，服务古村的志愿者队伍，并涌现出200余名优秀的骨干牵头人，形成古村保护活化事业良好的群众基础。经过3年多的实践，古村之友逐渐探索出一条通过"互联网公益+新乡贤+乡土文化场所复兴"重塑凝聚力的模式路径。"古村之友"的愿景是：给每个县建立一支古村志愿者团队，以推动古村保护、活化和民间文化复兴。

古村之友作为以社会价值最大化为追求的社会组织，以帮助最迫切的古村为重点，相对于那些已经被授牌的传统村落，古村之友更多关注那些没有获得授牌的村落；相对于那些有开发价值的古村落，古村之友更关注那些偏远空心的古村落。针对古村保护与活化，古村之友主推好家风工程、新乡贤工程、名人志三大板块，并辅以乡村文化保护地工程、志愿者培育、抢救性修缮、搭建交流平台等多种方式。

好家风工程是通过挖掘、整理、出版各地乡村家谱、家训、家族人物传

记、修缮祠堂和堂联等方式，弘扬家风精神、重树家族传统美德，凝聚家族力量，以进一步增强社会凝聚力，复兴乡村，促进社会善治。针对家谱修编、祠堂精神复兴、人物传记编写，古村之友发起“好家风联合筹款资助计划”，推动近30个项目上线，一个月的筹款动员，线上线下带动近万人直接参与，推动项目落地，影响辐射近50万人。

新乡贤工程旨在为乡村复兴事业培养具有社会责任感的乡村发展人才。古村之友自主研发出企业领捐、政府引捐、社会认捐、基金会配捐的互联网公益PPP模式，迄今已在全国公益孵化200余名新乡贤，涵盖祠堂、书院、非遗、出版、老字号、乡土农产等多个方面，带动新乡贤活化乡村资产近2亿元。在此基础上，古村之友联合众志古村保护与发展基金会等公益机构，成立新乡贤社会价值投资平台，广泛运用互联网公益PPP模式，充分整合资源。2016年，古村之友的新乡贤工程联合火堆公益，发起了首届全国新乡贤公益互助大赛，支持了47个公益项目上线，筹款总额达到300多万元。

名人志项目是通过挖掘名人故事，深化名人内核价值，发挥名人作为榜样的力量，推动民间文化伦理建设，促进文化繁荣。2017年8月，古村之友全面推动名人故事挖掘与传记出版、名人故居导赏、名人故居艺术创作、名人专题展览、名人故居纪念馆建设、名人专题学术研讨会等项目的实施落地。

为有效激发乡村的善能量，2018年，古村之友发起了“村村有慈善”项目，继续加强与地方政府合作，面向全国征集10个县，以4000万公益PPP支持乡村古建抢修，每个县400万，为每处古建筑保护提供10万元启动资金，这样每个县可抢修至少40处古建筑，10个县可抢修至少400处古建筑。申报条件除了要求“具有较多历史悠久的古建、老宅”“具有优秀文化底蕴或特色文化的古村落”“有抢修古建，活化古建的意愿”外，还有一条是“当地政府提供一定额度资金配比，政府与社会资金按1∶3的比例配比”，这一要求旨在充分调动政府在古村落保护利用中的积极性，不仅要做好动员和组织工作，而且在互联网公益众筹平台上，政府要提供一定同步配捐资金，比如村民和外出人才每捐3元，政府同步配捐1元，以此来激活大家参与的积极性。①

随着一系列项目的实施，古村落保护理念和公益慈善理念在全国范围内得到推广和传播，激发出更多人的保护意识和责任感，也激发出更多的乡村振兴善能量，号召起越来越多的人通过不同方式为古村落保护贡献力量，无论在场或不在场，无论从事何种职业，无论年老年少，都可以尽自己所能，为古村保护贡献自己的一份力量，使得参与古村落保护成为一件人人皆可为的事情。只要坚持，古村落保护的理念就会得到越来越多人的认可，参与古村落保护也会变成一件人人皆愿为的事情，到时候，乡村人心将得到更大程度的凝聚，乡村美德将得到更好的弘扬，乡村振兴也将获得更持久的动力。

古村之友是一个平台，它充分利用互联网，将全国范围内有志于古村落保护利用的力量整合起来，通过组织大会、举办展览、发起众筹、开展项目、公益诉讼等形式，共同为传统村落的保护利用发力发声；古村之友是一种理念，它将公益慈善、新乡贤培育、乡魂重塑、文化复兴等理念渗透于古村落保护和利用，让古村落重新获得可持续发展的内驱力；古村之友是一个引擎，它将政府、企业、社会组织、志愿者等各方的正能量聚合并发动起来，优势互补、精诚合作，共同致力于古村落保护利用；古村之友是一个朋友，它让文保志愿者心灵上有了依靠，遇到困惑有了交流思想的平台，遇到困难有了寻求帮助的渠道。古村之友的志愿者们或紧密、或松散，或熟悉、或不熟悉，思路或相同、或不同，但都在为一个共同的目标——振兴古村而努力、奋斗。

2.2.3.2 江源村建立理事会管理制度②

湖北省通山县江源村历史文化悠久、人文底蕴深厚，保存着明清时期古民居共 10 余栋，其中省级文物保护单位 1 处，县级文物保护单位 2 处，是通山县内保存较好的古建筑群。这些古民居青砖黛瓦，古朴典雅，在承袭徽派建筑风格的基础上有所创新，体现着明显的湖北地域特点。

由于村民缺乏传承优秀传统文化理念和文物合理利用意识，在新农村建

① 以上资料来源于古村之友官网：http：//www. gucunzhiyou. org/.

② 资料来源：江源村。

设浪潮中，江源村同千千万万个普通村落一样，弃旧建新、拆旧建新现象层出不穷，古民居年久失修，传统文化衰落、公共文化空间萎缩等问题越来越严重。为扭转这一局面，2005 年开始，在乡贤王定钊的带动下，江源村在外创业成功人士积极参与家乡古民居保护活动，成为江源文化遗产守护的骨干力量。2015 年，江源村创造性地成立了“通山县江源古民居保护管理理事会”，积极组织村民参与古民居保护，自筹资金开展保护工作，各项工作有声有色，成效明显。在省市县各级政府和文保部门的重视和支持下，江源村走出一条“乡贤主导、村民参与、保护为主、村居一体、整村修复”的古民居保护之路，形成了古民居保护“江源模式”，成功入选“十三五规划全省文物保护重点对象”“湖北省历史文化名村”“湖北省特色文化村”“湖北省生态村”“中华乡土文化保护地”等名录。

通山县江源古民居保护管理理事会实行会员制度，成立不到一个月就吸纳了 100 多位会员。理事会下设古民居与文物保护修缮小组、绿化与环境卫生整治小组、文化挖掘与宣传推介小组和财务监管小组 4 个小组。理事会每年至少召开一次会议，就加强古建筑保护，文物保护宣传、监管、修复以及加强对江源生态环境保护与卫生整治，实施古民居保护利用与集体产业开发等事项进行研讨。

理事会成立以来，已经自筹经费 20 余万元，协助县文物局完成了省级文物保护单位王氏老屋的抢修工程，完成了明代建筑老宗屋群落的防雨检修、防火防水等项目以及建筑加固工程。在开展保护工作的同时，村民的保护意识也明显提升，全村再无拆旧建新案例，古民居核心保护区更是没有任何新建房屋，村里的生态保护和环境整治也初见成效。

为更好地推进古民居保护管理工作，江源村也积极争取政府部门、高校、古村之友的支持，为江源村的保护利用提供资金和智力支持。理事会与华中科技大学、武汉理工大学等高校建立了长期合作关系，聘请专家团队为江源古民居保护、村庄建设把脉问诊，建言献策；与古村之友建立起长期合作关系，共同探讨江源古民居保护利用的发展路径。

理事会坚持在保护中发展，在发展中保护的理念，力争为村民带来实实在在的利益，为古民居保护赢得更多的社会支持。在保护古民居的同时，江源村因地制宜地发展有当地特色的传统种植业和养殖业，走集约化和规模化的生产和营销路径，使用传统技艺对初次产品进行加工，延长产业链，既能够丰富江源的古村落物质文化，又能够给村民带来经济效益，提升村民生活水平。在此基础上，江源村还计划推动由村民筹资成立江源生态产业合作社，争取国家政策支持，以古民居为依托，发展集体产业，将村民荒毁的山林土地集中起来进行土地入股、资金入股、劳工入股，发展四季采摘、生态养殖、古宅民宿、农家饭菜，以此带动村民就业，发展地方经济，提高村民文化自信，让江源村走上古村落保护和产业发展良性互动之路。

为唤起村民的文化自觉和保护意识，江源村成立“爱心公益基金”，每年大年三十，组织全体村民举办联欢晚会，举行敬老活动，给 70 岁以上老人发放礼品，给优秀学子红包奖励，为村里的好人好事、典型事件颁发荣誉证书，激励更多村民积极参与慈善事业。

江源村在多年的实践中摸索出以内生动力为主、外生动力为辅的保护模式，开辟出一条古村落保护活化利用的可持续发展之路。湖北省文物局对江源村的古民居保护工作给予充分肯定和支持，要求各地以江源村为样本，探索古民居保护新模式，力争将江源村打造成为全省古民居、传统村落保护利用的示范区。

2.2.3.3　凤坞村众筹建馆凝聚人心

杭州市萧山区河上镇凤坞村，抗战时期曾是萧山县政府所在地，中共萧山县地下党组织和新四军浙东纵队在此建立了“中华民族解放先锋团”和军工干部训练学校，是当时萧山抗日救国活动的指挥中心，各界爱国人士和抗战队伍在村中云集。村中至今仍保留有县政府旧址、美军驻地旧址、新四军烈士墓、战壕等遗迹。多年来，由于知情人逐渐逝去，实物史料散落乡间，凤坞村的抗战历史鲜有人问津。但近年来，在河上镇副镇长周寅的推动下，这段宝贵历史得到深入挖掘和系统梳理，两座抗战纪念馆相继建成开馆，凤坞村由“养在深闺人未识”变得声名鹊起、游人如织。

周寅是河上镇副镇长、萧山抗战纪念馆筹建人、关爱老兵志愿者。在这三个身份中，周寅最看重的是关爱老兵志愿者这一身份。他从 2011 年开始从事关爱老兵的志愿活动，在杭州市萧山区内寻找到28位幸存的抗战老兵，并发动社会各界对老兵进行关爱帮扶。他对抗战历史情有独钟，多年来潜心研究，颇有见地；他虽然不从事文保工作，但具有强烈的文保意识；他对乡村建设发展充满情怀，有效地将政府资源和民间资源整合起来。为挖掘抗战文化，警醒后人铭记历史，从2014年开始，在他的倡导和努力下，凤坞村完成了抗战时期萧山县政府机要室旧址维修工程，有效保护了凤坞村的抗战遗迹，并以纪念抗战胜利70周年的契机，通过义务宣讲、义卖、公益众筹等形式，建起了"萧山抗战纪念馆"。该馆主要讲述了日军在萧山烧杀掠抢的无耻罪行，以及萧山军民奋起抵抗、誓死不降的奋战过程，28位抗战老兵的照片也陈列于馆中。2015年9月，"萧山抗战纪念馆"开馆，年游客量达到10万人，凤坞村每天由原先的冷冷清清变得人潮涌动。

一不做二不休。周寅还深入挖掘中美合作抗战历史，远赴日本、美国等国家收集了珍贵的日军侵华史料和文物，翻修了二战期间两位美国飞行员养伤居住过的老宅，于2017年1月建成了"中美合作抗战纪念馆"，该馆全面展示了飞虎队、中美合作所等中美军民携手抗敌的历程，能够让参观者真切地感受到两国人民经历战火考验的深厚友谊。

最为难能可贵的是，凤坞村两座抗战纪念馆的展陈都是通过民间众筹方式解决了资金问题。参与捐款的有抗战老兵、机关干部、普通市民，还有很多小学生，特别令人感动。在第二次众筹过程中，"古村之友"的网络平台功不可没，"互联网＋公益慈善"的理念得到广泛传播。筹款也是筹人。通过众筹，资金来了，更重要的是，通过众筹，人心齐了，村民的参与感和荣誉感得到有效激发。村民们在参与众筹的过程中意识到，原来自己的村子有如此重要的历史，为中国抗战做出如此大的贡献。两座纪念馆的"守门人"都是年过七旬的志愿者，他们发自内心地热爱自己的家乡，愿意为纪念馆出力。

一个村建有两座抗战纪念馆，凤坞村已经成为抗战文化宣传和爱国主义教育的重要基地。来凤坞村参观的游客络绎不绝，有单位组织，也有自发前来；有退休老人，也有中小学生；有当地群众，也有慕名而来的全国各地游客，其中有好多是单位组织的党员学习，有的游客看完后意犹未尽，来过一次还再来。有游客在留言簿上写到："靠民间力量建立这样一个纪念馆非常不容易，向当地政府群众致敬。""不忘国耻，砥砺前行。"

游客多起来后，凤坞村组建了旅游公司，设计了一条一日游线路，村民办起了农家乐，搞起了民宿，旺季时生意火爆，村民的收入明显增加，凤坞村也成为美丽乡村示范村和乡村旅游示范村。更令人欣慰的是，抗战纪念馆建成后，村里的风气好了很多，村民们由衷地为自己是凤坞村人感到自豪，这是创办纪念馆带来的潜移默化的效果，这一影响更为持久，也更为深远。在周寅的努力下，河上抗日战争历史研究会在杭州市萧山区注册成立，研究会的成立可以调动更多有志于从事抗战历史研究的专家学者和社会各界人士，更好地推进抗战历史研究和纪念馆的运营，让抗战文物在现代社会中发挥出更多更好的作用。

随着这两座抗战纪念馆影响的扩大，河上镇政府看到了凤坞村的潜力，计划投资三千万元建一座更大规模的抗战纪念馆。相信不久的将来，凤坞村会迎来更大的发展机遇，成为浙江省乃至全国重要的抗战文化教育和爱国主义教育基地，抗战文化也会因此而得到更好的传播和弘扬。

2.2.3.4 榉溪村聘任荣誉村长，打造人文儒学旅游基地

榉溪村位于浙江省金华市磐安县盘峰乡，始建于南宋初年，是婺州孔氏南宗所在，长江以南孔氏后裔最大的聚居地之一。村内的孔氏家庙是全国重点文物保护单位，保存完好，是祭祀孔子及全村人祭祖和家族活动的中心场所。村庄格局得到较为完整的保护，村内建筑是典型的婺州山地民居建筑，有 18 座古民居院落保护完整，孔氏家庙与榉溪村落及周围的山川环境融为一体，体现了中国古代天人合一的哲学思想。2014 年，榉溪村被列入"中国历史文化名村"名录。

为响应乡村振兴战略，进一步挖掘和振兴传统文化，盘峰乡以创建榉溪"中国乡土儒学中心"为核心，按照"产业兴旺、生态宜居、乡风文明、治理有效、生活富裕"的要求，通过深入挖掘榉溪村孔子家传基因和生产习俗、生活民俗当中的乡土儒学资源，推动儒家思想文化在榉溪的规则化、传承化、民俗化、生活化，以可进入、可体验的方式再现孔子后人的当代生活

理念、生活环境、生活方式和生活状态，吸引更多的人走进榉溪学习、体验、研修、发展乡土儒学，把榉溪村创建成为一个具有深厚儒学思想传承、又能融入现代生活的儒学生活化传承基地、儒学人文旅游基地、儒学主题体验基地、儒学研修养心基地。目前，弘扬传统文化的杏坛书院已经重启开业，以挖掘传统手工艺品为主的“小巷三寻”已扎根榉溪，到榉溪的游客也日益增多。①

“小巷三寻”是杭州市的一家文化创意发展有限公司，以保护和传承中华传统技艺为己任，以“寻求生活本源，感悟东方生活美学”为宗旨，充分融合生活美学、中式时尚和创意体验，将创新植入产品、将手作引入生活、将文化导入品牌，以更多的时间与空间致力于重拾东方生活美学与手作慢生活。“小巷三寻”“土布纺织技艺”为国家级非遗项目，发起人郑芬兰是土布纺织技艺非遗项目代表性传承人。

2016 年 3 月，郑芬兰受聘成为榉溪村名誉村长，“小巷三寻”与磐安县文广新局、盘峰乡人民政府及村两委共同开发设立了“非遗‘小巷三寻’生产性保护基地”。榉溪村不仅古村落保护做得好，妇女们普遍都保留了手工、刺绣、织带等传统技艺，郑芬兰希望通过基地的设立唤醒沉睡至今的手工村落，在保留村庄原有风貌的基础上，挖掘、开发和传承非遗文化，并带动当地老百姓增收。在郑芬兰的带动下，以及县、乡、村干部和村民的共同努力下，榉溪村妇女所织的手织带已经成功研发成相机带，并且拿到了客户订单，同时也在开发新的产品。

为了让更多的人，尤其是青少年了解榉溪这座中国历史文化名村的历史价值和文化意义，榉溪村通过举办讲堂读书会、夏令营等形式，传播和展示儒家文化、文物保护和非物质文化遗产保护理念和成果，以此来增强村民及游客的文化自信和保护意识。为更好地振兴榉溪村，郑芬兰希望通过招募一些志同道合的“村民”，共同为榉溪村的发展出谋划策。2017 年初，首批 5 位“荣誉村民”名单落定，他们有的是城乡规划和景观设计领域的专家，有的则擅长城市品牌和乡村旅游，有年轻有为的设计师，也有资深公益人士，

---

① 《金华磐安建设乡村旅游样板区行业动态》，农林牧渔网，2018 年 03 月 27 日。

他们都在各自领域颇有建树。“荣誉村民”不仅能给榉溪村带来理念、思路和方法，而且还带给村民信心、勇气和力量。

为进一步带动榉溪村的文化旅游发展，在郑芬兰的努力下，2018 年 2 月，“磐安县榉溪乡村文化旅游专业合作社”成立，这是磐安县第一家文化旅游类专业合作社，主要目的是为本社成员提供旅游开发服务；组织收购、销售本社成员种植的蔬菜、水果、中药材；组织文化策划创意培训；经营与管理本合作社所属的旅游、餐饮、住宿项目；初级食用农产品、工艺品销售等。《中华人民共和国农民专业合作社法》第八条规定：“国家通过财政支持、税收优惠和金融、科技、人才的扶持以及产业政策引导等措施，促进农民专业合作社的发展。国家鼓励和支持社会各方面力量为农民专业合作社提供服务。”第五十二条规定：“农民专业合作社享受国家规定的对农业生产、加工、流通、服务和其他涉农经济活动相应的税收优惠。”榉溪乡村文化旅游专业合作社成立后，可以进一步整合资源，在古村落整体保护的前提下，发展手工纺织等相关产业和乡村旅游业，增加榉溪村对游客的吸引力，逐步将榉溪村打造成以宁静的南宋古村落体验为主线，以传统儒家文化和宗族文化学习为目的的旅游目的地，通过旅游业的发展带动民宿、餐饮、农产品及其他产品的销售，让村民们享受到更多古村落振兴带来的实惠。

2.2.3.5 荻浦村以商会和基金带动文化旅游发展

位于浙江省杭州市桐庐县的江南古村落群，由“易理深澳”“清莲环溪”“孝义荻浦”“和合徐畈”“山水青源”五个古村落组成，古村落内有 140 多幢明清建筑和 60 多幢民国建筑，以及完整的水系。为加强对江南古村落的保护管理和开发利用，桐庐县成立了江南古村落风景区管委会，专门负责古村落日常工作。凡涉及到古村落新建、改建、增建设施的均须管委员审核后方可实施。同时，制定古村落保护专项规划，为古村落保护开发指明方向，在保护古村风貌的同时发展经济。这 5 个村均将古村落保护纳入村规民约范畴，并明确规定禁止一切危害古建筑、古水系、古树等的行为。每个村成立了古村落保护小组，并选派 5－8 名有威望的人担任小组成员，对古村落进行日常巡查。由于得到有效保护和合理开发利用，江南古村落已经成为杭州地区乃至江浙沪地区著名的旅游目的地。

荻浦村是江南古村落之一，2006 年被评为浙江省历史文化名村，2007 年被评为第三批国家级历史文化名村，村内有宋代的范井、明代的水系、清代的石坊、庙庵、祠堂、民居等文化遗产，长期以来形成了以孝义文化、古戏曲文化、古造纸文化、古树文化为代表的特色文脉，近年来旅游业得到了较快发展，2016 年游客达到 100 万人。“牛栏咖啡”和“猪栏茶吧”是荻浦村的两个重要品牌，这两个项目都是政府牵头，创业者介入，把各家各户废弃的牛栏和猪栏加以改造装饰，同时融进民俗酒吧、茶吧元素，打造成当代人喜闻乐见的休闲场所。这种设计非常巧妙，既保留了牛栏和猪栏的原貌，又赋予它们新的功能；既有古朴氛围，又不失新颖创意，可谓变废为宝，合理利用的典型案例。“牛栏咖啡”和“猪栏茶吧”吸引了众多游客慕名而来，仅“猪栏茶吧”的年收入就达 100 万元。江南古村落风景区管委会积极鼓励农民进行转型创业，荻浦村也吸引来了不少年轻人来此创业，农家乐、荻浦乡村图书馆、荻浦花海（小火车）等都在此落地生根，得到游客青睐。①

在镇党委政府与荻浦村两委的支持下，2015 年 4 月 5 日，申屠军升、和申屠安平发起成立了江南镇荻浦村商会，商会成立后广泛发动商会会员，成立了孝义基金，基金的宗旨是“扶贫、助学、孝义”。成立虽然仅有短短三年时间，荻浦村商会（孝义基金会）已经资助和扶持了一大批大学生和贫困家庭，不仅如此，崇学重孝的理念也在村里得到广泛宣扬，极大地鼓舞和凝聚了人心。

截至 2017 年，商会已发展个人会员 125 名，单位会员 4 家。会员来自各行各业，有公务员、个体经营户、上班族、手工艺者，还有学生，真正实现了全民参与。荻浦村商会（孝义基金会）每年举办一次励志晚会，晚会的编导、演员、组织者、后勤保障、摄影录像基本都是本村村民，本土化参与特色非常明显。励志晚会有一个重要环节是表彰崇学重孝典型。3 次晚会共表彰优秀学子、教师士兵、精神文明先进个人 160 余人，共计发放励志基金 30

① 参考应兆丹，施银燕：《江南镇：治水美村促转型产业惠民兴乡村》，《钱江晚报》2018 年 04 月 13 日；詹洁：《牛栏猪舍大变身——浙江省桐庐县荻浦村牛栏咖啡、猪栏茶吧改造记》，《中国文物报》2015 年 03 月 09 日。

余万元。有的获奖者将奖金返捐给商会，仅第三次励志晚会，就有6人返捐，返捐金额达到19100元，这是荻浦村孝义文化的一个重要表现。在每年定期举办励志晚会与重阳敬老活动的同时，基金会每年春节也会安排2万元左右的专项资金对村内临时遇到生活困难的同乡进行慰问。同时，每当村民遇到自己无法解决的困难时，基金会也会及时伸出援助之手，帮助村民度过难关。目前，荻浦商会（孝义基金会）已经成为荻浦孝义文化的金名片，在基层社会治理中发挥着道德教化和风气引领的重要作用，孝义文化必将因此而得到更好的弘扬和传承。

2.3 社会力量参与文物保护利用的特征和趋势

当前，中国已经成为世界第二大经济体，经济总量逐年增加，社会资本实力不断增强，市场经济体制逐步深化，国家治理体系和治理能力现代化不断推进，文物事业更加开放，不断向社会化、科技化、大众化、国际化方向发展。随着中国特色社会主义进入新时代，我国社会主要矛盾已经转化为人民日益增长的美好生活需要和不平衡不充分的发展之间的矛盾。人民对美好生活的向往越来越丰富，对精神文化生活的需求越来越多元，因而对文物保护的关注度和参与度越来越高，参与能力不断增强，参与方式也越来越多元化。总体来看，社会力量参与文物保护利用既是自上而下的要求，也是自下而上的需求，面临着前所未有的发展机遇。

多主体、多形式、全方位参与格局已经初步形成。总体来看，社会力量在文物保护利用中的作用日益凸显，在提供专业技术服务、参与文物保护与监督管理、开展公共文化服务、投融资等诸多领域，社会力量均发挥着积极作用。企业作为市场参与主体，为文物保护利用提供了广泛的技术和资金支持，有效弥补了行业内人力、物力、财力的不足；社会组织作为公益参与的重要主体，主动担当社会责任，在行业服务、学术研究、普及宣传等方面作用突出，在政府和公众之间架起有益桥梁；文物保护员作为专业队伍的重要辅助力量，在协助文物部门开展保护管理方面发挥着重要作用；志愿者热心文物事业，积极参与志愿服务，成为文物保护利用不可或缺的补充力量，在更大范围内普及了文物保护知识，传播了文物保护理念；社会公众对文物工作的关注度越来越高，文化自觉和保护意识均有所提升，在监督举报等方面发挥着积极作用。近年来还有一个明显变化，社会力量在参与过程中不再仅仅关注遗产，而且关注环境、关注民生、关注教育，文物保护与经济社会发展的融合度越来越高，赢得了广泛的社会支持。

参与规模不断扩大，聚合效应得到增强。近年来，中国文物保护基金会在调动社会力量参与文物保护利用方面发挥了重要的引领作用，组织开展了一系列卓有成效的工作，在很大程度上激发出社会各界参与文物保护利用的主动性和积极性。品牌活动“薪火相传”表彰和奖励了一大批在文物保护领域做出突出贡献的个人和团队，产生了持久而广泛的社会影响，文保理念得到更大范围的普及和推广；从 2016 年开始，每年举办一次“社会力量参与文物保护论坛”，文物保护领域社会组织和志愿者的热情空前高涨，凝聚力明显提升；通过开展“拯救老屋行动”、“保护长城，加我一个”长城保护公益项目、价值研究与传播计划、敦煌“数字供养人”等一系列项目，越来越多的社会力量参与到文物保护利用中来，社会效益显著提升；与中国文化遗产研究院、腾讯等 10 家单位共同发起成立长城保护联盟，与敦煌石窟保护研究基金会等 9 家文保组织共同发起成立文物保护与利用社会组织联盟，有利于更好地调动企事业单位和社会组织的积极性，产生强大的聚合效应。在传统村落保护领域，古村之友通过科学的保护理念和互联网这一强大工具，充分整合全国范围内的保护力量，有效调动起社会各界在古村保护利用中的积极性，让古村保护利用成为人人可以参与、人人能够参与的事情，为古村保护注入新的生机和活力。由此可以看出，当前社会力量参与文物保护利用正在由单独参与向联合参与转变，这一重要转变将在更大程度上激发和释放社会活力和潜力，提升社会力量参与的整体效能，成为文物事业健康快速发展的重要推动力。

与此同时，我们也应当看到，当前我国社会力量参与文物保护利用还存在着发展不平衡的特征，在不同领域，社会力量参与的方式、参与的深度和广度有较大差异。如，在文物保护维修设计施工、景区运营管理、博物馆策展、文化创意产品开发等方面，企业参与程度较高，但这些领域的参与与不可移动文物认领认养、资金捐赠等形式的参与有所不同，上述参与过程中，企业主要发挥其专业技术或管理优势，可以获得一定的经济效益，因而有较高的积极性，而不可移动文物认领认养和资金捐赠，主要出于公益目的，体现的是社会责任感，目前这些领域的企业参与还很不足，需要加以鼓励和引导。

信息渠道不畅是社会力量参与文物保护利用面临的一个主要困难。信息公开是参与的前提和基础，知情的程度在很大程度上决定着参与的质量。政府是信息的主要控制主体，如果政府信息不公开、不透明，公众在很大程度上将失去参与能力。因此，应该增强文物工作的透明度，及时、准确公开相关信息，提高社会力量参与文物保护利用的可能性、针对性和有效性。尤其是在法律法规制定和重大事项决策过程中，应该加大公众参与力度，促使参与更有效、决策更科学。

总体来看，社会力量参与文物保护利用已经是大势所趋、事业所需、民心所向。而且，随着时代的发展和社会的进步，随着国民整体素养的提升，社会力量参与文物保护利用的主体会越来越多元，规模会越来越庞大，参与深度和广度会进一步拓展，在更大程度上推动文物事业的发展。可以预测，在习近平新时代中国特色社会主义思想的引领下，在党和国家一系列重大政策、重大举措的推动下，社会力量参与文物保护利用的广度深度将会呈现出新的、质的飞跃，成为文物事业创新发展的重要驱动力，深刻改变文物事业的发展进程，深刻改变文物、博物馆单位的组织构成、投入构成、技术构成，极大拓展公共文化事业发展空间，丰富公共文化服务内容，更好连接政府与市场、事业与企业、社会与公众，推动文物事业向着更为科学、更为开放、更为可持续的方向迈进。

机遇和挑战并存，希望与困难同在。广泛动员社会力量参与文物保护利用，已经成为当前文物工作中刻不容缓的重要任务，迫切需要通过加大政策引导力度，将最广泛的社会力量动员起来，将社会力量的最大潜能发挥出来，凝聚共识、凝聚力量，尽快在全社会形成齐抓共管的良好局面。随着经济社会的发展和全社会文化自觉的提升，相信在不远的将来，文物保护会成为人们的一种内在需求、行为习惯，逐步成为人们的生活方式，到那时候，文物事业定会呈现出前所未有的良好发展态势，文物事业的前景也会更加广阔。

3　社会力量参与文物保护利用的PPP模式探索与实践

3.1　PPP模式的引入与推广

PPP即Public-Private Partnership，英文直译为公私伙伴关系，国内一般称为政府和社会资本合作。关于其定义，有广义和狭义之分。广义的PPP泛指政府部门通过与私人部门建立各种合作关系，以更好地为公众提供公共产品或公共服务；而狭义的PPP往往被理解为一系列介于传统政府采购方式和完全私有化之间的具体项目融资模式的统称，并且国外对于PPP模式的研究，基本上采用广义的定义；而国内在对PPP模式进行研究时，更多的采取狭义的定义。① 但无论是广义还是狭义的定义，各种机构和专家并未形成一个统一的表述。

3.1.1　PPP模式的基本内涵

关于PPP模式的定义，主要有以下几种：②

（1）世界银行关于PPP的定义经历了一定的变化。在PPP指南第1版

① 杨朝君《大遗址旅游项目PPP模式的应用与风险管理研究》，西北大学硕士学位论文，2013年。

② 除世界银行、我国财政部和发改委外，其余定义均出自贾康、孙洁《公私伙伴关系（PPP）的概念、起源、特征与功能》，《财政研究》2009年第10期，并补充了部分文献来源。

表述为：由私营部门同政府部门之间达成长期合同，提供公共资产和服务，由私营部门承担主要风险并管理责任；[①] 到了PPP指南第2版和第3版则均表述为：由私营部门同政府部门之间达成长期合同，提供公共资产和服务，由私营部门承担主要风险并管理责任，私营部门根据绩效情况得到酬劳。[②]

（2）联合国发展计划署1998年给PPP的概念是：PPP是指政府、营利性企业和非营利性组织基于某个项目而形成的相互合作关系的形式。通过这种合作形式，合作各方可以达到比预期单独行动更有利的结果。合作各方参与某个项目时，政府并不是把项目的责任全部转移给私营部门，而是由参与合作的各方共同承担责任和融资风险。

（3）联合国培训研究院的概念是：PPP涵盖了不同社会系统倡导者之间的所有制度化合作方式，目的是解决当地或区域内的某些复杂问题。PPP包含两层含义，其一是为满足公共产品需要而建立的公共和私人倡导者之间的各种合作关系；其二是为满足公共产品需要，公共部门和私人部门建立伙伴关系进行的大型公共项目的实施。

（4）欧盟委员会的概念是：PPP是指公共部门和私人部门之间的一种合作关系，其目的是为了提供传统上由公共部门提供的公共项目或服务。

（5）美国PPP国家委员会的概念是：PPP是介于外包和私有化之间并结合了两者特点的一种公共产品提供方式，它充分利用私人资源进行设计、建设、投资、经营和维护公共基础设施，并提供相关服务以满足公共需求。

（6）加拿大PPP国家委员会的概念是：PPP是公共部门和私人部门之间的一种合作经营关系，它建立在双方各自经验的基础上，通过适当的资源分配、风险分担和利益共享机制，最好地满足事先清晰界定的公共需求。

---

① World Bank, Public-Private Partnerships: Reference Guide Version 1.0, https://openknowledge.worldbank.org/handle/10986/16055.

② World Bank, PPP Reference Guide Version 2.0, http://www.worldbank.org/en/topic/publicprivatepartnerships/publication/the-ppp-reference-guide-version-20; World Bank, PPP Reference Guide Version 3.0, https://ppp.worldbank.org/public-private-partnership/library/ppp-reference-guide-3-0.

（7）PPP，首先是广义界定，指公共和私营部门共同参与生产和提供物品与服务的任何安排。其次，它指一些复杂的、多方参与并被民营化了的基础设施项目。[①] 再次，它指企业、社会贤达和地方政府官员为改善城市状况而进行的一种正式合作。[②]

（8）PPP 是指为了实现共同目标和互惠互利，公共部门与私人部门权力共享、共同经营、维护以及信息共享而形成的合作关系。[③]

（9）PPP 是指公共部门与私营部门之间签订长期合同，由私营部门实体来进行公共部门基础设施的建设或管理，或由私营部门实体代表一个公共部门实体（利用基础设施）向社会提供各种服务。这种模式通常有如下特征：A. 公共部门实体通常根据协议向私营部门实体移交基础设施（是否付款作为回报要视情况而定）。B. 由私营部门实体建设、扩建或重建一项基础设施。C. 由公私部门指定基础设施的运行特性。D. 私营部门实体在既定期限内利用基础设施来提供公共服务（通常对运营和定价进行限制）。E. 在协议到期后，私营部门实体同意向公共部门移交基础设施（是否付款视情况而定）。[④]

（10）PPP 是一种“合作关系”，包括合同安排、联合、合作协议和协作活动等方面，通过这种合作关系来促进政策和计划的实行，提供政府计划和服务（Armstrong）。

（11）PPP，在两个或多个实体之间达成协议，从而使合作各方为共同或相互兼容的目标而协同经营，并在一定程度上共享权力、共担责任，联合投入资源，共担风险，互惠互利（Treasury Board Secretariat，Impediments to Partnering）。

通过对上述 PPP 定义进行的分析，贾康、孙洁就 PPP 及其管理模式给出

① E. S. 萨瓦斯著，周志忍等译《民营化与公私部门的伙伴关系》，中国人民大学出版社，2002 年。

② Public-Private Partnerships：Improving Urban Life，edited by Perry Davis，Academy of Political Science，New York，1986.

③ Kernaghan，Partnerships and Public Administration：Conceptual and Practical Considerations，Canadian Public Administration，1993，36（1），pp. 57 – 76.

④ G. Peirson，P. Mcbride，Public/Private Sector Infrastructure Arrangements，CPA Communique，Vol. 73，pp. 1 – 4.

了这样的定义，即所谓的 PPP，是指政府公共部门与民营部门合作过程中，让非公共部门所掌握的资源参与提供公共产品和服务，从而实现政府公共部门的职能并同时也为民营部门带来利益，并且可以归纳成公私合作、提供公共产品或服务、利益共享和风险共担四个主要特征。①

我国政府部门关于 PPP 模式的定义主要有以下两种：

财政部对 PPP 模式的定义为：政府和社会资本合作模式是在基础设施及公共服务领域建立的一种长期合作关系。通常模式是由社会资本承担设计、建设、运营、维护基础设施的大部分工作，并通过“使用者付费”及必要的“政府付费”获得合理投资回报；政府部门负责基础设施及公共服务价格和质量监管，以保证公共利益最大化。②

国家发改委对 PPP 模式的定义为：政府和社会资本合作模式是指政府为增强公共产品和服务供给能力、提高供给效率，通过特许经营、购买服务、股权合作等方式，与社会资本建立的利益共享、风险分担及长期合作关系。③

3.1.2 PPP 模式的类型与各方角色

PPP 有许多类型，但从根本上均专注于共享三个核心“R”要素：资源（Resources）、责任（Responsibilities）和风险（Risk）。如果根据合作伙伴在其中扮演的不同典型角色（设计、建造、运营、维护以及融资）对其进行分类，主要有④：

购买 - 建设 - 运营（BBO）：将公共资产转移到私人或私营体中，通常

---

① 贾康、孙洁《公私伙伴关系（PPP）的概念、起源、特征与功能》，《财政研究》2009 年第 10 期。

② 财政部《关于推广运用政府和社会资本合作模式有关问题的通知》，财金［2014］76 号。

③ 国家发展和改革委员会《关于开展政府和社会资本合作的指导意见》，发改投资［2014］2724 号。

④ The Role of Public-Private Partnerships and the Third Sector in Conserving Heritage Buildings, Sites, and Historic Urban Areas, research report by Susan Macdonald and Caroline Cheong, © 2014 J. Paul Getty Trust. 后文关于国外案例的部分也参照了此研究报告。

在合同中，此类资产将在一段时间内进行更新或经营。通过转让发生时的合同行使公共约束。

建设－拥有－运营（BOO）：私人部门永久资助、修建、拥有并经营设施或服务。原始协议中提出公共约束，并通过持续的监管机构行使。

建设－运营－转移（BOT）：私人部门根据长期特许经营权合约设计、资助并修建新设施，在所有权被转回公共部门前，若设施完成时尚未结束转移，私人部门则可在特许经营期间经营该设施。事实上，这种类型包括了BOOT和BLOT，仅区别于设施的所有权。

建设－拥有－运营－转移（BOOT）：当所有权被转交回公共部门时，私人实体接受在特定时间内资助、设计、建造和经营设施（和向用户收费）的特许经营权。

建设－租赁－运营－转移（BLOT）：私人实体在付清租金后，接受在租赁期间，融资、设计、建造和运营租赁设施（和向用户收费）的特许经营权。

设计－建造－融资－运营（DBFO）：私人部门根据长期租约设计、融资并修建新设施，并在租赁期间经营该设施。私人合作伙伴在租期结束时将新设施转交给公共部门。

运营与维护合同（O&M）：私人经营者根据合同在特定期限内经营公有资产。该资产的所有权仍属于公共实体（也有不少学者认为O&M不属于PPP范围，并将此类合同视为服务合同）。

经营许可：私人经营者接受经营公共服务的许可或权利，通常仅限于特定期限内。

设计－建设（DB）：私人部门通常根据固定价格和总承包，设计并修建基础设施，以满足公共部门的性能要求，进而将成本超支的风险转移到私人部门头上（也有不少学者认为DB不属于PPP范围，并将此类合同视为公共工程合同）。

在这些类型中，私人部门参与的程度与承担的风险程度之间的关系如下图所示：

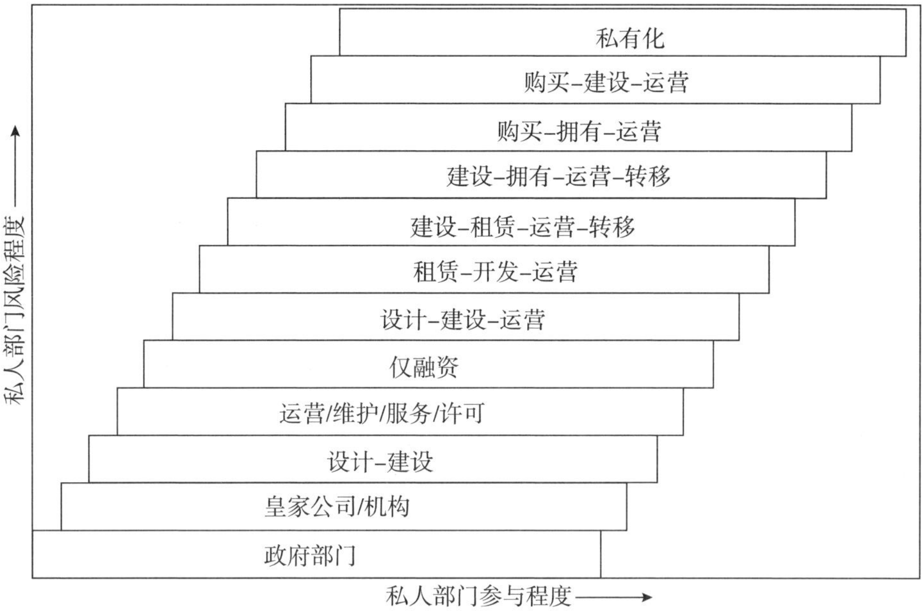

图 3－1 PPP 类型中私人部门参与程度与承担的风险程度①

若根据合约协议对 PPP 类型分类，主要有制度化和合同化 PPP 两种模式：②

制度化 PPP 由第三方组织、信托基金或公司等被称为特殊目的机构（SPV）或特殊目的主体（SPE）制定，使投资合作伙伴与风险隔绝。SPV 通常为伙伴关系的管理主体，负责提供服务或货物。后文案例中的英国泰恩河畔纽卡斯尔的格兰吉尔城项目就是遗产保护制度化 PPP 的一个实例。

合同化 PPP 是公共与私人部门就私人部门在较长一段时间内提供公共服务或货物而签订的合约。在这种合同契约中，私人部门通常负责设计、建造并管理交付所需的设施或材料。私人合作伙伴也管理大部分项目资金，有时

① 引自 The Role of Public-Private Partnerships and the Third Sector in Conserving Heritage Buildings, Sites, and Historic Urban Areas, research report by Susan Macdonald and Caroline Cheong, ⓒ 2014 J. Paul Getty Trust.

② 引自 The Role of Public-Private Partnerships and the Third Sector in Conserving Heritage Buildings, Sites, and Historic Urban Areas, research report by Susan Macdonald and Caroline Cheong, ⓒ 2014 J. Paul Getty Trust.

政府也会出资。合同化 PPP 包括**特许经营权合同和私人融资计划**（PFI）。

特许经营权合同是合同化 PPP 的一个亚类，由“用者自付”体系支付，即用户的使用费资助 PPP 的经营与管理。

私人融资计划（PFI）协议中，公共部门组织与私人部门实体签订合约以在持续时间内按提供政府规定的费用融资、设计、建造并经营设施，并提供某种质量的相关服务。PFI 通常被用于社会基础设施项目，如修建医院、学校、街道照明和防御措施。

无论是哪种 PPP 类型，都涉及到对参与 PPP 中的各方的角色定位。PPP 一般会涉及三个部门或者是利益方：公共部门（政府）、私人部门（社会资本）以及第三部门，第三部门可以是非政府、社会以及社区管理机构，也可以包括当地居民和消费者等。

从上世纪 70 年代起，“新公共管理运动”浪潮在世界范围内掀起，其主要特征有生产率、市场化、服务导向、分权、政策和对政策效果的负责，① 核心理论是管理的自由化和市场化。② 在其具体内容中，包括主张通过民营化等形式，把公共服务的生产和提供交由市场和社会力量来承担，政府主要集中于掌舵性职能，如拟订政策、建立适当的激励机制、监督合同执行等，引导它们为实现公共利益的崇高目标服务，也包括引入企业管理、专业化管理、绩效管理和引入竞争机制，以顾客为中心等等。③ PPP 模式的高速发展正是在这种背景下开始的。

因此，在 PPP 模式下，政府公共服务供给角色发生了变化，即政府从公共服务的提供者、生产者、监督者三者合一的主体转变为了公共服务的提供者和监督者两位一体。④ 政府应当合理确定 PPP 项目的产品及服务的质量和数量、价格、特许经营权期限、政府收益等，并为 PPP 项目提供完善、持续、稳定的法律规制与政策支持，提供制度保障与资金支持，做出合理承

---

① 阮思余《论新公共管理运动的核心内容》，《现代管理科学》2008 年第 4 期。

② 丁煌《当代西方公共行政理论的新发展 - 从新公共管理到新公共服务》，《广东行政学院学报》2005 年第 6 期。

③ http：//wiki. mbalib. com/wiki/新公共管理运动。

④ 井敏《PPP 模式中政府角色定位》，《学习时报》2015 年 11 月 16 日第 5 版。

诺、维护政府信用，并开展第三方评估、加强沟通协调。[①]

私人部门（社会资本）相比政府部门，资金规模更大，融资方式和资金使用上具有更多的灵活性和更高的效率，拥有更先进的管理理念和手段，竞争也更为充分，并且私人部门参与PPP的动机最开始可能是为了经济利益，但随着时间的推移，其动机可能包括实现对社会负责的企业商业目的与目标的潜在性，特别是关于文化遗产保护方面。

第三部门可包括当地居民和消费者，以及其它代表社会利益的非营利组织。作为二十世纪迅速崛起的一类独立于政府和企业之外的第三类组织群体，已经逐渐成为社会生活的重要主体之一，其所具有的非营利性、（准）公共性使得它在某种程度上能够履行着与政府类似的公共职能，并且在事实上承担着越来越多的社会公共管理事务和责任。[②] 其在公共服务机制中发挥的作用主要有缩减政府规模、提高公共服务的效率，满足后工业社会多元化需求，弥补政府公共服务提供的不足，协调公民和政府之间的关系，增加公民对公共服务需求的表达渠道，纠正公共服务提供中的市场失灵和政府失效等。[③] 简而概括之，第三部门在政府职能角色的转变中，主要扮演政府职能的补充者及政府权力监督者的角色，并发挥提供公共服务和促进民众参与的作用。[④]

3.1.3 PPP模式发展及相关政策

在我国，PPP背后隐含的公私合作理念早已有之。最早可追溯到1906年6月开工的以华侨资本为主投资兴建的新宁铁路，其从筹备、设计、修建、经营到管理都是由新宁铁路公司完成，同时也得到了官方的支持，甚至被赐予尚方宝剑来宣示官与民、公与私之间的“合作”关系。由此可见，新

---

① 周海兰《政府在PPP项目中的角色定位》，《工程技术（全文版）》2016年第7期。

② 王川兰《委托与替代：第三部门履行公共职能的模式研究》，《上海行政学院学报》2003年第1期。

③ 王晓丽《第三部门在公共服务提供中扮演的角色分析》，《东南学术》2008年第4期。

④ 于星航《第三部门在我国政府职能转变中的角色与作用》，首都经济贸易大学硕士学位论文，2009年。

宁铁路的修建已基本具备了 PPP 的四个特征，可以看作是 PPP 在中国的发端。①

上世纪 80 年代以来，我国开始了 PPP 的探索和发展。1986 年，国务院颁布了《关于鼓励外商投资的规定》，在开放较早的广东沿海地区，外商资本开始以合资企业的形式探索进入中国的基础设施建设领域，主要是电力和交通项目，如深圳沙角 B 电厂，② 其他的还有广州北环高速公路项目、广深高速公路项目、顺德德胜电厂项目等。这些项目以 BOT 模式为主，通常采取“一事一议”的方式，由投资人发起，经与地方政府谈判协商后执行。1995 年 8 月，原国家计委、原电力部、原交通部联合下发了《关于试办外商投资特许权项目审批管理有关问题的通知》，选择了广西来宾 B 电厂、成都第六水厂、广东电白高速公路等五个 BOT 项目进行试点，同时国内资本也开始尝试性地进入 PPP 领域，如 1995 年开工的泉州刺桐大桥项目，是第一个以内地民营资本投资为主的基础设施 BOT 项目。2003 年，党的十六届三中全会通过了《关于完善社会主义市场经济体制若干问题的决定》，明确提出“放宽市场准入，允许非公有资本进入法律法规未禁入的基础设施、公用事业及其他行业和领域”。2013 年，党的十八届三中全会又提出“允许社会资本通过特许经营等方式参与城市基础设施投资和运营”。③ 随后，在财政部《2013 年中央和地方预算执行情况与关于 2014 年中央和地方预算草案的报告》中，首次在官方文件中使用了 PPP 的概念，明确要“推广运用政府与社会资本合作模式（PPP），鼓励社会资本通过特许经营等方式参与城市基础设施等的投资和运营……推广运用 PPP 模式，支持建立多元可持续的城镇化建设资金保障机制”。④ 因此，从 2014 年以来，PPP 模式开始成为政府转变发展思路、推进政治体制改革、创新经济发展模式的重要手段，各地迅速掀起了新一波 PPP 模式热潮；同时财政部、发改委以及多个部门密集出台了规

① 陈志敏、张明、司丹《中国的 PPP 实践：发展、模式、困境与出路》，《国际经济评论》2015 年第 4 期。

② 高析《BOT 项目融资模式风险分析》，《水利发电》2002 年第 4 期。

③ 《中共中央关于全面深化改革若干重大问题的决定》（2013 年 11 月 12 日中国共产党第十八届中央委员会第三次全体会议通过）。

④ http：//www. gov. cn/xinwen/2014 –03/15/content_ 2639433. htm.

范PPP发展的重要文件（表3－1）。世界银行的数据显示，1984－2014年，中国的PPP项目约有1200多个，如果把国有企业作为社会资本主体的项目包含进来，则中国的PPP项目数可能达到7000－8000个。[①]

表3－1　2014年以来发布有关PPP的政策性文件和法规[②]

发文单位	文件名称	发文日期
财政部	关于推广运用政府和社会资本合作模式有关问题的通知	2014年9月23日
财政部	关于印发政府和社会资本合作模式操作指南（试行）的通知	2014年11月29日
财政部	关于政府和社会资本合作示范项目实施有关问题的通知	2014年11月30日
发改委	关于开展政府和社会资本合作的指导意见	2014年12月2日
财政部	关于规范政府和社会资本合作合同管理工作的通知	2014年12月30日
财政部	关于印发《政府和社会资本合作项目政府采购管理办法》的通知	2014年12月31日
财政部、住建部	关于市政公用领域开展政府和社会资本合作项目推介工作的通知	2015年2月13日
发改委、国家开发银行	关于推进开发行金融支持政府和社会资本合作有关工作的通知	2015年3月10日
财政部	关于印发《政府和社会资本合作项目财政承受能力论证指引》的通知	2015年4月7日
财政部、环保部	关于推进水污染防治领域政府和社会资本合作的实施意见	2015年4月9日
财政部、交通部	关于在收费公路领域推广运用政府和社会资本合作模式的实施意见	2015年4月20日
财政部、国土部等	关于运用政府和社会资本合作模式推进公共租赁住房投资建设和运营管理的通知	2015年4月21日
发改委、财政部等	基础设施和公用事业特许经营管理办法	2015年4月25日

① 金永祥：从中国PPP发展历程看未来，财新网，http：//opinion. caixin. com/2014－08－01/100712038. html，2017年7月4日最后访问。

② 整理自财政部金融司政府和社会资本合作（PPP）－政策解读，http：//jrs. mof. gov. cn/ppp/zcjdppp/，以及发改委固定资产投资司PPP专栏－政策法规，http：//tzs. ndrc. gov. cn/zttp/PPPxmk/zcfg/.

续表

发文单位	文件名称	发文日期
国务院办公厅	关于在公共服务领域推广政府和社会资本合作模式指导意见的通知	2015 年 5 月 19 日
财政部	关于进一步做好政府和社会资本合作项目示范工作的通知	2015 年 6 月 25 日
财政部	财政部关于实施政府和社会资本合作项目以奖代补政策的通知	2015 年 12 月 8 日
财政部	关于印发《PPP 物有所值评价指引（试行）》的通知	2015 年 12 月 18 日
财政部	关于规范政府和社会资本合作（PPP）综合信息平台运行的通知	2015 年 12 月 18 日
国家能源局	关于在能源领域积极推广政府和社会资本合作模式的通知	2016 年 3 月 31 日
财政部、发改委	关于进一步共同做好政府和社会资本合作（PPP）有关工作的通知	2016 年 5 月 28 日
财政部、教育部、科技部等	关于组织开展第三批政府和社会资本合作示范项目申报筛选工作的通知	2016 年 6 月 8 日
发改委	关于切实做好传统基础设施领域政府和社会资本合作有关工作的通知	2016 年 8 月 10 日
财政部	财政部关于印发《政府和社会资本合作项目财政管理暂行办法》的通知	2016 年 9 月 24 日
发改委、住建部	关于开展重大市政工程领域政府和社会资本合作（PPP）创新工作的通知	2016 年 9 月 28 日
财政部	关于在公共服务领域深入推进政府和社会资本合作工作的通知	2016 年 10 月 11 日
财政部、教育部、科技部等	关于联合公布第三批政府和社会资本合作示范项目加快推动示范项目建设的通知	2016 年 10 月 11 日
发改委	关于印发《传统基础设施领域实施政府和社会资本合作项目工作导则》的通知	2016 年 10 月 24 日
发改委、林业局	关于运用政府和社会资本合作模式推进林业建设的指导意见	2016 年 11 月 21 日

续表

发文单位	文件名称	发文日期
发改委、农业部	关于推进农业领域政府和社会资本合作的指导意见	2016年12月6日
发改委、证监会	关于推进传统基础设施领域政府和社会资本合作（PPP）项目资产证券化相关工作的通知	2016年12月21日
发改委	传统基础设施领域政府和社会资本合作（PPP）项目库管理办法（试行）	2016年12月21日
财政部	关于印发《财政部政府和社会资本合作（PPP）专家库管理办法》的通知	2016年12月30日
发改委、交通部	关于进一步做好收费公路政府和社会资本合作项目前期工作的通知	2016年12月30日
财政部	关于印发《政府和社会资本合作（PPP）综合信息平台信息公开管理暂行办法》的通知	2017年1月23日
发改委、住建部	进一步做好重大市政工程领域政府和社会资本合作（PPP）创新工作的通知	2017年2月20日
财政部	财政部关于印发《政府和社会资本合作（PPP）咨询机构库管理暂行办法》的通知	2017年3月22日
财政部、农业部	关于深入推进农业领域政府和社会资本合作的实施意见	2017年5月31日
财政部、人民银行、证监会	关于规范开展政府和社会资本合作项目资产证券化有关事宜的通知	2017年6月7日
财政部、住建部、农业部、环保部	关于政府参与的污水、垃圾处理项目全面实施PPP模式的通知	2017年7月1日
财政部、教育部、科技部等	关于组织开展第四批政府和社会资本合作示范项目申报筛选工作的通知	2017年7月14日
财政部、民政部、人社部	关于运用政府和社会资本合作模式支持养老服务业发展的实施意见	2017年8月14日

3.2 PPP 模式的实践

3.2.1 国内 PPP 模式研究与应用

上世纪 90 年代开始，就有学者对文化遗产领域的 PPP 模式展开研究和探讨，如段长山的《安阳名城保护与旅游开发设想》，王兴斌的《中国自然文化遗产管理模式的改革》，徐嵩龄的《中国文化与自然遗产的管理体制改革》等。[①] 近年来关于 PPP 模式在文化遗产保护领域中的应用研究大多集中在传统村落保护与旅游开发上，[②] 也有涉及城市文化遗产保护，[③] 以及大遗址旅游开发[④]等，其他方面的研究还很少。究其原因，一方面受我国遗产保护相关法律的制约，如文物保护法中规定“国有不可移动文物……不得作为企业资产经营”，加之对文物资源的合理利用方面还未有统一清晰的政策，因此对于 PPP 的研究首先在管理相对较为宽松的传统村落开始；另一方面，文化领域 PPP 相关政策的出台相对较晚，相关研究还未及时跟上。

在政府层面，真正意义上的 PPP 模式引入文化遗产领域是近些年的事。虽然 2003 年党的十六届三中全会通过了《关于完善社会主义市场经济体制若干问题的决定》，明确提出“放宽市场准入，允许非公有资本进入法律法规未禁入的基础设施、公用事业及其他行业和领域”。但直到 2012 年，文化部才颁布了《关于鼓励和支持民间资本进入文化领域的实施意见》。2015 年

---

① 段长山《安阳名城保护与旅游开发设想》，中国区域科学协会区域旅游开发专业委员会编《区域旅游开发研究》，山东省地图出版社，1992 年 8 月；王兴斌《中国自然文化遗产管理模式的改革》，《旅游学刊》2002 年第 5 期；徐嵩龄《中国文化与自然遗产的管理体制改革》，《管理世界》2003 年第 6 期。

② 如张剑文《传统村落保护与旅游开发的 PPP 模式研究》，《小城镇建设》2016 年第 7 期；梁雯《基于 PPP 模式的传统村落保护研究》，西北大学专业学位硕士论文，2016 年；高洪显、郑思海、秦亚飞《PPP 模式介入古村落保护的可行性研究——以河北省为例》，《经营与管理》2016 年第 11 期。

③ 杜娟《基于 PPP 模式的哈尔滨市历史文化遗产保护研究》，《山西建筑》2017 年 3 月。

④ 如梅海华《陕西省大遗址旅游项目 BTO 融资模式及风险控制研究》，西安建筑科技大学硕士论文，2003 年；杨朝君《大遗址旅游项目 PPP 模式的应用与风险管理研究》，西北大学硕士学位论文，2013 年。

5月，国务院办公厅转发的《财政部 发展改革委 人民银行关于在公共服务领域推广政府与社会资本合作模式的指导意见》中，才首次将文化领域作为PPP模式的推广范围。同年，财政部政府和社会资本合作中心（PPP中心）公布的第二批政府与社会资本合作示范项目中有11个文化项目被纳入。2016年6月，财政部联合文化部等二十部委印发《关于组织开展第三批政府和社会资本合作示范项目申报筛选工作的通知》，文化部门首次作为工作的推动部门，出现在国家PPP战略实施的文件中。2016年国务院发布的《关于进一步加强文物工作的指导意见》中明确提出："大力推广政府和社会资本合作（PPP）模式，探索开发文物保护保险产品，拓宽社会资金进入文物保护利用的渠道"，PPP模式在文物保护领域的地位得到进一步明确。

截至2017年6月，在发改委和财政部推介的PPP项目中，涉及文化相关的项目约有近90个（表3-5、表3-6）。虽然这些项目大多属于旅游开发、文化基础设施建设等，但也有古城、传统村落保护开发，以及像嘉峪关世界文化遗产保护与展示工程、隋唐洛阳城国家考古遗址公园、喇家国家考古遗址公园、宁夏丝绸之路申遗等一系列涉及文化遗产保护、展示和利用的项目。从目前的推介项目来看，文化遗产保护对资金和管理的现实需求是巨大的，需要引起足够重视。

事实上，PPP模式在文化遗产保护领域已经有了一些类似的实践探索，有一些案例值得思考。

（1）安徽黟县宏村①

宏村地处安徽省黟县东北部，始建于南宋绍熙年间，是皖南地区徽派民居村落中的代表，现存138座明清古民居，其中136座为村民私人所有，2000年被列入世界遗产名录。

从上世纪80年代开始至今，宏村的保护和运营模式大致可以归纳为政府主导、私人主导和企业主导三个阶段：

① 根据梁雯《基于PPP模式的传统村落保护研究》，西北大学专业学位硕士论文，2016年；蒋海萍、王燕华、李经龙《基于社区参与的古村落型遗产地旅游开发模式研究——以皖南古村落西递、宏村为例》，《华东经济管理》，2009年第8期；张剑文《传统村落保护与旅游开发的PPP模式研究》，《小城镇建设》2016年第7期等综合而成。

政府主导阶段——黟县旅游局于1986年买下承志堂，并对外开放，标志着宏村旅游业真正起步。1990—1995年黟县旅游局增大投资，承包了除承志堂之外的其他景点，很多景观得以恢复。这一阶段宏村旅游门票收入、旅游总收入总体呈增长趋势，但增速较为缓慢。

私人主导阶段——1996年6月黟县旅游局把经营权交给宏村所在的际联镇。际联镇又将宏村旅游业委托给一位本村在外地工作的退休人员经营，但旅游收入没有取得较大进展。

企业主导阶段（PPP模式）——1997年黟县县政府与北京中坤集团签订了30年的经营权租赁合同。北京中坤集团在黟县文物及旅游部门的共同参与下成立了黄山京黟旅游开发公司，该公司主要负责宏村的保护、建设和经营，包括投入资金对宏村进行建筑维修和环境整治，积极申报世界遗产，随后建设村落基础设施和商业项目，并通过多种宣传活动推广宏村旅游。黄山京黟旅游开发公司需每年向村民及镇政府缴纳租金和部分门票收益，后来随着门票收入的巨幅增长，转为与地方各级政府及村民共享门票收益。

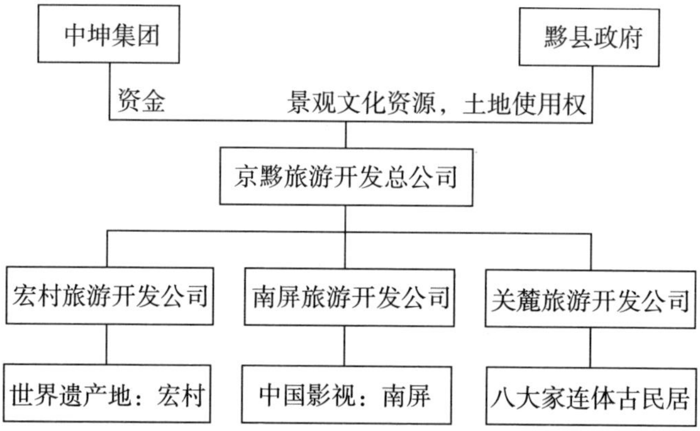

图3-2　中坤集团宏村运营模式图①

黟县县政府与北京中坤集团签订的经营权租赁合同可视为特许经营合同，30年的合同期与PPP模式的要求相吻合。黄山京黟旅游开发公司类似于PPP模式

① 引自张剑文《传统村落保护与旅游开发的PPP模式研究》，《小城镇建设》2016年第7期。

中的政府和社会资本共同成立的项目公司（SPV），该公司对宏村进行建设、经营，并与政府和村民分享利益，符合 PPP 模式利益共享、风险共担的特点。

但是，宏村的 PPP 模式存在很多问题：PPP 模式强调政府的合理介入和监督，然而在宏村，政府部门的监督作用薄弱，话语权和主导权在北京中坤集团手中；宏村原住民的话语权也很弱，甚至政府对京黟旅游开发公司特许经营授权是在村民不知情的情况下进行的，损害了村民的权益，门票等利益分成也没有与村民协商（95% 归公司，4% 给镇里，1% 给村里），引发了村民与公司的一系列对抗，并在 2002 年将黟县县政府告上了法庭（此后利益分成进行了调整，67% 归公司、20% 给县里、5% 给镇里、8% 给村里，矛盾得到了一定程度的缓和）；传统民居的修缮保护也不到位，企业对维修不负责任，合同中规定的维修基金被旅游公司移作他用，而"居民维修自己的民居要先交 1 万元保证金"。[①]

相较于宏村，另一处同时被列入世界文化遗产、同样位于黟县的古村落——西递则走的是内生式的开发模式，即由村落的村民或村委会作为直接利益主体自筹资金、自我开发、自我保护的开发模式。1994 年，西递村成立了村办旅游公司，旅游公司每年门票收入的 20% 上交县文物保护基金，其中的 80% 返还西递村作为古村落保护专项资金；除了上缴财税、文物保护基金外，公司与西递村按照 1∶1 的比例分配；在西递村的利润收成中，除 20% 留作村集体公益事业基金之外，其余的 80% 在村民之间分配。[②] 虽然也存在村办企业管理上不够严格、制度不够健全、人员素质不高等问题，但由于充分考虑村民的利益，没有出现类似宏村的村民与企业、保护与开发之间明显的矛盾。因此，相较而言，宏村的 PPP 模式并不是一个成功的案例。

（2）大明宫国家考古遗址公园[③]

大明宫是唐代宫殿建筑的巅峰之作，其前朝后寝、三大殿制度和沿中轴线对称的建筑布局对后世有深远影响，是盛唐文化的代表。在大遗址保护专

---

① 翟明磊《宏村之痛》，《南方周末》2002 年 5 月 14 日。

② 李德明《乡村旅游与社区经济互动持续发展模式及其评价研究——以黟县西递为例》，安徽师范大学硕士学位论文，2005 年。

③ 根据中国文化遗产研究院编著《大遗址保护行动跟踪研究》，文物出版社，2016 年，分报告六《大遗址保护典型案例解析与评价》案例报告一《西安片区》及杨朝君《大遗址旅游项目 PPP 模式的应用与风险管理研究》，西北大学硕士学位论文，2013 年等整理而成。

项实施之前，大明宫遗址区人口增长迅速，各类生产生活活动对遗址破坏的威胁与日俱增，另一方面，受遗址保护要求的限制，各类建设活动被严格控制，遗址区居民的居住、交通、环境等条件十分落后，收入水平也明显低于遗址区外，遗址保护和民生改善的矛盾十分突出。为此，西安市积极探索实现大遗址的保护与开发建设相结合的最有利方式，于2005年颁布实施了《大明宫遗址保护规划》，同年又制定《道北地区保护改造规划》，以确保在对遗址完整性保护的基础上有效改善遗址区周边大规模棚户区以及城中村人民的生活条件，提升区域环境，并实现城市整体价值的提升。

由于大明宫国家遗址公园项目开发建设资金以及前期的拆迁安置开发范围广、难度大、项目综合性强，所需资金成本数额较大，仅遗址公园建设一项，最初的预算就高达16.6亿元，[①] 拆迁安置的费用更是数倍于公园建设所需资金，如果仅仅依靠政府的财政支持显然是难以满足项目的资金需求。因此，西安市政府在推动大明宫遗址保护改造项目中，采取了两个办法，一是扩大保护改造项目的范围，除了遗址保护范围之外，还包括了遗址周边区域的改造规划，并且在整体规划范围中所占比例较高，整个大明宫保护改造面积共19.16平方公里，其中遗址公园3.2平方公里，遗址区域居民以及商户等的集中安置区3.2平方公里，其余12.76平方公里进行土地开发，这样项目就不仅仅具有了作为公共产品的社会效益，同时也具备了作为商品的经济特性，即成为一项准经营性项目；另一方面，西安市委托在文化资源运作和土地开发上经验丰富的西安曲江新区管理委员会对大明宫地区进行保护与改造并建设大明宫遗址公园。曲江管委会设立了大明宫遗址区保护改造办公室和西安曲江大明宫投资有限公司，旨在为大明宫国家遗址公园建设以及遗址周边项目的开发筹集资金。实际上，大明宫遗址区保护改造办公室和大明宫投资有限公司是一套人马，两套班子。投资公司的存在，仅仅是为了让运作上更加灵活，在进行市场操作的时候能够做出更加符合市场利益的举动。在大明宫遗址公园建设竣工并验收合格后，项目的后期运营管理由投资公司负责，并在特

---

① 西安市城市规划设计研究院、西安文化产业发展研究会《唐大明宫遗址保护工程可行性研究报告》，2007年3月。

许权协议规定的特许经营期满后，将项目无偿移交给政府。

从上述的过程中，我们也能看到，这种被西安市政府和文物部门称为“集团运作”模式实际上就是一个PPP模式，具体来说就是BOT模式。这其中，西安曲江大明宫投资有限公司就是政府和社会资本共同成立的项目公司（SPV）。投资公司的作用，是将周边的土地开发权转让给实力较强的地产商，由地产商组织周边环境的改造与开发建设，以提升公园周边土地价值，从而为公园建设和其他项目的开发筹集资金。

在实际建设过程中，整个大明宫地区保护和改造耗资约120亿元，其中用于文物保护和遗址公园建设资金约30亿元，用于居民搬迁安置费用90亿元，其中大部分资金来自于周边土地开发权作为抵押获得的银行贷款，部分由中央财政大遗址保护专项经费（约1.8亿元）支持，这部分资金主要用于非营利项目的开发建设中，比如大遗址所在区域周边生态环境的整治、大遗址本体保护展示工程等。2010年10月，大明宫遗址公园建成开放，曲江大明宫遗址区保护改造办公室委托由西安曲江大明宫投资有限公司设立的西安曲江大明宫遗址公园管理有限公司对大明宫遗址公园进行经营管理，委托期限为20年，自2010年10月1日至2030年9月30日。现年度管理酬金为17350万元。①

大明宫遗址公园也面临诸多问题：一是集团运作也就是曲江模式运用的争议，虽然集团运作解决了保护资金的问题，但带来了“文物地产化”的争议；二是遗址公园建设与考古工作的矛盾，大部分遗址区内面积没有进行充分的考古工作；三是遗址的展示与阐释问题，目前大部分游客对遗址的展示和阐释表示无法理解，需要进一步研究提升遗址展示和阐释的方式和质量；四是公司化管理与文物公益事业性质的矛盾，曲江大明宫国家遗址公园管理有限公司已于2012年并入西安曲江文化产业投资（集团）的上市子公司曲江文旅（SH.600706），已经触碰了文物保护法中关于“国有不可移动文物……不得作为企业资产经营”的规定红线。

① 西安曲江文化旅游股份有限公司（SH.600706）2013年年度报告，http：//www.qjtourism.com/? us=2013年年度报告-2。

实际上，目前遗址公园运营面临的最大问题是巨额亏损。遗址公园年运营成本约2.09亿元，但门票及其他收入远远不足以支撑运营开支，如2013年度自身营业收入仅为2166.29万元，缺口1亿多元，所以曲江大明宫遗址区保护改造办公室给予曲江大明宫遗址公园管理有限公司的年度管理酬金（17350万元）实际上也就是对于运营亏损的一个补偿，而这笔钱，主要来自于大明宫投资有限公司出让周边土地开发权获得的收益，在房地产景气的年份，或许能够支撑这样数额较大的补偿，但如果遇到房地产开发困难的时期，这笔费用就成为投资公司的一个巨大负担。因此，曲江管委会希望政府和文物部门能够尽早接收遗址公园的管理权，但政府和文物部门也难以承担每年一个多亿的补贴，所以，目前遗址管理权陷入了公司和文物部门都不愿意接手的尴尬局面。

从宏村和大明宫的案例来看，PPP模式在国内文化遗产领域的应用还面临很多问题。宏村的问题在于政府部门没有给予运营公司足够的监管力度，在利益分配上也过分注重公司利益，而使得村民利益受损，产生了尖锐矛盾；大明宫的问题主要在于运营公司无法从中获利，项目难以为继。这两个案例都不算是PPP模式成功的案例。

除此之外，国内正在或将要进行的较为典型的PPP项目主要还有：

嘉峪关世界文化遗产保护与展示工程（峪泉古街、长城博物馆、遗产监测中心、停车场）采取“EPC+PPP（BOT）”模式运营；已列入世界文化遗产保护与展示工程规划的道路、绿化、水系、搬迁安置、基础设施等内容外包装PPP项目实施。①

在河南洛阳，洛阳古城保护与整治项目在入选第二批政府与社会资本合作示范项目后获得了85亿元的总投资，由洛阳市政府与上海升龙投资集团有限公司合作。该项目也是洛阳最大的棚户区改造项目，建成后将成为以明清建筑风格为基调，集文化展示、文化创意、文化商业于一体的文化示范区。②

---

① 嘉峪关世界文化遗产保护与展示工程即将进入PPP，http：//www.myzaker.com/article/591fc64a1bc8e0316e000004/.

② 河南推出十大PPP签约项目案例，http：//www.sohu.com/a/115622716_464060.

3.2.2 国际 PPP 模式成功范例[①]

(1) 英国

泰恩河畔纽卡斯尔的格兰吉尔城[②]

纽卡斯尔的格兰吉尔城（Grainger）是制度化 PPP 的一个典型案例。所谓的制度化 PPP 是由第三方组织、信托基金或公司等被称为特殊目的机构（SPV）或特殊目的主体（SPE）制定，使投资合作伙伴与风险隔绝。SPV 通常为伙伴关系的管理主体，负责提供服务或产品，用于在制定的时间长度内设计、建造、维护并运营建筑或项目。

格兰吉尔城建于 19 世纪早期，占地面积约 36 公顷，是纽卡斯尔的历史核心。该区域的640 座建筑有40%被列入保护建筑名录，其中12.5%为最高级别的保护建筑。该区域在 20 世纪早期就开始衰落，逐渐空置且退化。20 世纪 70 年代开始，纽卡斯尔市政府一系列的城市干预政策加剧了该区域的衰落：首先，埃尔顿广场的修建将零售业转移到了北方；其次，另一区域 Quayside 的以城市文化为导向的复兴项目又吸引走了整个城市大部分的娱乐需求。这就导致了格兰吉尔区域城市功能的边缘化，区域内的人口开始大量外迁，建筑空置率不断上升；另一方面，区域内的建筑状况也不断恶化：47%的历史保护建筑被英国遗产委员会定义为危房，29%被定义为“脆弱”建筑。整个区域由于衰落而导致市场信心不足，开发商不愿意将资金投入该地区。

面对格兰吉尔地区的衰败，纽卡斯尔市政府于 1996 年委托规划咨询公司易道（EDAW）制定了一份详细的老城复兴实施计划，旨在重振整个格兰

① 案例内容主要来自于：The Role of Public-Private Partnerships and the Third Sector in Conserving Heritage Buildings, Sites, and Historic Urban Areas, research report by Susan Macdonald and Caroline Cheong, ⓒ 2014 J. Paul Getty Trust。个别案例借鉴其他文献做了补充。

② 部分内容参考：张乃戈、朱韬、于立《英国城市复兴策略的演变及“开发性保护”的产生和借鉴意义》，《国际城市规划》，2007 年第4 期；傅方煜、曹宇《“遗产导向”的英国纽卡斯尔格兰吉尔历史街区复兴策略解读》，《中国建筑装饰装修》，2017 年第 2 期；张喆星《基于城市历史文化的旧城更新策略研究》，合肥工业大学硕士学位论文，2013 年等。

吉尔区域，使其重新成为“充满活力和有竞争力的城市中心区域”。1997 年格兰吉尔项目合作伙伴公司（GTP：Grainger Town Partnership Ltd.）成立，也就是该项复兴计划的 SPV，运作周期为 6 年（在 2003 年项目公司到期解散后，由城市中心专家组继续监督此项目）。

GTP 的董事会由 20 位董事组成，分别代表纽卡斯尔市政府、参与项目的各公共机构、商界以及本地居民，并且成立了 6 个专家组，如城市设计专家组、艺术与文化专家组、就业培训专家组等，各专家组针对不同的项目目标提供专业咨询，并参与公司的决策过程。此外，董事会下分别有居民论坛和商界论坛，为当地居民和商界提供发表各自看法的平台。这两个论坛每月举行一次会议商讨相关事宜。项目执行组在该项目实施过程中扮演执行机构的角色，它由 14 名组员组成，组员同样来自项目参与各方，主要负责在不同的参与者之间进行协调，保证项目的顺利进行。

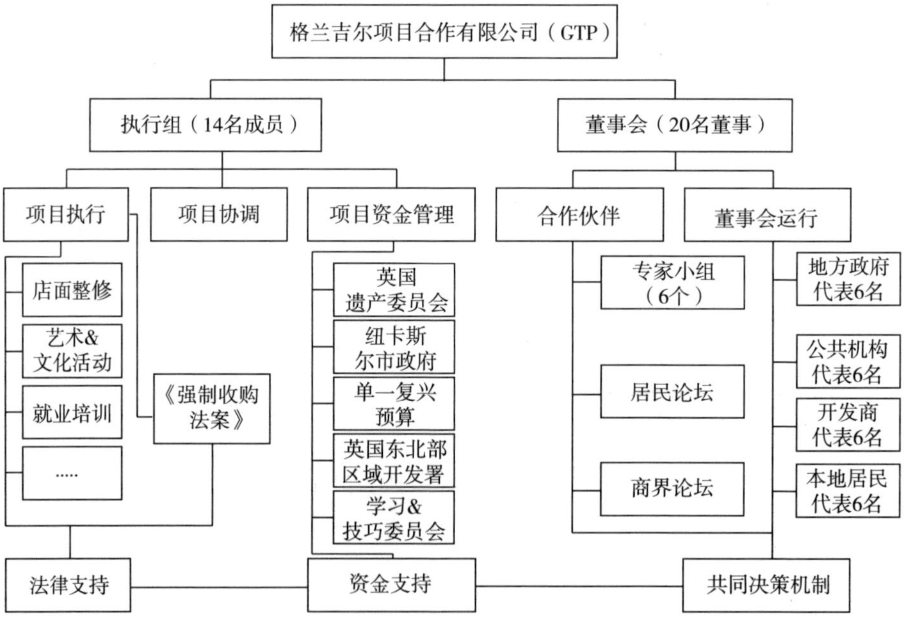

图 3－3 GTP 的组织结构图①

① 张乃戈、朱韬、于立《英国城市复兴策略的演变及“开发性保护”的产生和借鉴意义》，《国际城市规划》2007 年第 4 期。

该项目运用了一系列旧城保护的方法和技术，主要包括：（1）对历史保护建筑的功能进行置换，大部分历史建筑经过更新改造后其内部功能转变为商业、酒吧、办公、宾馆和住宅等不同用途的建筑；（2）运用“立面主义”（Facadism）对历史建筑进行保护，对于建筑的外立面（通常为沿街部分）采取保护修缮以保存其历史面貌，而非沿街部分即建筑背后“灰空间”中损毁程度较大、不符合现代功能的建筑予以拆除或改造；（3）对沿街商铺的店面进行整修。在项目实施过程中，参与各方基本达成一个共识，即历史建筑应该通过翻新或功能置换以达到再利用的目的，这既可以达到保护的目的也可以满足开发（复兴）的要求。

格兰吉尔老城复兴项目作为一个以历史遗产为导向的城市复兴项目，在资金上得到了来自多个公共机构的支持，包括英国遗产委员会（70万英镑）、单一复兴预算（Single Regeneration Budget，1100.6万英镑），英国东北部区域开发署（North East Regional Development Agency，2500万英镑），学习与技巧委员会（Learning & Skills Council）以及纽卡斯尔市政府（230万英镑）。据统计，项目实施前后总共募集到4000万英镑的公共资金，这些资金为项目的启动、运作提供了强有力的保障。由于先期资金的注入及纽卡斯尔市政府的引导，项目实施过程中还吸引了4倍于公共资金的私人投资（1.6亿英镑）。

截至2006年，这一老城更新项目最初设定目标基本全部完成，有些甚至超过了预定目标，该区域已出现了明显的复兴。老城的环境大为改善，建筑质量整体得到了提高，将近50栋被英国遗产委员会列为危房的历史建筑得到了重新整修和利用，另外121幢历史建筑更新后进行了功能置换，因此整体历史文化氛围得到了很好的保持。更新后的老城吸引了众多年轻企业入驻，商业得到长足发展，中心改造区引入了235家新企业，同时创造了700多个就业岗位，新增500多套公寓住房。

该项目因良好、积极和有效的复兴，成为了由保护引导的复兴活动的标志性案例，获得了许多奖项，如英国皇家规划协会授予的“银禧纪念杯”（Silver Jubilee Cup，该奖项为英国规划成就的最高奖项）、英国城镇中心管理联合会的“最佳成就奖”（Best Completed Project）等，其经验已推广并将在纽卡斯尔的其他老城区域实施。

诺丁汉蕾丝交易市场①

蕾丝交易市场位于诺丁汉城市中心东面，其所在区域是诺丁汉城市的起源地。该建筑是19世纪英国工业建筑的典范，在19世纪50至60年代迅速发展成为花边生产的国际贸易中心。但此后随着蕾丝、服装和纺织产业的衰弱，直接造成了该地段的衰败。至20世纪50年代，大部分建筑被废弃或成为多用途建筑，其他建筑则被拆除以修建停车场或中心道路。

从20世纪70年代开始，该区域的保护和复兴经历了两个阶段：一是以规划为先导进行维护；二是以市场为先导进行重建。1969年，英国政府将该社区指定为保护区，并于1973年制定了第一条保护政策；一年后，该地升级为国家级重点保护区；1979年成为工业改善区，使其获得建筑改善拨款的资格，并发起缓慢复兴的过程；20世纪90年代初，开始以旅游业等新功能作为复兴的经济增长点，同时保持对服装和纺织部门的支持。

由于该复兴项目涉及面广、规模大，特别是面对土地和建筑的混合所有制，私人部门的参与无法回避（项目中的大部分土地和建筑属于私人所有），因此采用了PPP模式。1989年PPP项目中的SPV——蕾丝市场开发公司（LMDC）成立，主要用于与其他私人合作伙伴合作并签订合同。LMDC为合资公司，50%为地方当局持有，剩下50%由四个私人开发者平分。但因为LMDC有部分资金无法通过拨款获得，在1991年，蕾丝市场组织成立了蕾丝市场遗产信托基金，以更好地为项目募集资金。

项目的公共资金来自于欧洲区域发展基金、英国伙伴公司、城市发展基金、市议会（NCC）、郡议会、LMDC、国家彩票以及文化遗产彩票基金，主要用于私人建筑保护和公共基础设施建设。NCC向个人与租户提供财政资助，并且直接投资升级周边的街道和灯光等基础设施，以及环境卫生与修补外景。

在该项目多功能的开发中，住宅用途获得了更多的支持，而最大的花边工厂Adams Building则被改造成继续教育学院，前郡正厅被改造成司法美术

① 部分内容参考高畅、夏青《历史城区的活力复兴之路——英国诺丁汉历史城区公共空间与慢行系统营造实践》，《北京规划建设》2013年第3期；朱蓉《城市历史中心的环境保护与发展研究——诺丁汉历史中心区的经验》，《装饰》2010年第11期等。

馆，霍克利村庄与蕾丝市场区成为了购物中心与娱乐区。蕾丝市场与诺丁汉城堡以及地下溶洞体系间修建了步行通道。目前，该区域蒸蒸日上，成为零售、住房和文化等的混合使用中心。

该项目也面临着一些挑战。保护传统的纺织和服装用途是保护该区域社会意义的关键。虽然 1989 年 LMDC 战略文件中规定，要为纺织设备保留约 4600 m^2的区域，但是在实际执行过程中，面对小型办公室与零售空间需求的增长，以及变化的规划立法，该目标已经逐渐被忽视了。

（2）美国

美国加利福尼亚州旧金山要塞公园①

旧金山要塞公园位于旧金山半岛的北端，面积 603 公顷，建于 1776 年，是 18 世纪末沿加州海岸修建的四座要塞或西班牙皇家堡垒中，现存最完整的一座。从 1846 年到 1994 年，该地一直是美国陆军的军用邮局，拥有全美国最完整的军事建筑体系。如今，该地成为了国家公园和国家历史地标区，拥有超过 470 座历史建筑。

对于该要塞的修缮始于 1994 年。1996 年美国国会依据《信托基金法案》，设立了具有公共事务管理职能的政府独资公司——信托基金，但要塞公园资产所有权并未发生变更或转入信托基金公司名下，信托基金仅授权经营要塞园区内资产。法案规定信托基金按照有利于自然资源保护和合理利用的原则，对要塞园区行使行政管辖权，管理、维护、修复和改善园区内资产，达到降低联邦政府行政管理成本、保护环境及合理开发的目的，实现要塞在经济上的自给自足。信托基金董事会由 7 名成员组成，其中一名由内政部长或其指定人员担任，其余 6 名由总统任命。这 6 名董事每届任期 4 年，均应在城市规划、金融或房地产开发与利用、资源保护方面具备一种或多种专业知识或拥有丰富的经验，其中至少有 1 名资深退伍军人，并有 3 人居住于旧金山海湾区域。

但是信托基金仅靠自身无法完成如此复杂且在财政上充满挑战性的项

① 部分内容参考欧阳泽蔓《信托基金模式在生态园行政管理中的引入——美国旧金山普雷西迪奥信托基金模式及启迪》，《科技与法律》2014 年第 6 期。

目，仅修缮、再利用和保护国家历史地标就需要花费数百万美元，而信托基金也无法找到一名私人开发者愿意独立承担在补救、权益和监管方面充满挑战的项目。因此信托基金和 Equity Community Builders、森林城市公司（一家房地产开发公司）、空气之家（公园）等多个私人合作伙伴达成了 PPP 协议。由这些私人伙伴进行房地产的再开发和再利用、公园绿化及相关设施的设计和兴建，而所有收入由信托基金继续投资，用于进一步改善资本状况以及经营和维护要塞。要塞公园是唯一一所通过这种方式管理的国家公园。

通过这种方式极大改善了要塞公园的经营状况。之后每年度的联邦拨款都在下降，并最终在 2012 财年停止拨款。公园收入主要来自出租建筑用于商业和居住，并均被再投资于要塞以继续改善资本状况，资助建筑、地面、自然区域和基础设施的长期维护，保护并增加资源，提供公共项目。主要工作包括消除外部涂鸦、改造建筑、修复外墙、修缮近 800 扇历史木窗、重建主建筑宏伟的入口楼梯和门廊，以及修复历史景观与地标特征。

对联邦政府花在要塞上的每一个美元，信托基金从私人投资中相应获得和利用了四个美元。部分私人投资者还从联邦历史文物税收抵免计划中获益。其结果是，该地被建设成一处可持续混合使用社区，包括 172 处住宅单元、办公地点、幼儿园、印刷厂、铁路和 10 公顷（25 英亩）的空地和原生栖息地。1998 年至 2012 年期间，信托基金耗资超过 16 亿美元，修缮了其管辖范围内超过 350 座历史建筑和约 40% 的景观，并吸引了大量游客前来观光。2004 年，信托基金开始自给自足，净营业收益取代了年度联邦拨款（停止于 2012 年），并奠定了强有力的财务基础。有 8000 人在公园中生活或工作，使其作为社区的历史特征得以保留和延续。

信托基金和私人部门合作伙伴森林城市发挥互补优势，共同创建了整个地区的美好愿景。信托基金克服监管障碍修缮了遗址，而森林城市公司资助开发了最大的历史建筑，即 1932 年的要塞公共健康服务医院，将其改造成公寓。若信托基金和森林城市公司没有达成 PPP，则无法复兴该地区。

华盛顿特区邮政总局

华盛顿特区邮政总局位于华盛顿特区唐人街/潘恩区，是一座大型新古典主义建筑，始建于 1839 年，并于 1866 年完成扩建。该建筑曾是许多联邦机构的总部，如1921年至1989年的国际贸易委员会，随后变身为史密森学会以进行保护，并被用作博物馆。在美国总务署（GSA）与金普顿酒店签订修复和出租合同以前，由于缺乏资金使得该建筑被空置了十年，并带来维护成本的持续增加。

GSA与金普顿酒店在经历了2年多艰难的协商流程后，于2002年签订了60年的租约：由金普顿投资4000万美元用于酒店整修，并享有800万美元的税收减免（联邦法律规定，仅有超过39年的长期租约可享有税收减免）；GSA出资500万美元用于建筑外观改造，并获得一定比例的酒店收入，在整个租期内预计将达到5000万美元。

在对建筑进行适应性再利用的改造中，需要在历史建筑保护和作为酒店的新用途之间取得平衡，最终邮政办公大厅被改造成酒店大堂，邮件分理处成为了餐厅，而办公室则被改造成了183间酒店客房。

之所以选择PPP，是因为该建筑庞大的规模和僵化的建筑规划无法吸引其他政府机构，与其它联邦办公室的距离也比较远，所以该建筑被闲置了许多年，但即使这样，GSA仍未将其私有化。最近，周边的潘恩区正在经历大规模的振兴工作，带来了新的经济增长点。

华盛顿邮政总局酒店项目被视为美国标志性的PPP和适应性再利用项目。该项目在保留大部分建筑的历史特征的同时，赋予了该建筑新用途，使得公众也能一览其内部状况，因而赢得了大量奖项，如2003年城市历史建筑保护卓越奖。

（3）澳大利亚

悉尼海港青年旅舍和澳大利亚悉尼考古学教育中心

澳大利亚最大的城市考古遗址“大挖掘”位于悉尼市最早的城市起源地岩石区。在1994年的考古发掘中，发现了75万多件文物和超过30处房屋、商店和酒店遗址。该遗址发现并提供了在1795年至1914年间人们曾在岩石区生活的证据，加深了对澳大利亚历史的解读，并重新定义了对澳大利亚犯罪史的历史思考。现在，该遗址被认为是澳大利亚最重要的殖民地考古遗址之一，并被列入新南威尔士州遗产名录。

2005年，悉尼海岸管理局（SHFA）提出公开招标，以开发利用此遗址。

2006年，青年旅舍公司（澳大利亚青年旅舍）所属悉尼海港青年旅舍和大挖掘考古学教育中心的方案中标。工程于2008年底开工，2009年底竣工，总投资2800万美元，青年旅舍公司承担了约780万美元，澳大利亚青年旅舍提供约100万美元开发贷款，西太平洋银行集团提供了1920万美元的贷款。

SHFA与青年旅舍公司就此遗址订立了九十九年租约。考古工作需在双方共同管理下进行。青年旅舍公司将悉尼海港青年旅舍作为其澳大利亚连锁旅社之一。SHFA负责监督项目管理，并协调与其他规划和遗产机构之间的关系。由于该遗址已被列入国家遗产名录以及其他影响该遗址的国家规划，故SHFA和青年旅舍公司都有监管义务。悉尼海港青年旅舍继续与SHFA旗下的教育机构悉尼学习冒险活动（SLA）合作，运营大挖掘考古学教育中心及考古保护、阐释和教育偿债基金，维护考古遗址，并支持由SLA发起的教育项目的持续开展。每个在该青年旅馆过夜的游客将支付关税，其中部分将分配给教育偿债基金，用于考古遗迹的保护、阐释和管理。

在敏感的考古遗址上设计和建造一座新建筑面临着许多挑战。在为期一年施工期前，需要较长时间的规划期（约三年）。最终，轻质的钢架建筑物悬停在遗迹之上，可以看到地面上超过85%的遗址。钢桁架系统通过一系列支柱，将建筑物从地面上升起，最大程度地减少与地面的接触点和对遗迹的干扰。

该项目将经济实惠的旅游住宿与实地教育中心相结合，同时保护一个重要的考古遗址。其目标在于对考古影响最小的情况下，实现公众的可达性。此外，此项目还提供了多种关于悉尼早期历史的参与式遗产阐释方式和教育计划。考古学教育中心可为73名学生提供课堂和模拟发掘。该遗址大部分免费向公众开放。

为什么选择PPP？SHFA自1970年以来一直拥有和管理“岩石区”（悉尼的殖民地心脏）。州政府鼓励在该地区进行私人投资和商业活动，同时制定了严格的遗产管理措施，以确保遗产保护的真实性和最佳的实践效果。该项目的规模和广度需要私人部门的参与，尽管保留对该遗址的公共性和教育机会仍然是关键的优先事项。

该项目获得了二十二个奖项，其中包括联合国教科文组织亚太地区文化遗产保护奖和2011年评审团创新大奖。自开业起，这个354个床位的青年旅舍得到了国内外游客的垂青。最重要的是，这一发展已经让遗址融入了当地社区，将悉尼的遗产介绍给来自世界各地的游客（包括年轻的国际游客），并为学生提供亲身体验和探索悉尼遗产的宝贵机会。此外，该项目还通过教育偿债基金确保了遗址的持续增值和保护。

悉尼里特湾亨利王子遗址

前亨利王子医院遗址占地84公顷，距离悉尼商业中心区14公里，位于土著居民先于欧洲人定居的一个场地。该医院自1888年建成后，一直在发挥作用。2003年，这座破旧的医院被关闭，包括60多座建筑及其景观要素。其中，有一些拥有很高的遗产价值，如土著居民居住的证据包括贝冢、磨斧槽和可能的捕鱼器，而历史建筑的典型包括佛罗伦萨·南丁格尔医院病房、20世纪30年代实用主义/艺术装饰建筑，历史景观要素包括钟楼、水塔、许愿池、道路以及成排的松树和凤凰棕榈树等。

1999年，新南威尔士州政府开发部Landcom开始尽职调查及概念规划，以确定亨利王子遗址适应性再利用的可行性。2001年总体规划制定完成。2003年，Landcom耗资约2.2亿澳元从新南威尔士卫生部正式购买了该遗址。作为总规划师和主开发商，Landcom承担了广泛和必要的整治工作，提供了基础设施和社区架构。然后，Landcom向私人部门提出了具体的开发区，以便能够在特定时间内提供住宅和商业建筑。除受到地方议会有关环境规划、总体规划和开发控制规划等的约束以外，所有开发方案均须遵守《亨利王子设计指南》，在提交到地方议会之前由设计审查小组监督。

因整个遗址被列入新南威尔士国家遗产名录，所以遗产顾问介入了尽职调查和总体规划的过程，由其制定考古管理规划、保护管理规划和具体的遗产要素保护政策。对遗址进行开发需要出具遗产影响报告。在开发申请提交给地方议会之后，会被提交到新南威尔士州遗产部门以获得批准。

项目吸引了诸如Stockland、Brookfield Multiplex等开发商和St. Luke's等老年护理提供商。2003－2009年间，这些私人合作伙伴重新开发了各种商业、公共和住宅用途的场所，同时保护和调整了遗产建筑、自然和人文景观，并通过提供特定社会服务保持了与该地区以前作为医疗用途的联系。这些私人资金共计约2.7亿美元。

为什么选择PPP？作为具有特定自然人文遗产价值的国有大型地产，该地区需要以创造性和战略性的方式来重建。一般情况下，新南威尔士州政府不建私人住宅，但这个地点被认为适合建私人住宅。PPP减少了Landcom的投资，分散了商业风险，为私人部门提供了重要的发展机会，并允许私人部门贡献其商业专长。

亨利王子遗址的开发使得一座破旧的医院重现活力，并创建了一个新的住宅社区，同时保留了80%的公共所有权。再开发也有助于未来的可持续发展，并为澳大利亚类似的遗产和环境敏感地的再开发提供了一个模板。最终该地将拥有大约一千个私人住宅，包括经济适用房、养老服务、商业和社区设施。在那里运营的社区团体包括两个原著民健康团体、老人院和一个戒毒中心。该区在其居民中很受欢迎，销售额和强大的转售市场证明了这一点。

3.2.3 国际经验的启示

上述成功案例表明，欧美发达国家的PPP模式已经形成较为成熟的制度，也积累了丰富的实践经验。

从参与主体看，由于对PPP的理解上有所不同，因而国内外的参与主体略有不同。国内官方术语将其定义为政府和社会资本合作，而对于社会资本的理解，还没有普遍认同的定义。财政部和国家发改委都曾发布过各自版本的PPP合同指南，财政部在《PPP项目合同指南（试行）》[①] 中称"本指南所称的社会资本是指依法设立且有效存续的具有法人资格的企业，包括民营企业、国有企业、外国企业和外商投资企业。但本级人民政府下属的政府融资平台公司及其控股的其他国有企业（上市公司除外）不得作为社会资本方参与本级政府辖区内的PPP项目"，而发改委《政府和社会资本合作项目通用合同指南（2014版）》[②] 则写道"签订项目合同的社会资本主体，应是符

---

① 财政部《关于推广运用政府和社会资本合作模式有关问题的通知》（财金［2014］76号）附件。

② 国家发展和改革委员会《国家发改委关于开展政府和社会资本合作的指导意见》（发改投资［2014］2724号）附件。

合条件的国有企业、民营企业、外商投资企业、混合所有制企业，或其他投资、经营主体。”虽然两者所涵盖的社会资本主体范围稍有不同，特别是在国有企业尤其是地方政府融资平台能否成为社会资本存在分歧，但大部分主体都是企业。而国外对于PPP一般定义为公私合作伙伴关系，因其所有制的关系，土地、房产、生产资料等私人所有，使得公共合作伙伴可以是地方、州或国家政府，或三者的结合，而单个建筑保护PPP中的公共合作伙伴很有可能是建筑物的所有者，或法律责任监督的实体，如遗产组织、基金等。私人部门不仅有企业，也有各种基金，甚至大学等等，除了公共和私人部门外，往往还有第三部门（一般是遗产保护组织，如世界文化遗产基金会、全球遗产基金会和地方保护组织和联盟等），并且随着政府介入逐渐减少，第三部门的作用越来越重要（表3－2）。

表3－2　PPP各案例中各方的角色

案例	角色		
	公共	私人（社会资本）	第三部门
宏村	黟县县政府	中坤集团黄山京黟旅游开发公司（SPV）	—
大明宫	西安曲江大明宫遗址区保护改造办公室	西安曲江大明宫投资有限公司（SPV）	—
英国泰恩河畔纽卡斯尔的格兰吉尔城	泰恩河畔纽卡斯尔市议会、英国城市振兴局/One North East（RDA）、英国遗产组织	格兰吉尔城伙伴关系（SPV）	—
英国诺丁汉蕾丝交易市场	诺丁汉市议会、各种其他市政与联邦机构	蕾丝市场开发公司（SPV）	蕾丝市场遗产信托基金
美国旧金山要塞公园	普雷西迪奥信托基金	Equity Community Builders公司、森林城市企业、未来无暴力组织、空气之家（公园）、小须鲸游泳学校、莱特曼数字艺术中心、行星岩馆、普雷西迪奥社交俱乐部、旧金山大学以及迪士尼家族基金	—

续表

案例	角色		
	公共	私人（社会资本）	第三部门
美国华盛顿特区邮政总局	美国总务署（GSA）、哥伦比亚区历史文物保护办公室（规划办公室）（DC SHPO）、国家公园管理局（NPS）	金普顿酒店与餐饮集团	—
澳大利亚悉尼海港青年旅馆和悉尼大挖掘考古学教育中心	悉尼海岸管理局（SHFA），隶属新南威尔士州规划部	青年旅舍公司、业主和开发商	—
澳大利亚悉尼里特湾亨利王子遗址	Landcom（新南威尔士政府）	开发商 Stockland、Brookfield Multiplex、Sunland，老年护理提供商 St. Luke's	当地社区团体

从资金来源看，国内主要依靠政府财政拨款和社会资本从银行贷款，虽然也有一些政府主导非营利性的基金如中国文物保护基金会、中国华夏文化遗产基金会等公募型基金组织包括一些众筹平台参与其中，但在来源比例中相对很小；而国外案例中资金来源则更加丰富一些（表 3－3）。

表 3－3 PPP 各案例中的资金来源与结构

案例	资金来源与结构	
	公共（政府）	私人（社会资本）
宏村	—	—
大明宫	大遗址专项经费：1.799 亿元	国家开发银行：60 亿元贷款
英国泰恩河畔纽卡斯尔的格兰吉尔城	单一复兴预算：1100.6 万英镑 英国伙伴公司：2500 万英镑 英国遗产组织：70 万英镑 市议会：230 万英镑 遗产彩票基金会及其它	格兰吉尔城伙伴关系（SPV）：1.6 亿英镑
英国诺丁汉蕾丝交易市场	欧洲区域发展基金、英国伙伴公司、城市发展基金、市议会、郡议会、LMDC、国家彩票与文化遗产彩票基金	蕾丝市场开发公司（SPV）

续表

案例	资金来源与结构	
	公共（政府）	私人（社会资本）
美国旧金山要塞公园	联邦拨款	Equity Community Builders 公司、森林城市企业、未来无暴力组织、空气之家（公园）、小须鲸游泳学校、莱特曼数字艺术中心、行星岩馆、普雷西迪奥社交俱乐部、旧金山大学以及迪士尼家族基金
美国华盛顿特区邮政总局	美国总务署（GSA）：500 万美元	金普顿酒店与餐饮集团：4000 万美元
澳大利亚悉尼海港青年旅馆和悉尼大挖掘考古学教育中心	—	青年旅舍公司：780 万美元 澳大利亚青年旅舍：100 万美元贷款 西太平洋银行集团：1920 万美元的贷款
澳大利亚悉尼里特湾亨利王子遗址	新南威尔士州政府开发部 Landcom：2.2 亿澳元购买、修复该区并建造了基础和社区设施	2.7 亿美元

资金是保证 PPP 项目得以顺利开展的重要因素，对照国外案例，我们还可以看到，完善的配套法律体系、监督机制和广泛的多方参与机制也是 PPP 项目取得成功的关键。

从法规政策看，目前诸多 PPP 项目发展较好的国家都对 PPP 项目进行单独立法或制定政策（表3－4），在完善的法律之下，PPP 项目的各参与方才能明确各自的权责分配及利益分配，有效避免纠纷的产生。

从表中我们也可以看到，由于政治体制（联邦制、中央集权）和法律体系（大陆法、普通法）的不同，各国 PPP 立法都是立足国情，以解决所面临的突出问题为导向，采取了不同的形式和内容。对于我国来说，目前缺乏一部高位阶的 PPP 法律，同时也还存在相关法律衔接和完善的工作，比如《行政诉讼法》和《行政诉讼法司法解释》已将特许经营制度列为行政合同，纳入行政法管辖的范畴，但是《政府采购法》和《招标投标法》在制定时，并没有考虑到PPP的需求。另一方面，虽然财政部和发改委下发了大量有关PPP的文件，也包括了一些具体的操作指南，但是至今仍没有标准化的流程和相关法律，给实际操作造成困难。

表3－4 主要国家PPP相关立法和政策性文件一览①

国家	法律	政策性文件
英国	《公共合同法》等多种通用法律	《资金的价值评价方法》《大项目评估办法》《PFI/PPP采购和合同管理指南》《关于公私协作的新指引：公共部门参股PF2项目的条款磋商》《PFI/PPP金融指引》《标准化PFI合同》《标准化PF2合同》
日本	《利用民间资金促进公共设施等设备相关法》	—
韩国	《促进私人资本参与社会间接资本投资法》（1994年，2005更名为《民间参与基础设施法》）	—
加拿大	联邦层面：《加拿大战略基础设施资金法案》	—
澳大利亚	—	《国家PPP政策框架》《国家PPP指南概览》和《国家PPP指南细则》
法国	《合伙合同法》《预防腐败与经济生活和公共程序透明法》	—
美国	联邦层面：《交通设施金融与创新法案》《收费公路PPP模式特许经营合同核心指南》《水设施金融创新法案》等	—

① 根据裴俊巍《国外PPP立法特点与经验借鉴》，《中国财政》2016年12期、李泽正《英法美日四国PPP宏观管理体制国际比较：立足国情、分类规制》等整理而成。

具体到PPP模式下的文化遗产保护，由于实践经验的不足，缺乏足够的成熟案例，更是没有法律法规可循。即便是文化、文物部门针对PPP模式下发相关政策性文件，也很少能与其他部门相关规范进行衔接，缺乏全面性和系统性。

从监督机制看，一方面，文化遗产资源不可再生的特性，使得在PPP项目中始终要以文化遗产的保护为第一要务，遵循“严格保护”的原则，并且文化遗产保护的专业性和技术性很强，相关部门应加强专业技术方面的监管与指导；另一方面，PPP项目都是公益性项目，不以利润最大化为目的，但是资本天然具有逐利性，因此在PPP项目中容易形成社会公共利益的最大化和经济利益的最大化这两种不同的利益追求形成相悖的价值目标，不可避免地产生文化遗产保护与资本经营之间的矛盾，社会资本可能会出现使用不透明，违规使用、侵吞、甚至挤占挪用公共资金来达到实现超额利润的现象，公众使用公共产品或公共服务的成本也会大幅度提高，这些也都需要有相应的监督机制来规范和约束。现阶段我国的PPP项目中，政府往往把监管的重心放在项目的建设过程，对于建设完成后对项目的运营和之后的移交缺乏有力的监管和详细的计划（如大明宫案例）。其中一部分原因可以归咎为监管部门不明确，以传统村落保护为例，会涉及文物、文化、住建、财政等若干部门，这些部门对同一项目进行监管会产生不同的标准，多头监管体制导致职责不明确，容易出现互相推诿或意见分歧，最后导致政府监管角色的缺失；另外一方面，一些地方政府监管能力不足也是一个问题，面对短时间内快速兴起的PPP浪潮，使得地方政府发生专业人才短缺的情况，虽然借助外界机构和专家团的能力可暂时解决这一问题，但长此以往，监管工作则会显得乏力。①

从多方参与机制看，由于PPP项目牵扯到多方主体，由于利益和目标不同，容易产生矛盾和冲突，如政府和社会资本，居（村）民、社区与社会资本，遗产保护与资本经营等，需要有多方参与机制来协调。在宏村案例中，话语权掌握在公司手中，政府监管薄弱，村民的利益没有得到保障，因此引

① 梁雯《基于PPP模式的传统村落保护研究》，西北大学专业学位硕士论文，2016年。

发了村民与公司的一系列激烈对抗，还把政府告上了法庭，出现了“多输”的局面。相反，英国格兰吉尔老城复兴项目之所以能够成功实现预定目标，以下几方面因素都很关键，比如该项目得到了强有力的法律和资金支持，特别是《强制收购法案》① 为项目初期的成功提供了法律依据，使地方政府掌握了项目的主导权；另一方面，英国大量的公共机构为项目提供了资金上的保证，使其能够相对顺利地进行。更为重要的是，成熟的多方参与机制能够尽可能协调各方的利益以寻求共识，从而达成项目实施、决策的基础。在格兰吉尔项目合作有限公司的组织架构上我们可以看到，参与项目的所有利益方在公司中均占有一席之地，特别是共同决策机制中包括了专家、地方政府、公共机构、开发商和本地居民等，与中坤集团京黟旅游开发总公司这种单一架构的局面形成了鲜明对比（图 3 –4）。

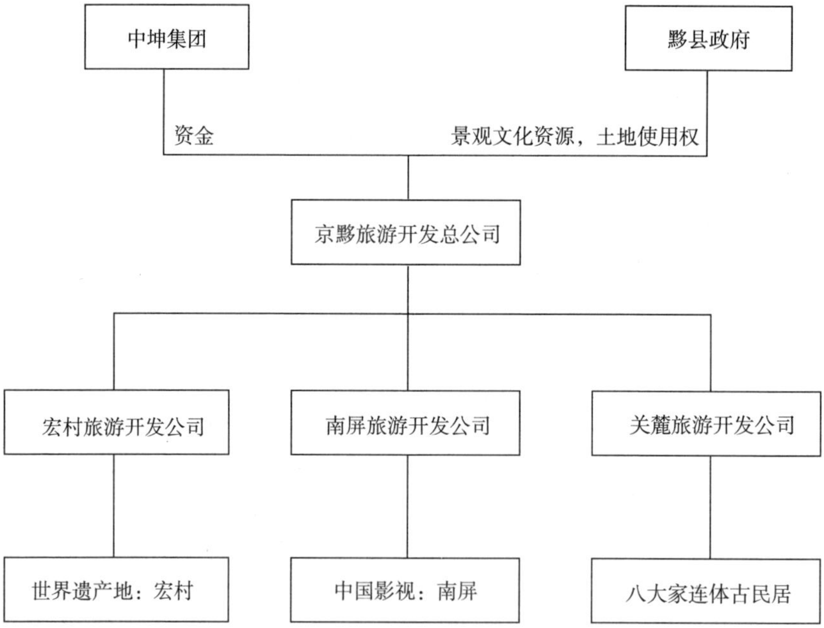

① 根据英国 2004 年的规划和强制收购法案第 99 条款规定，为了“发展、改造或者推动地区的经济、社会和环境的福祉”，在未征得土地和财产所有者同意的前提下，通过申请强制收购令获得土地和财产的法律程序。强制收购权只能由中央政府及其机构行使，私营机构或个人无权行使这一权力。

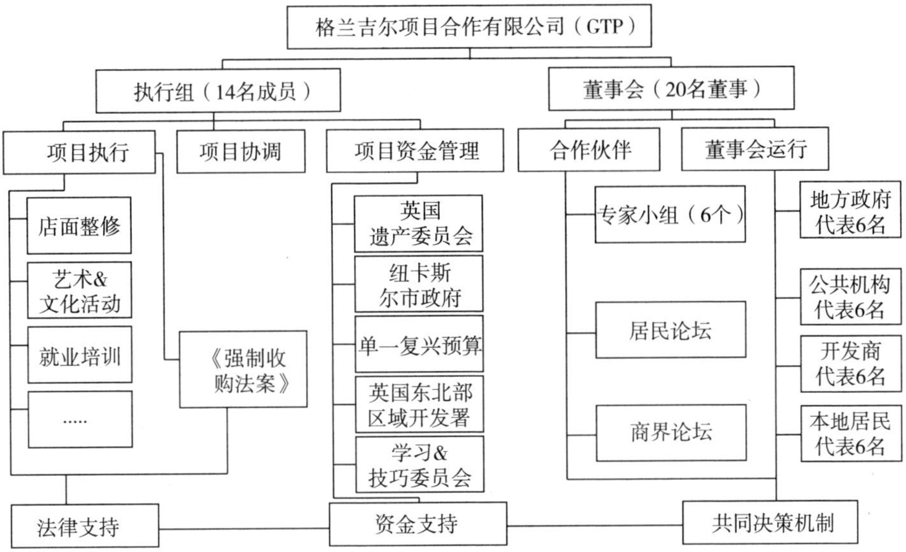

图 3－4 京黔旅游开发总公司与格兰吉尔项目合作有限公司组织架构对比

综上所述，PPP 模式在国内文化遗产保护领域的应用从上世纪 90 年代开始，目前尚处于探索阶段，涉及的范围还较为狭窄，主要以传统村落和历史街区为主，目标方式上还以旅游开发为主，参与的社会资本主体较为单一，还面临不少困难和挑战，不仅缺乏法律和政策的保障，也缺乏明晰的标准流程和操作指南，还有监管风险、融资风险、政府信用、参与机制等多方面因素制约，相关实践和研究工作还未及时跟上，因此 PPP 模式在文化遗产保护领域的应用还任重而道远。

表 3－5 发改委推介的 PPP 项目中涉及文化遗产保护的项目信息汇总①

序号	项目名称	项目所在地	所属行业	项目总投资（亿元）	政府参与方式	拟采用的 PPP 操作模式	发布时间
1	芙蓉镇景点圈建设项目	湖南省湘西州永顺县	公共服务	40.000	特许经营、匹配资源	BOT	2015 年 12 月

① 根据发改委官网信息汇总整理。

续表

序号	项目名称	项目所在地	所属行业	项目总投资（亿元）	政府参与方式	拟采用的PPP操作模式	发布时间
2	黔南州荔波文庙重建项目	贵州省贵州省黔南州荔波县	公共服务	1.000	特许经营匹配资源	BOO	2015年12月
3	世界文化遗产保护与展示工程	甘肃省嘉峪关市	文化旅游	11.470	股权合作、特许经营	BOT、BOO、BOOT	2015年5月
4	海东市民和县喇家国家级考古遗址公园开发	青海省海东市民和县	文化	8.000	其他	PPP	2015年5月
5	海西州德都蒙古族文化产业园项目	青海省海西州德令哈市	文化	20.000	其他	PPP	2015年5月
6	海西州吐谷浑吐蕃文化产业园项目	青海省海西州都兰县	文化	3.000	其他	PPP	2015年5月
7	塔尔寺文化旅游景区提升工程	青海省西宁市湟中县	文化	3.500	其他	PPP	2015年5月
8	隆德县老县衙文化旅游建设项目	宁夏自治区固原隆德县	公共服务	0.970	特许经营	BOT/BOOT	2015年12月
9	丝绸之路申遗	宁夏自治区固原原州区	公共服务	5.000	财政补贴、匹配资源	委托运营	2015年12月
10	双龙山石窟保护及开发	宁夏自治区中宁县	公共服务	6.000	匹配资源	BOT	2015年12月

表3-6 财政部推介的PPP项目中涉及文化遗产保护的项目信息汇总①

序号	项目名称	项目所在地	所属行业	项目示范级别/批次	项目总投资(亿元)	合作期限	回报机制	项目运作方式	发布时间
1	中国历史文化名村水峪村保护和发展建设项目	北京市→市辖区→房山区	城镇综合开发→城镇化建设	其他	3.000	—	使用者付费	—	2016年9月
2	河北省邯郸市鸡泽县唐朝考古遗址公园项目	河北省→邯郸市→鸡泽县	市政工程→公园	其他	2.350	25年	使用者付费	其他	2016年7月
3	河北省秦皇岛市卢龙县古城保护开发项目	河北省→秦皇岛市→卢龙县	文化→古城保护	其他	40.000	25年	使用者付费	BOT	2016年7月
4	河北省邢台市临城县邢窑博物馆工程	河北省→邢台市→临城县	文化→文化场馆	其他	1.500	—	政府付费	—	2016年3月
5	敖汉旗文化遗址保护项目	内蒙古自治区→赤峰市→敖汉旗	文化→文物保护	市级示范项目	10.000	—	政府付费	—	2017年6月
6	辽上京考古遗址公园	内蒙古自治区→赤峰市→巴林左旗	文化→文物保护	市级示范项目	2.000	—	可行性缺口补助	—	2016年2月

① 根据财政部官网信息汇总整理。

续表

序号	项目名称	项目所在地	所属行业	项目示范级别/批次	项目总投资(亿元)	合作期限	回报机制	项目运作方式	发布时间
7	二道井子国家遗址考古公园二期建设项目	内蒙古自治区→赤峰市→红山区	文化→文物保护	市级示范项目	2.180	—	使用者付费	—	2016年7月
8	克什克腾旗经棚镇恢复古城项目	内蒙古自治区→赤峰市→克什克腾旗	文化→古城保护	其他	10.000	—	可行性缺口补助	—	2016年3月
9	内蒙古自治区通辽市博物馆综合改造项目	内蒙古自治区→通辽市	文化→文物保护	其他	0.800	—	政府付费	—	2016年3月
10	内蒙古自治区通辽市扎鲁特旗南宝力皋吐遗址博物馆	内蒙古自治区→通辽市→扎鲁特旗	文化→文化场馆	市级示范项目	0.130	—	政府付费	—	2016年3月
11	乌达区植物庞贝城保护及乌达矿区遗址博物馆建项目	内蒙古自治区→乌海市→乌达区	文化→文物保护	市级示范项目	0.500	—	政府付费	—	2016年4月

续表

序号	项目名称	项目所在地	所属行业	项目示范级别/批次	项目总投资(亿元)	合作期限	回报机制	项目运作方式	发布时间
12	内蒙古自治区呼和浩特市清水河县城关镇北坡古村落改造、修缮、保护综合项目	内蒙古自治区→呼和浩特市→清水河县	生态建设和环境保护→综合治理	第三批次国家示范项目	5.502	20 年	政府付费	BOT	2016 年 6 月
13	丰镇市隆盛庄镇文化遗产保护与旅游开发建设项目	内蒙古自治区→乌兰察布市→丰镇市	旅游→生态旅游	其他	6.669	18 年	使用者付费	BOT	2017 年 6 月
14	包头市石拐区五当召风景旅游区文物保护与展示项目	内蒙古自治区→包头市→石拐区	文化→文物保护	省级示范项目	7.500	20 年	—	ROT	2015 年 12 月
15	鄂尔多斯市乌审旗萨拉乌苏国家考古遗址公园建设项目	内蒙古自治区→鄂尔多斯市→乌审旗	文化→古城保护	其他	0.800	15 年	政府付费	BOT	2017 年 5 月

续表

序号	项目名称	项目所在地	所属行业	项目示范级别/批次	项目总投资（亿元）	合作期限	回报机制	项目运作方式	发布时间
16	泗洪县顺山集考古遗址公园项目	江苏省→宿迁市→泗洪县	文化→其他	—	5.000	—	使用者付费	—	2016年8月
17	南河下历史文化街区及周边古城保护	江苏省→扬州市	旅游→观光旅游	其他	7.153	—	使用者付费	—	2016年2月
18	时光赣州（七里古镇）文化旅游项目	江西省→赣州市→章贡区	旅游→文化旅游	其他	38.500	—	使用者付费	—	2017年3月
19	浙江省海宁市路仲博物馆小镇保护开发PPP项目	浙江省→嘉兴市→海宁市	城镇综合开发→城镇化建设	其他	25.240	30年	使用者付费	TOT+BOO	2017年4月
20	龙游县大南门历史文化街区保护工程	浙江省→衢州市→龙游县	保障性安居工程→棚户区改造	其他	12.000	30年	可行性缺口补助	BOT	2016年2月
21	上下杭历史文化街区保护修复一期项目	福建省→福州市	文化→文物保护	其他	5.000	10年	可行性缺口补助	BOT	2016年2月

续表

序号	项目名称	项目所在地	所属行业	项目示范级别/批次	项目总投资（亿元）	合作期限	回报机制	项目运作方式	发布时间
22	福建省南平市邵武市（和平古镇及周围地区）文化旅游综合开发	福建省→南平市→邵武市	旅游→文化旅游	其他	81.881	35 年	可行性缺口补助	其他	2016 年 5 月
23	福建省漳州古城保护开发（一期）启动工程 PPP 项目	福建省→漳州市	旅游→文化旅游	第三批次国家示范项目	29.400	18 年	可行性缺口补助	TOT	2016 年 2 月
24	山东省菏泽市单县古城保护开发项目	山东省→菏泽市→单县	文化→古城保护	其他	16.000	25 年	使用者付费	BOT	2016 年 2 月
25	莱芜市雪野旅游区齐长城保护利用项目	山东省→莱芜市→雪野旅游区	旅游→观光旅游	其他	1.550	20 年	可行性缺口补助	BOT	2016 年 2 月
26	山东省淄博市博山山头古窑村传统古村落保护建设项目	山东省→淄博市→博山区	文化→古城保护	其他	2.300	30 年	使用者付费	BOT	2016 年 2 月

续表

序号	项目名称	项目所在地	所属行业	项目示范级别/批次	项目总投资(亿元)	合作期限	回报机制	项目运作方式	发布时间
27	山东省泰安市岱岳区大汶口古镇保护性开发项目	山东省→泰安市→岱岳区	文化→其他	其他	7.318	17年	使用者付费	其他	2016年7月
28	古城保护修复工程	山东省→潍坊市→青州市	旅游→文化旅游	其他	6.150	10年	政府付费	BOT	2016年2月
29	山东省菏泽市单县吕后故里恢复保护开发工程项目	山东省→菏泽市→单县	文化→文物保护	其他	3.008	30年	使用者付费	BOT	2016年2月
30	山东省泰安市宁阳县文庙历史文化街区项目	山东省→泰安市→宁阳县	城镇综合开发→城镇化建设	第三批次国家示范项目	11.674	25年	使用者付费	BOT	2016年2月
31	浚县古城保护与旅游发展项目	河南省→鹤壁市→浚县	文化→古城保护	其他	30.000	29年	可行性缺口补助	BOT	2016年4月
32	河南省洛阳市隋唐洛阳城国家考古遗址公园(一期)	河南省→洛阳市	市政工程→公园	其他	4.000	10年	政府付费	BOT	2016年2月

续表

序号	项目名称	项目所在地	所属行业	项目示范级别/批次	项目总投资(亿元)	合作期限	回报机制	项目运作方式	发布时间
33	豫西行政干校旧址(宝丰杨家大院)保护开发项目	河南省→平顶山市→宝丰县	旅游→文化旅游	其他	1.800	30 年	可行性缺口补助	BOT	2016 年 2 月
34	获嘉县同盟山历史文化生态园区项目	河南省→新乡市→获嘉县	旅游→文化旅游	其他	12.000	—	可行性缺口补助	—	2016 年 2 月
35	河南省洛阳华夏历史文明传承主题园	河南省→洛阳市→洛阳城乡一体化示范区	其他	其他	28.000	32 年	使用者付费	BOT	2017 年 6 月
36	河南省洛阳古城保护与整治 PPP 项目	河南省→洛阳市	文化→古城保护	第二批次国家示范项目	85.000	20 年	使用者付费	其他	2016 年 2 月
37	会同县高椅传统村落整体保护与利用 PPP 项目	湖南省→怀化市→会同县	旅游→文化旅游	其他	2.529	—	可行性缺口补助	BOT	2016 年 2 月
38	湖南省怀化市麻阳苗族自治县锦和历史文化名镇 PPP 项目	湖南省→怀化市→麻阳苗族自治县	旅游→生态旅游	其他	50.340	20 年	可行性缺口补助	其他	2017 年 3 月

续表

序号	项目名称	项目所在地	所属行业	项目示范级别/批次	项目总投资（亿元）	合作期限	回报机制	项目运作方式	发布时间
39	新化县上梅镇古城保护及旅游综合配套基础设施（一期）建设PPP项目	湖南省→娄底市→新化县	旅游→旅游配套设施	第四批次省级示范项目，其他	13.518	15年	可行性缺口补助	—	2016年2月
40	保靖县“酉水明珠”工程（四方城遗址保护与开发项目）PPP项目	湖南省→湘西土家族苗族自治州→保靖县	城镇综合开发→城镇化建设	第四批次省级示范项目，其他	18.481	28年	可行性缺口补助	BOT	2017年3月
41	湖南省湘西自治州泸溪县浦市古镇保护与旅游开发PPP项目	湖南省→湘西土家族苗族自治州→泸溪县	旅游→文化旅游	第三批次省级示范项目，第三批次国家示范项目	22.760	30年	可行性缺口补助	BOT	2016年2月
42	布山古城保护发展项目	广西壮族自治区→贵港市→港南区	旅游→文化旅游	其他	2.000	—	—	—	2016年3月

续表

序号	项目名称	项目所在地	所属行业	项目示范级别/批次	项目总投资（亿元）	合作期限	回报机制	项目运作方式	发布时间
43	布山古城保护发展项目	广西壮族自治区→贵港市→港南区	旅游→文化旅游	—	—	—	使用者付费	—	2017 年 3 月
44	海南省海口市骑楼建筑历史文化街区保护与综合整治项目琼海关博物馆及长堤路南侧、新华北路街道整治工程	海南省→海口市	城镇综合开发→城镇化建设	其他	3.254	23 年	使用者付费	BOT	2017 年 5 月
45	海口骑楼建筑历史文化街区保护与综合整治中山路北片区 PPP 项目	海南省→海口市	文化→其他	其他	2.611	15 年	使用者付费	BOT	2016 年 8 月
46	昭化区古城西周遗址博物馆建设项目	四川省→广元市→昭化区	文化→文化场馆	其他	10.000	—	可行性缺口补助	—	2016 年 3 月

续表

序号	项目名称	项目所在地	所属行业	项目示范级别/批次	项目总投资(亿元)	合作期限	回报机制	项目运作方式	发布时间
47	四川省眉山市彭山区江口古镇整体开发	四川省→眉山市→彭山县	文化→古城保护	其他	20.000	—	政府付费	—	2016年2月
48	四川省内江市资中县古城文化旅游产业示范园项目	四川省→内江市→资中县	旅游→文化旅游	其他	15.400	30年	使用者付费	BOT	2016年3月
49	四川省宜宾市南溪区麻柳街历史文化街区修缮改造及北环线景观提升项目	四川省→宜宾市→南溪区	市政工程→其他	其他	1.000	11年	政府付费	BOT	2017年2月
50	金沙县文化遗产保护修缮集合群	贵州省→毕节市→金沙县	文化→文物保护	其他	0.900	—	使用者付费	ROT	2016年2月
51	毕节市金沙县打鼓新场历史名镇改造	贵州省→毕节市→金沙县	旅游→文化旅游	其他	3.000	—	可行性缺口补助	—	2016年3月

续表

序号	项目名称	项目所在地	所属行业	项目示范级别/批次	项目总投资（亿元）	合作期限	回报机制	项目运作方式	发布时间
52	贵州省六盘水市郎岱古镇旅游开发项目	贵州省→六盘水市→六枝特区	旅游→文化旅游	其他	8.830	—	使用者付费	—	2016 年 2 月
53	贵州省六枝特区岩脚古镇旅游开发项目	贵州省→六盘水市→六枝特区	旅游→文化旅游	其他	3.000	—	使用者付费	—	2016 年 2 月
54	铜仁市碧江区中南门历史文化街区整治项目	贵州省→铜仁市→碧江区	文化→文物保护	其他	4.084	—	使用者付费	—	2016 年 3 月
55	云舍历史文化名村 5A 级景区建设工程	贵州省→铜仁市→江口县	旅游→文化旅游	其他	1.290	—	使用者付费	—	2016 年 3 月
56	贵州省毕节市大方县慕俄格古城文化旅游综合 PPP 项目	贵州省→毕节市→大方县	旅游→旅游配套设施	第三批次省级示范项目，其他	17.558	33 年	使用者付费	ROT	2017 年 4 月
57	都匀市东山古城	贵州省→黔南布依族苗族自治州→都匀市	文化→古城保护	其他	31.000	—	使用者付费	—	2016 年 3 月

续表

序号	项目名称	项目所在地	所属行业	项目示范级别/批次	项目总投资（亿元）	合作期限	回报机制	项目运作方式	发布时间
58	福泉古城文化旅游景区	贵州省→黔南布依族苗族自治州→福泉市	旅游→文化旅游	其他	21.300	—	使用者付费	—	2016年3月
59	贞丰布依古城	贵州省→黔西南布依族苗族自治州→贞丰县	文化→古城保护	其他	37.000	—	使用者付费	—	2016年2月
60	云南省普洱市墨江县碧溪古镇保护与开发项目	云南省→普洱市→墨江哈尼族自治县	旅游→旅游配套设施	其他	5.700	—	可行性缺口补助	—	2016年2月
61	云南省文山州广南县地母历史文化旅游建设项目	云南省→文山壮族苗族自治州→广南县	旅游→生态旅游	其他	35.210	30年	可行性缺口补助	BOT	2016年3月
62	云南省大理州巍山县历史文化旅游景区—南诏王宫建设PPP项目	云南省→大理白族自治州→巍山彝族回族自治县	旅游→生态旅游	其他	4.061	20年	使用者付费	BOT	2016年3月

续表

序号	项目名称	项目所在地	所属行业	项目示范级别/批次	项目总投资(亿元)	合作期限	回报机制	项目运作方式	发布时间
63	云南省红河州蒙自市碧色寨滇越铁路历史文化公园项目	云南省→红河哈尼族彝族自治州→蒙自市	旅游→生态旅游	第三批次国家示范项目	23.489	30年	使用者付费	BOT	2016年3月
64	云南省红河州建水县建水古城传统风貌保护恢复暨景区建设PPP项目	云南省→红河哈尼族彝族自治州→建水县	文化→古城保护	第二批次国家示范项目	33.561	30年	可行性缺口补助	TOT+BOT	2016年3月
65	杨凌古邰国遗址公园	陕西省→杨凌示范区	旅游→文化旅游	其他	1.636	—	可行性缺口补助	—	—
66	米脂窑洞古城维修保护项目	陕西省→榆林市→米脂县	旅游→文化旅游	其他	4.600	—	使用者付费	—	2016年3月
67	米脂县历史博物馆建设项目	陕西省→榆林市→米脂县	旅游→文化旅游	其他	1.600	—	—	—	2016年3月
68	榆阳区赛峁梁遗址文化旅游开发	陕西省→榆林市→榆阳区	旅游→文化旅游	其他	0.500	—	可行性缺口补助	—	—

续表

序号	项目名称	项目所在地	所属行业	项目示范级别/批次	项目总投资（亿元）	合作期限	回报机制	项目运作方式	发布时间
69	榆林市吴堡石城保护与开发项目	陕西省→榆林市→吴堡县	旅游→生态旅游	其他	2.381	15年	使用者付费	BOT	2016年3月
70	陕西省韩城历史文化实景剧演艺园区	陕西省→韩城市	旅游→文化旅游	第二批次省级示范项目	3.800	10年	可行性缺口补助	BOT	2016年12月
71	乾县古城墙遗址公园建设	陕西省→咸阳市→乾县	市政工程→公园	其他	1.200	—	政府付费	—	2016年3月
72	嘉峪关世界文化遗产保护与展示工程	甘肃省→嘉峪关市	旅游→文化旅游	其他	11.470	—	政府付费	—	2015年7月
73	凉州区古钟楼历史文化街区项目	甘肃省→武威市→凉州区	文化→文物保护	—	10.005	—	可行性缺口补助	—	2017年5月
74	青海省贵德古城旅游开发PPP项目	青海省→海南藏族自治州→贵德县	旅游→文化旅游	第一批次省级示范项目	3.080	30年	可行性缺口补助	BOT	2016年3月
75	江布拉克景区基础设施及疏勒城遗址公园建设项目	新疆→昌吉回族自治州→奇台县	市政工程→公园	其他	1.000	20年	使用者付费	TOT	2016年5月

续表

序号	项目名称	项目所在地	所属行业	项目示范级别/批次	项目总投资（亿元）	合作期限	回报机制	项目运作方式	发布时间
76	巴里坤县历史文化街区建设项目	新疆→哈密地区→巴里坤哈萨克自治县	文化→文物保护	—	0.458	—	使用者付费	—	2016 年 7 月
77	呼图壁县康家石门子岩画保护及旅游资源开发项目	新疆→昌吉回族自治州→呼图壁县	旅游→文化旅游	—	1.200	—	使用者付费	—	2016 年 3 月
78	木垒县坎儿井保护开发项目	新疆→昌吉回族自治州→木垒哈萨克自治县	水利建设→引水	其他	0.867	20 年	使用者付费	BOT	2016 年 2 月

4　社会力量参与文物保护利用的现行政策探析

4.1　社会力量参与文物保护利用政策概况

近年来，国务院、相关部委和国家文物局关于社会力量参与文物保护利用的法规和政策性文件，主要有《国有文物保护单位经营性活动管理规定（试行）》① 《关于严禁在历史建筑、公园等公共资源中设立私人会所的暂行规定》② 《关于进一步发挥文化遗产保护志愿者作用的意见》③ 《长城保护员管理办法》④ 等。其他相关规定则散见于法律和政策性文件中，如《中华人民共和国文物保护法》《国务院关于进一步加强文物工作的指导意见》⑤ 《关于促进文物合理利用的若干意见》⑥ 《关于加强尚未核定公布为文物保护单位的不可移动文物保护工作的通知》⑦ 等。

总体来看，在文物领域，目前主要对涉及国有文物保护单位的经营性活

① 文物政发〔2011〕16 号。

② 中共中央办公厅、国务院办公厅转发，住房城乡建设部、文化部、公安部、民政部、商务部、税务总局、工商总局、国家旅游局、国家宗教局、国家文物局联合印发，2014 年。

③ 文物政发〔2010〕28 号。

④ 文物督发〔2016〕2 号。

⑤ 国发〔2016〕17 号。

⑥ 文物政发〔2016〕21 号。

⑦ 文物保函〔2017〕75 号。

动、志愿者或长城保护员的管理等一些具体问题作出规定，还不够全面系统，而且相关规定主要体现在政策性文件中，很少上升到法律法规层面，需要进一步提高层级。目前的相关规定中，原则性的多，指导性的少；地方层面的多，中央层面的少，因此，迫切需要结合国家宏观政策，出台更为全面系统的法规文件，更好地指导社会力量参与文物保护利用。

4.1.1 宏观政策

国务院以及相关部委的政策性文件中，社会力量参与的相关内容，可以为文物行业出台相关政策提供一定依据和参考。如：

《国务院办公厅关于进一步激发社会领域投资活力的意见》[①] 提出：指导和鼓励文化文物单位与社会力量深度合作，推动文化创意产品开发，通过知识产权入股等方式投资设立企业，总结推广经验，适时扩大试点。制定准入意见，支持社会资本对文物保护单位和传统村落的保护利用。探索大遗址保护单位控制地带开发利用政策。各地根据资源条件和产业优势，科学规划建设社会领域相关产业创新发展试验区，在准入、人才、土地、金融等方面先行先试。积极鼓励各类投资投入社会领域相关产业，推动产业间合作，促进产业融合、全产业链发展。

《国务院办公厅转发财政部　发展改革委　人民银行关于在公共服务领域推广政府和社会资本合作模式指导意见的通知》[②] 提出：在公共服务领域推广政府和社会资本合作模式，是转变政府职能、激发市场活力、打造经济新增长点的重要改革举措。各地区、各部门要按照简政放权、放管结合、优化服务的要求，简化行政审批程序，推进立法工作，进一步完善制度，规范流程，加强监管，多措并举，在财税、价格、土地、金融等方面加大支持力度，保证社会资本和公众共同受益，通过资本市场和开发性、政策性金融等多元融资渠道，吸引社会资本参与公共产品和公共服务项目的投资、运营管

① 国办发〔2017〕21 号。
② 国办发〔2015〕42 号。

理，提高公共产品和公共服务供给能力与效率。

《财政部关于印发政府和社会资本合作模式操作指南（试行）的通知》[①]提出：投资规模较大、需求长期稳定、价格调整机制灵活、市场化程度较高的基础设施及公共服务类项目，适宜采用政府和社会资本合作模式。政府和社会资本合作项目由政府或社会资本发起，以政府发起为主。

《国家发展改革委 国家开发银行关于开发性金融支持特色小（城）镇建设促进脱贫攻坚的意见》[②] 提出：推进农业供给侧结构性改革，加快培育农业农村发展新动能。充分发挥乡村各类物质与非物质资源富集的独特优势，利用“旅游+”“生态+”等模式，推进农业、林业与旅游、教育、文化、康养等产业深度融合。打造各类主题乡村旅游目的地和精品线路，发展富有乡村特色的民宿和养生养老基地。鼓励农村集体经济组织创办乡村旅游合作社，或与社会资本联办乡村旅游企业。支持传统村落保护，维护少数民族特色村寨整体风貌，有条件的地区实行连片保护和适度开发。

《文化部关于鼓励和支持民间资本进入文化领域的实施意见》[③] 提出：鼓励民间资本捐建或捐资助建博物馆、图书馆、文化馆、美术馆等公共文化基础设施，引导和鼓励民间资本通过捐助机构、资助项目、赞助活动、提供设施等形式参与公共文化服务。民间资本捐资助建公益性文化设施，可尊重捐赠者的意见，以适当方式予以褒奖；通过公益性社会团体和县级以上人民政府及其部门捐赠捐助的，可按有关法律法规享受税收优惠政策。采取政府采购、项目补贴、定向资助、贷款贴息、税收减免等政策措施，引导民间资本投资兴建民间文化馆、图书馆、博物馆、美术馆等文化设施。

文物系统在出台相关法规或文件时，应紧密结合国家大政方针和宏观政策，将文物工作置于“五位一体”总体布局中综合考量，与其他相关部门充分协调，确保政策的可行性和有效性。

---

① 财金〔2014〕113号。
② 发改规划〔2017〕102号。
③ 文产发〔2012〕17号。

4.1.2 行业政策

《中华人民共和国文物保护法》第二十三条规定：核定为文物保护单位的属于国家所有的纪念建筑物或者古建筑，除可以建立博物馆、保管所或者辟为参观游览场所外，如果必须作其他用途的，应当经核定公布该文物保护单位的人民政府文物行政部门征得上一级文物行政部门同意后，报核定公布该文物保护单位的人民政府批准。国有未核定为文物保护单位的不可移动文物作其他用途的，应当报告县级人民政府文物行政部门。第二十四条规定：国有不可移动文物不得转让、抵押。建立博物馆、保管所或者辟为参观游览场所的国有文物保护单位，不得作为企业资产经营。

《国务院关于进一步加强文物工作的指导意见》对社会力量参与文物保护利用提出明确要求：指导和支持城乡群众自治组织保护管理使用区域内尚未核定公布为文物保护单位的不可移动文物。制定切实可行的政策措施，鼓励向国家捐献文物及捐赠资金投入文物保护的行为。对社会力量自愿投入资金保护修缮市县级文物保护单位和尚未核定公布为文物保护单位的不可移动文物的，可依法依规在不改变所有权的前提下，给予一定期限的使用权。培育以文物保护为宗旨的社会组织，发挥文物保护志愿者作用。鼓励民间合法收藏文物，支持非国有博物馆发展。制定文物公共政策应征求专家学者、社会团体、社会公众的意见，提高公众参与度，形成全社会保护文物的新格局。

国务院文件浓墨重彩，从多个方面对如何更好地促进社会力量参与文物保护利用提出具体明确要求，这是第一次。《指导意见》公布后，各省（自治区、直辖市）人民政府相继出台了关于进一步加强文物工作的实施意见，对当地促进社会力量参与文物保护利用提出更为明确具体的要求和措施。如：

《河南省人民政府关于进一步加强文物工作的实施意见》[①] 提出：鼓励文物博物馆单位先行试点，在履行公益服务职能、保护国家文物、做强主业

① 豫政〔2016〕57 号。

的前提下，与社会力量合作，设计生产高品位的文化创意产品，扩大引导文化消费，发展新型文化业态，培育一批文化创意领军单位和产品品牌。鼓励和引导社会资本投入文化创意产品开发，努力形成多渠道投入机制。

《山西省人民政府关于进一步加强文物工作的实施意见》① 提出：针对山西文物尤其是古建筑遗存数量大、保护任务重的实际，着力推进社会力量参与文物保护地方立法的准备工作，出台《山西省文物建筑构件保护管理办法》。

《湖北省人民政府关于进一步加强文物工作的实施意见》② 提出：指导和支持城乡群众自治组织保护管理使用区域内尚未核定公布为文物保护单位的不可移动文物，重点探索建立社会力量参与古民居保护利用机制。对社会力量自愿投入资金保护修缮市县级文物保护单位和尚未核定公布为文物保护单位的不可移动文物的（宗教活动场所除外），可依法依规在不改变所有权的前提下，给予一定期限的使用权。引导社会资本进入文物保护领域，鼓励社会力量设立公益性文物保护基金。

《甘肃省人民政府关于进一步加强文物工作的实施意见》③ 提出：各级政府要将文博创意产品研发纳入文化产业投融资服务体系支持范围，允许国有文博单位探索合理的收益分配机制，吸引社会力量参与研发、生产和经营。进一步发展壮大博物馆志愿者队伍，在条件成熟的地方建立文物保护志愿服务队伍，聘任一批文物违法社会监督员，适时制定出台甘肃省社会力量参与文物保护管理办法，探索物质与精神相结合的文物保护奖励机制，增强公众对于文物工作的存在感、参与感、获得感、幸福感。

《江苏省人民政府关于进一步加强文物工作的实施意见》④ 提出：建立健全社会力量参与文物保护奖励激励机制，推广政府和社会资本合作（PPP）模式。鼓励众创、众筹，引导社会力量广泛参与相关产品研发、生产和经营。培育发展文物博物馆行业组织，建立文物保护和博物馆服务志愿者及民间义务文保员队伍。

---

① 晋政发〔2016〕50号。

② 鄂政发〔2016〕29号。

③ 甘政发〔2016〕57号。

④ 苏政发〔2016〕124号。

《广东省人民政府关于进一步加强文物工作的实施意见》[①] 提出：鼓励有条件的地区设立公益性文物保护基金，采取社会募集等方式多方筹措保护资金。在不改变文物原状的前提下，探索社会力量依法依规参与文物保护与利用的新途径。推行政府购买文物保护服务试点，发动社会力量参与文物保护工作。积极探索陈列展示、文创产业、旅游景区、教育基地等有效可行的文物建筑合理利用模式，鼓励推广“业主托管+社会资金”、“政府统租+业主分成”、“社会组织+业主参与”等形式多样的传统民居和工业遗产合理利用运作方式。

《辽宁省人民政府关于进一步加强文物工作的实施意见》[②] 提出：充分发挥各类市场主体作用，鼓励企业通过限量复制、加盟制造、委托代理等形式参与文博创意产品开发，鼓励和引导社会资本投入，努力形成多渠道投入机制。建立健全“文物保护社会监督员”制度，采取多种形式和途径，引导和鼓励全社会参与文物保护工作。

《重庆市人民政府关于进一步加强文物工作的实施意见》[③] 提出：将国有尚未核定公布为文物保护单位的不可移动文物保护纳入基本公共文化服务范畴，积极引导、鼓励社会力量参与，多措并举，落实保护资金的投入。发挥文物行业协会、志愿者组织作用，提高公众参与度，形成全社会保护文物的氛围。

《四川省人民政府关于进一步加强文物工作的实施意见》[④] 提出：鼓励不同类型的国有文物收藏单位在确保公益目标前提下，探索建立开发文博创意产品投入和激励机制，依托馆藏资源，采取合作、授权、独立开发等方式开发文博创意产品。鼓励众创众筹，为社会资本广泛参与研发、经营等活动提供指导和便利条件。挖掘文物资源价值内涵和文化元素，开发更多具有原创文化的创意产品。加强文博与科技深度融合，开发适销对路、富有四川特色的高品质文博产品。推动实施“互联网+文博”计划，逐步形成较为完整

① 粤府〔2016〕97号。
② 辽政发〔2016〕92号。
③ 渝府发〔2016〕26号。
④ 川府发〔2016〕48号。

的文博产品线上线下产业链。

《安徽省人民政府关于进一步加强文物工作的实施意见》① 提出：深入挖掘文物资源的价值内涵和文化元素，更加注重实用性，延伸文博衍生产品链条，拓展产业发展空间。进一步调动博物馆利用馆藏资源开发创意产品的积极性，鼓励众创、众筹，以创新创意为动力，以文博单位和文化创意设计企业为主体，开发原创文化产品和衍生产品，打造文化创意品牌，培育新型文化业态，为社会资本广泛参与研发、经营等活动提供指导和便利条件。

由此可以看出，鼓励和引导社会力量参与文物保护利用已经成为当前文物工作的一个重要发展方向，各省（自治区、直辖市）都在结合当地实际情况，探索有效途径和具体方法。为进一步贯彻落实《国务院关于进一步加强文物工作的指导意见》精神，国家文物局在其他政策性文件中也对社会力量参与文物保护利用提出了相应要求。如：

《关于促进文物合理利用的若干意见》② 提出：支持公民、法人和其他组织通过认领认养等形式参与尚未建立文物保护管理机构、博物馆，或者辟为考古遗址公园等参观游览场所的国有市、县级文物保护单位和未核定为文物保护单位的不可移动文物的保护利用。支持文博单位与社会力量深度合作，建立优势互补、互利共赢的合作机制，推广政府和社会资本合作（PPP）模式，明确参与范围、参与方法、参与程序，及时公开发布社会力量参与文物保护利用的项目清单，为社会力量广泛参与研发、生产、经营等活动提供便利条件。

《关于加强尚未核定公布为文物保护单位的不可移动文物保护工作的通知》③ 指出：各级文物行政部门应创新管理，拓宽渠道，鼓励引导社会力量参与尚未核定公布为文物保护单位的不可移动文物保护利用。在保护利用过程中，应坚持公益属性，发挥文物的公共文化服务和社会教育功能。要充分发挥文物保护社会组织和志愿者团队的作用，利用公益性基金等平台筹措保

---

① 皖政〔2016〕95 号。

② 文物政发〔2016〕21 号。

③ 文物保函〔2017〕75 号。

护资金，依托“互联网+”等新手段丰富文物展示利用内容；推广政府和社会资本合作（PPP）模式，公布文物利用的项目清单，让社会团体或企业自主选择利用形式和运营模式。社会资本参与国有尚未核定公布为文物保护单位的不可移动文物的保护利用，在保证不破坏文物和不改变所有权的前提下，可允许出资方享有一定的使用权。

近年来，各地在引导社会力量参与文物保护方面已经开展了一系列实践探索，也出台了一些法规文件，如山西省文物局出台了《社会力量参与文物建筑保护利用暂行办法》（2016年），山西省曲沃县出台了《古建筑认领保护暂行办法》（2011年），山西省晋中市出台了《社会资金投入文物保护工程以奖代补实施方案（试行）》（2015年），江苏省苏州市出台了《苏州市古建筑保护条例》（2002年），《苏州市区古建筑抢修贷款贴息和奖励办法》（2004年），《苏州市中心城区古建老宅保护利用市场化运作指导意见》（2014年），湖北省咸宁市出台了《咸宁市古民居保护条例》（2016年），广东省开平市出台了《开平碉楼认养工作意见》（2011年），安徽省黄山市出台了《黄山市古民居认领保护利用暂行办法》（2009年）。这些法规文件针对当地文物资源状况和经济社会发展状况，提出了鼓励、引导、规范社会力量参与文物保护利用的相关措施，具有较强的针对性和可操作性，取得了较好的效果。

4.2 国有文物“不得作为企业资产经营”辨析

现行《中华人民共和国文物保护法》规定：“建立博物馆、保管所或者辟为参观游览场所的国有文物保护单位，不得作为企业资产经营”（二十四条）。这条法律规定，作为在市场经济条件下维护国有文物安全、防止文物资源过度开发利用、保障文物社会效益法律措施，在2002年纳入修订后的《文物保护法》，是文物利用管理中最重要的法律规定之一。

然而目前，推广和鼓励社会资本进入公共服务领域是新一届政府“转变政府职能、激发市场活力、打造经济新增长点的重要改革举措”，涉及领域从传统基础设施建设领域已经扩展到“医疗、卫生、养老、教育、文化等公共服务领域”，并将其上升到“稳增长、促改革、调结构、惠民生、防风险工作”的“战略意义”的高度。[①] 国务院[②]、文化部[③]、国家文物局[④]近期也出台一系列文件，大力倡导和鼓励社会力量参与文物保护利用。那么在法律制度上，国有文物“不得作为企业资产经营”如何解读，亟待回答。

在实际工作中，大量国有文物以各种形式处于企业经营之中，也是不争的事实。随着经济社会发展和新常态转型需求，文物保护和利用从原来的专业小众领域已经变成资金热追、大众热议领域。通过资本运作开发文物景区的案例已不少见，如上市公司中青旅投资开发历史文化名城浙江乌镇和北京司马台长城脚下的古北水镇，曲江文旅投资运营西安大明宫国家考古遗址公园。传统领域企业转型进入旅游业也蔚然成风。据调研，某省级地区全部六处长城开放景区中，五处由企业经营，其中三家企业是西部地区煤炭企业转行投资开发。根据截至 2017 年 7 月底公开资料的保守统计，全国 248 家 5A 景区中，159 家涉及文物保护单位，占 64%，其中有 77 家景区由企业经营，占 48%。在 252 个国家级历史文化名镇中，被列入 4A 以上景区的有 54 家，其中 33 家由企业在经营管理，占 60% 以上。可以说，企业经营国有文物的现象十分普遍。

可能会有人疑问：这是否在用“企业经营”偷换“作为企业资产经营”的概念？那么，“作为企业资产经营”的概念到底是什么？这项法律规定“在法律实施过程中已经引起很多争议。许多政府官员和专家都说不清这个关键词到底是什么意思”。[⑤]

因此，有必要首先从法律文义上分析国有文物“不得作为企业资产经营”存在的歧义，然后跳出该条款文义，从该条款产生的历史背景及立法目标分析其有效性，最后提出建设性修订完善的路径建议。

---

① 《国务院办公厅转发财政部发展改革委人民银行关于在公共服务领域推广政府和社会资本合作模式指导意见的通知》，国办发［2015］42 号。

② 《国务院关于进一步加强文物工作的指导意见》，国发〔2016〕17 号。

③ 《文化部关于鼓励和支持民间资本进入文化领域的实施意见》，文产发〔2012〕17 号。

④ 《关于促进文物合理利用的若干意见》，文物政发〔2016〕21 号；《关于加强尚未核定公布为文物保护单位的不可移动文物保护工作的通知》，文物保函〔2017〕75 号。

⑤ 王云霞：《“保护为主”不排斥“合理利用”》，《光明日报》2016 年 4 月 8 日。

4.2.1　条文的歧义

下面将这项规定内容划分为客体（包括客体适用条件）和行为（包括行为适用条件）两个部分（图4－1）进行分析。

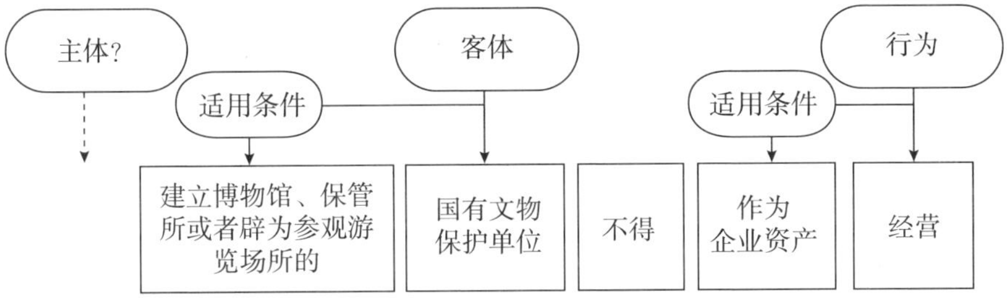

图4－1　条款结构分析框架

4.2.1.1　客体的歧义

作为法律客体，首先应当满足特定性要求，以便于公示和执行。《文物保护法》以价值为依据认定文物级别，规定“古文化遗址、古墓葬、石窟寺属于国家所有。国家指定保护的纪念建筑物、古建筑、石刻、壁画、近代现代代表性建筑等不可移动文物，除国家另有规定的以外，属于国家所有”。但对于可能作为经营客体的国有文物，即作为物权意义上的国有文物，却缺乏特定性的实质性和程序性规定，例如由何登记机构、经何登记程序、登记何种形式的物理空间和权利类型等内容，才具备法律效力。从文物保护单位物理构成来看，文物保护单位是指文物本体还是法定公布的保护范围，是否包括以不可移动文物为核心而建设的文物防护性设施、展示性设施或服务性设施，是否包括不可移动文物所附着的土地，是否包括以文物保护单位为核心的更大区域，等等。例如，以全国重点文物保护单位大明宫遗址为核心建设的大明宫国家考古遗址公园是否还能界定为“国有文物保护单位”？包括茅盾故居全国重点文物保护单位和修真观戏台等六处浙江桐乡市文物保护单位的整体乌镇旅游景区如何界定？

从文物保护单位产权构成来看，国有不可移动文物所有权包括占有权、使用权、收益权、处分权。从文物保护单位可以形成的资产形态可以有固定资产、长期应收账款、无形资产（土地、商标等）、投资性资产（股权等）。现实中，直接将国有文物所有权转让的情况少见，但使用权或经营权转让给企业的现象普遍存在。例如西安曲江大明宫遗址公园管理有限公司“可在景区内开展经营性活动，经营活动收入归大明宫遗址公园公司所有”。[①] 又如以全国重点文物保护单位八达岭长城景区游客为唯一客源的八达岭索道经营权是否属于国有文物产权的组成部分？近期北京八达岭索道有限公司已将其特定期间内索道收费形成的应收账款转让，发行资产支持证券，在上海证券交易所挂牌交易。[②]

在客体的三个适用条件中，除第一个条件“博物馆”较为明确外，另外两个条件均不明确。其中“保管所”，是指在《文物保护法》第十五条中由各级人民政府设置的“专门机构”，还是指各地普遍设立的区域性文物日常保护管理机构（县文管所）？“辟为参观游览场所”，在现实中形式类型越来越丰富，与休闲娱乐场所、户外越野场所、以传统历史要素为核心的综合开发场所（特色小镇、传统村落、历史街区）很难区分，与需要根据《文物保护法》第二十三条履行审批手续的“其他用途”很难区分，存在任意解读风险。

4.2.1.2 行为的歧义

“经营”这一行为模式在法律中并无明确界定可以参照，既可能指一般的销售和服务活动，[③] 也可指相对于非经营性活动的“生产经营活动”，[④] 或

① 见西安曲江文化旅游股份有限公司2016年年度报告（公司代码600706）中“十五、重大合同及其履行情况”。西安曲江大明宫遗址公园管理有限公司为上市公司西安曲江文化旅游股份有限公司全资子公司。《西安曲江文化旅游股份有限公司2016年年度报告》，东方财富网 http://data.eastmoney.com/notices/detail/600706/AN201704180511005804，JUU2JTlCJUIyJUU2JUIxJTlGJUU2JTk2JTg3JUU2JTk3JTg1.html.

② 朱茵：《国内首只索道收费证券化产品将挂牌交易所》，《中国证券报》2015年11月26日。

③ 如《国家食品药品监督管理总局令》第17号《食品经营许可管理办法》中所指的“食品销售和餐饮服务活动”，2015年。

④ 如国家国有资产管理局《事业单位非经营性资产转经营性资产管理实施办法》（国资事发［1995］89号）第二条界定，“经营性资产是指事业单位用于从事生产经营活动的资产”，相对的“非经营性资产是指事业单位为完成国家事业发展计划和开展业务活动所占有、使用的资产”。这里，生产经营活动通常指事业单位履行公益职能之外开展的以创造经济效益为目的的“三产”。很多高校依据上述89号文制定了本校经营性资产管理办法。如《中国人民大学经营性资产管理办法（试行）》（2014年6月24日，见人民大学网站）第四条中定义：“学校经营性资产，是指经学校界定的产权归属学校、用于生产经营活动并能为学校创造经济效益的资源。”

指相对于免费性质的“收费”[①] 行为。根据国家文物局《国有文物保护单位经营性活动管理规定（试行）》规定，国有文物保护单位的经营泛指提供产品和服务的活动，[②] 并不特指以营利为目的或收费。即使包括“以营利为目的”或“收费”行为，“经营”本身也属于中性行为，并不能与“经济利益至上”、“贪婪”、“过度商业化”划等号。

关键在于经营行为的适用条件——“作为企业资产”的含义。文义上的企业资产，可以指广义的“由企业拥有或者控制的、预期会给企业带来经济利益的资源”，[③] 这就包括了大量转让给企业的国有文物使用权或经营权。但除非合同有明确规定，这样的资源很少体现在资产负债表上（如长期应收账款）。事实上，只有部分附属于国有文物的服务性设施建设或采购投资可以核算（固定资产或在建工程），除此以外，大量企业以租赁或承包的形式经营着包括国有文物保护单位在内的土地，并不能体现在会计核算意义上的企业资产负债表中。[④] 因此规定国有文物不得作为企业资产经营，很难规避企业实际掌握国有文物使用权的过度商业化风险。从另一方面，《文物保护法》已经规定“国有不可移动文物不得转让、抵押”，此处的“国有不可移动文物”既可指文物实体本身，也可指其所有权或使用权、收益权等，无论如何都不可转让或抵押，意味着国有文物已经不可能成为企业资产，否则属于违法行为。如果希望通过“作为企业资产”的规定避免债务清偿或破产清偿时企业资产被迫转让给非国有债权人，则没有实际意义了。

4.2.1.3 整体句式的逻辑歧义

分析了构成这条法律规定的各个逻辑要素之后，再来整体分析其逻

① 如中华人民共和国交通部的《经营性公路建设项目投资人招标投标管理规定》（2007 年第 8 号）规定：“本规定所称经营性公路是指符合《收费公路管理条例》的规定，由国内外经济组织投资建设，经批准依法收取车辆通行费的公路（含桥梁和隧道）”。

② 国家文物局《国有文物保护单位经营性活动管理规定（试行）》第六条规定：“国有文物保护单位的经营性活动，以文物保护单位管理机构为主体开展。”补充说明，国家文物局已废止此项规定，具体见《国家文物局关于废止 12 件规范性文件的决定》，文物政发［2017］28 号。

③ 财政部《企业会计准则——基本准则》，2014 年修改，中华人民共和国中央人民政府网 http：//www.gov.cn/xinwen/2014－07/30/content_2726806.htm。

④ 这就排除了“符合资产定义、但不符合资产确认条件的项目，不应当列入资产负债表”，财政部《企业会计准则——基本准则》（2014 年修改）。

辑歧义。从一项禁止性规定的逻辑本身去分析，规定 A 不得 B，即意味着“非 A”即可 B，或者 A 可以“非 B”。如果构成要素 A 和 B 都有适用条件，则意味着不适用于该禁止性规定的可能性组合更是呈几何倍数增加。再加上要素 A 和 B 的多重歧义，这条禁止性规定的漏洞可以说无处不在。

表 4－1　“国有文物不得作为企业资产经营”规定要素含义分析汇总

<table>
<tr><th>规则结构</th><th>规则内容</th><th>内容涉及含义分项</th><th>内容的可能含义</th><th>是否有配套法规或政策</th></tr>
<tr><td rowspan="2">客体</td><td rowspan="2">国有文物保护单位</td><td>物理构成</td><td>不明确</td><td>无</td></tr>
<tr><td>产权构成</td><td>不明确</td><td>无</td></tr>
<tr><td rowspan="4">客体适用条件</td><td rowspan="4">建立博物馆、保管所或者辟为参观游览场所的</td><td>博物馆</td><td>明确</td><td>有</td></tr>
<tr><td rowspan="2">保管所</td><td>专门保护管理机构</td><td rowspan="2">有，但此处未明确界定</td></tr>
<tr><td>区域保护管理机构</td></tr>
<tr><td>参观游览场所</td><td>不明确</td><td>无</td></tr>
<tr><td rowspan="3">行为</td><td rowspan="3">经营</td><td rowspan="3">经营</td><td>提供产品或服务</td><td rowspan="6">有其他领域法规政策，但此处未明确界定</td></tr>
<tr><td>收费</td></tr>
<tr><td>以营利为目的的活动</td></tr>
<tr><td rowspan="3">行为适用条件</td><td rowspan="3">作为企业资产</td><td rowspan="3">企业资产</td><td>会计意义上的资产</td></tr>
<tr><td>资产负债表意义上的资产</td></tr>
<tr><td>所有权意义上的资产</td></tr>
</table>

汇总前节分析（表 4－1），各个要素的不确定性或“开口”任意排列组合，均使这项禁止性规定在整体逻辑上缺乏严密性。除这些构成要素本身界定的不明确之外，在缺乏其他配套相关规定的情况下，还可能隐含着更多逻辑开口，如可以理解为：

（1）在建立博物馆、保管所或者辟为参观游览场所的国有文物保护单位之外，用作其他用途的国有文物保护单位，可以作为企业经营；

（2）未建博物馆、保管所或者辟为参观游览场所的国有文物保护单位，可以作为企业资产经营；

（3）建立博物馆、保管所或者辟为参观游览场所的国有文物保护单位，可以作为个人或集体资产经营。

显然上述含义均合法不合理。缺乏严谨明确逻辑的法律规则，会导致善意者无所适从、恶意者任意钻漏洞、执法者自由裁量，结果就是或者法不责众、或者运动式执法。在现实中存在的大量与企业相关的文物经营现象，其性质如何界定就成为文物利用管理中的瓶颈性难题。

4.2.2 保障立法目标实现的有效性分析

通过前面的分析可以看出，“作为企业资产经营”几乎可以等同于“企业经营”，因为“作为企业资产经营”法律条文含义存在多重歧义。从一个极端理解，企业以租赁、承包、经营权转让、土地使用权转让、提供劳务等各种形式将国有文物经营收入作为企业收入都可以算作广义的“作为企业资产经营”；从另一个极端理解，只要未出让国有文物所有权就不算“作为企业资产经营”，而只是各种形式的“市场化运作”。既然从现行法律条款的层面讨论失去基础，只有回归立法目标层面，分析这一法律规定是否可以有效保障目标的实现和风险的防控。

4.2.2.1 相关历史背景

“不得作为企业资产经营”是针对国有不可移动文物的法律规定，与不可移动文物利用和旅游开发密切相关。早在1960年由国务院颁布的《文物保护管理暂行条例》中就规定纪念建筑物或者古建筑可以建立博物馆、保管所或者辟为参观游览场所，但保护与利用的矛盾并不突出，当时的国情不可能存在“企业经营”的问题。因此直至1982年颁布的《文物保护法》中还没有国有文物转让、抵押或企业经营等相关条款。

改革开放后，在城市化、工业化进程中，规模空前的基本建设与文物保护之间的矛盾日益突出，文物工作受到城市建设、旅游开发等活动的严重冲击。面对保护和利用关系指导思想上的分歧。[①] 1995 年全国文物工作会议上提出了“有效保护、合理利用和加强管理”原则，后来体现在 1997 年国务院文件之中，强调必须正确处理好文物事业发展中社会效益和经济效益的关系，建立与社会主义市场经济体制相适应的文物保护体制。[②]

然而随着旅游体制改革的深化，文物保护与利用矛盾从经营层面深入到体制层面。世纪之交的陕西省委实施旅游体制改革和“水洗三孔”等事件频发，文化部、国家文物局多次出面叫停国有文物经营权转让，并就禁止擅自改变文物保护单位管理体制发出通知。[③]

在此背景下，2002 年修订的《文物保护法》增加了针对国有文物所有权方面的规定，如“国有不可移动文物的所有权不因其所依附的土地所有权或者使用权的改变而改变”，“国有不可移动文物不得转让、抵押。建立博物馆、保管所或者辟为游览场所的国有文物保护单位，不得作为企业资产经营”等，是在特定历史条件下普遍存在的文物不合理利用的现象和产生后果的反应性规定，具有原则性和禁止性特点，表明了政府的立场和主张。

但是，国有文物“不得作为企业资产经营”作为反应性规定，也存在着缺乏系统配套的可操作性、碎片化问题。随着中国经济社会快速发展，文物保护和利用管理体制和方式日益多元，法律规定的不适应性日益突出，与实际工作脱节愈显严重，执法难度加剧。近年八达岭、金山岭经营权转让给企业、[④]“故宫会所门”等热点事件频发，政府有关部门不断发出文件，诸如《国有文物保护单位经营性活动管理规定（试行）》、《国务院关于进一步做好旅游等开发建设活动中文物保护工作的意见》等，均重申“不得作为企业资产经营”规定。[⑤] 这一方面说明企业经营仍是文物利用中的普遍现象，另

① “是保护为主，还是利用为主；是保护利用并举，还是保护为主、利用为辅，等等”，见国家文物局：《中国文物事业 60 年》，文物出版社 2009 年，国家文物局撰写“中国文物事业 60 年”部分，一中国文物事业 60 年的发展历史（三）1978 ~ 1991 年，中国文物事业的恢复发展阶段，P5。

② 《国务院关于加强和改善文物工作的通知》，国发［1997］13 号。

③ 《文化部、国家文物局关于禁止擅自改变文物保护单位管理体制的通知》，文物发［2001］24 号。

④ 余春柳：《“千人派对毁长城”续：金山岭长城管理权被收回》，《新京报》2005 年 11 月 14 日；《八达岭长城经营权悄然收回》，《北京青年报》2006 年 4 月 7 日。

⑤ 《国务院关于进一步做好旅游等开发建设活动中文物保护工作的意见》，国发〔2012〕63 号。

一方面也说明相关法律规定实施效果并不理想。

4.2.2.2 立法目标相关性分析

世界范围内已有基本共识，包括企业在内的社会力量参与文物保护利用经营具有不可替代的优势，如减轻政府财政负担、提供高效灵活的项目实施、改善服务质量提高服务水平、提高运营效率、促进现实科技手段应用、拓宽市场渠道、分担政府风险、提升文物认知度等，[①] 当然同时相伴有天然的潜在风险。因此需要从根本上去认识这一法律规定的立法目标，本着激励和规范双重原则，发扬优势、管控风险。立法目标归纳而言，在于确保国有文物安全，确保国有文物的公益属性和社会效益，防止文物利用中的过度商业化带来的风险。下面从安全性和公益性这两个目标来分析与企业参与的相关性。

安全性目标首要是保护文物历史、艺术、科学价值的安全，既包括文物本体不得受到损毁，也包括文物环境风貌的协调。与文物经营相关的活动，可能危及文物安全的主要包括文物本体及周边的修复工程和服务设施开发建设，一切机关、企事业单位、团体和个人都必须遵守文物保护法相关规定，企业并无例外。如果说企业经营过程中破坏文物本体和环境现象较多，主要是因为体制外信息不对称、监管成本较高导致的管理问题。在当前阶段，实际上“绝大多数文物违法案件为法人违法案件”，[②] 凸显的是政府文物保护责任不落实、有法不依问题，并不单纯是企业经营导致的问题。

安全性目标还包括一层含义，即确保国有文物资产安全，主要是确保国有资产保值增值，防止国有资产流失或低价转让。在这方面，其他领域国有资产管理体系已经十分成熟，国有文物资产管理体系还是空白，[③] 缺乏国有文物的资产登记、变更、使用权评估转让等系统性制度。在这种情况下，国

---

① UNESCO, Public Private Partnership in the Cultural Sector, 2013. 【EB/OL】【April 2013】 http://www.unesco.org/new/fileadmin/MULTIMEDIA/HQ/CLT/images/PublicPrivatePartnershipENG.pdf.

② 廉颖婷：《国家文物局通报文物执法情况法人违法案件占78%》，《法制日报》2016年3月31日。

③ 于冰等：《文物保护基础制度缺失——国有不可移动文物产权管理现状调研》，刘曙光、柴晓明编《文物工作研究：聚集2012》，文物出版社，2015年。

有文物无序转让经营权，国有资产安全风险的确很高，这主要是国有资产管理中存在的问题，而不只是企业经营的问题。在我国国民经济中，国有企业就发挥着“主导作用”,[①] 显然以企业方式经营与国有资产流失之间并不存在必然因果关系。

公益性目标的含义之一是与经济效益相对应的社会效益原则。在文物保护利用中“越是深化改革、创新发展，越要把社会效益放在首位”,[②] 政府在文物保护利用中应当发挥主导作用。企业作为以营利为目的的机构，的确存在追求经济效益优于社会效益的内在动力，在经营中不顾文物安全进行过度开发或不协调商业活动的风险较大，但是现在有越来越多的企业认识到社会责任与长期经济效益的良性关系。发挥优势、降低风险，是可以通过有效的责权利相匹配的制度设计和监管机制解决的。

公益性目标的另一层含义，是与政府公共管理职能相对应的政府公共服务职能。社会公众文化需求旺盛，需要政府提供更多的文物开放场所和文物展示服务，需要建设更多的配套基础设施和服务性设施。政府提供公共文化服务能力的提升，不仅体现于直接提供公共文化服务的数量和水平，还在于搭建良好政策平台鼓励和动员社会力量积极、有序地参与公共文化服务。国有文物不得作为企业资产经营的法律规定，无论从其限制性的立法思想、不完善的法律配套体系，还是该条法律规定含义的不明确性，都给市场化运作和企业资本进入文物保护利用带来了很高的政策障碍和政策风险。

4.2.2.3 目标实现综合风险分析

可见，简单限制企业经营难以有效保障根本立法目标——安全性和公益性的实现。企业参与国有文物经营既有一定优势，也存在较高风险，需要有针对性地加以分析（表4－2），形成系统性解决方案。

---

① 《中华人民共和国企业国有资产法》，2008 年。

② 中共中央办公厅、国务院办公厅《关于推动国有文化企业把社会效益放在首位、实现社会效益和经济效益相统一的指导意见》，2015 年。

表4-2 企业经营法律规定的立法目标与实施分析

目标	子目标	企业经营优势	企业经营风险	目前配套法律政策	主要解决途径
安全性	文物价值安全	加强文物保护力量，扩大文物保护范围	专业性风险较高；现阶段主要与政府法人违法相结合的破坏和开发风险高	有	有法不依，落实政府责任；企业信息不对称，加强全过程监管
	文物资产安全	融资能力较强，经营效率较高	国有资产流失风险高；经营收益公平分配风险较高	无	建立国有资产管理制度体系
公益性	社会效益优先	提升社会责任感和社会认知度	过度开发、商业化风险高	有不明确的禁止性规定，无指导性和操作性规定	转变立法思路，建立系统性法律保障体系
	公共文化服务	资金、创意、服务、市场优势	政策不明确、不稳定的法律风险高		

实际工作中企业经营中不合理乱象频发，说明现行文物利用法规政策没能有效地发挥优势、控制风险，致使长期以来“一谈文物保护就死，一谈文物利用就乱”恶性循环。保护不力，必然利用易乱，利用不力，必然保护不强，其背后深层次成因是系统性的，并不能完全归咎于个别条款或个别群体。

从法治建设角度，系统性成因可以分为法律规范体系本身尚不完善，法治实施体制尚未理顺，法治监督体系尚不严密，这三者之间虽然相互影响，但根源不同。既不能将法律本身存在缺陷归因与企业，也不能将法律实施管理中的不规范问题混同于企业参与中的不规范问题，更不能因企业参与存在风险就一律采取禁止措施，“因噎废食”。

社会力量参与文物保护利用，是新形势下文物工作面临的新课题。要统筹加强文物保护和提升文物利用，有效动员全社会力量，协调多元利益降低综合风险，需要转变立法思路，需要有管理风险的勇气和智慧，仅仅依靠修订个别法律条款、发布行政文件等碎片式、临时性措施难以奏效。

4.2.3 文物立法从反应性思维转向建设性思维

包括企业在内的社会力量参与文物保护利用，涉及文物事业体制改革大局。企业参与文物保护利用，实质上是明确政府、社会和市场在文物保护利用中的关系问题，是中国社会经济发展新阶段文物行政部门职能转变同一硬币的另一面，是文物治理体系建设不可或缺的重要内容。

早在二十多年前，国家领导人就指出："有些同志还认识不到动员全社会参与文物保护事业的必要性和重要性；从法规方面看对民间保护文物的权利和义务还缺乏明确的界定和指导；在有关政策和管理措施方面也跟不上去。"① 现在社会参与文物保护利用的必要性和重要性已经得到广泛共识，然而有关政策和管理制度尚停滞不前，亟需在制度层面上推进文物治理体系现代化。

4.2.3.1 建设文物国有资产管理体系是前提

企业参与国有文物经营，建设国有文物资产管理体系是前提。只有建立产权明晰、权能丰富的国有文物资产管理体系，确保国有文物所有权人到位，履行国有文物保护职责，明确国有文物权能和财产权益，才有可能在确保国有文物安全的基础上为企业提供稳定的政策环境和广阔的参与舞台。

国有不可移动文物作为特殊意义上之不动产，其产权来源、性质、构成、分类、价值评估和管理等各个方面，与其他类型国有资产差别很大，需要针对国有文物的特点，制定专门国有文物资产管理制度。国有文物资产管理体制改革是文物体制改革基础性、全局性、系统性核心。进入新时代，文物治理体系和治理能力现代化建设迫在眉睫。从文物行政管理到文物社会治理，首先要解决文物保护与社会发展信息对称和激励相容问题。产权制度作

---

① 李铁映：《有效保护 合理利用 加强管理——在全国文物工作会议上的讲话》1995 年 9 月 8 日，《中国文物报》1995 年 10 月 8 日。

为基础性法律制度，是不同权利之间平衡、约束和保障的“共同语言”。不掌握这门语言，目前一系列严重制约文物工作的重大瓶颈问题，如文物登录、文物破坏民事赔偿、国有文物活化利用、文物保护补偿等制度设计就无从谈起。

4.2.3.2　建立社会参与保障体系，形成“三共”机制

由政府、社会和市场共同参与的文物治理体系，需要新的保障体系支撑。企业参与文物保护利用，应加强政府及其各有关部门全过程沟通协作和监管，加强社会公众的支持与监督，始终遵循“责任共负、风险共担、利益共享”的“三共”原则。不能因为企业和社会的参与而推卸政府应该承担的责任，也不能将项目或任务委托给企业或社会组织后就不再过问。

全新的社会参与保障体系要求相关法律法规标准体系、政府责任体系、人才队伍结构、公共资金保障体系和财政税收激励机制都需要做出重大调整。

5 意大利社会资本参与文物保护利用政策与实践

5.1 意大利文化遗产概况

意大利以拥有数量庞大的文化遗产而闻名，根据意大利国家统计局（Istituto nazionale di statistica）的资料，2015 年，意大利境内共有 4976 家向公众开放的公立、私立博物馆及类似的文化机构。其中包括 4158 家博物馆、美术馆、陈列馆，282 处考古公园、遗址区，536 处建筑古迹，三者所占比例分别为 83.6%，5.6% 和 10.8%。[①] 与意大利的国土面积与人口数量比较，相当于每 100 平方公里就有一处面向公众的博物馆或文化场所，每 1.2 万人拥有一处。在意大利 7978 个市镇[②]中，30.5% 的市镇拥有至少一处上述类型的博物馆或文化场所，在某些大区，例如托斯卡纳大区（Toscana），在其辖区范围内这一比例达到了 87.7%。拥有文化资源最多的 10 个城市为：罗马、佛罗伦萨、热那亚、米兰、博洛尼亚、都灵、的里雅斯特、那不勒斯、威尼斯、锡耶纳，上述城市占有全意大利的博物馆或文化场所总数的 10.3%，平

---

① Istituto nazionale di statistica, Statistiche report Anno 2015: I MUSEI, LE AREE ARCHEOLOGICHE E I MONUMENTI IN ITALIA [R], Roma: istat, 19 Dec 2016: 1.

② 截至 2017 年 1 月 1 日数据。市镇（comune）是意大利最基本的行政区划，也是意大利的基层政权。

均每个城市拥有51处。①

根据意大利文化遗产在线统计数据，② 截至2017年8月，意大利受保护限制的文化遗产③（不动产类型）在各个大区的数量分布如下：

表5-1 意大利受保护限制的文化遗产在各大区分布表

大区名称	文化遗产总数	建筑单体	建筑群体	考古遗产点	考古纪念物	公园及花园
皮埃蒙特 Piemonte	13611	13359	4	11	224	13
瓦莱　达奥斯塔 Valle d'Aosta	351	314	0	0	37	0
伦巴第 Lombardia	16842	16416	0	28	379	19
特兰提诺-阿尔托　阿迪 Trentino-Alto Adige	1774	1726	0	0	48	0
威尼托 Veneto	24298	23648	16	346	247	41
弗留利-威尼斯　朱利亚 Friuli-Venezia Giulia	5508	5360	9	2	134	3
利古里亚 Liguria	15125	14492	3	189	415	26
艾米利亚-罗马涅 Emilia-Romagna	26439	26047	2	0	380	10
托斯卡那 Toscana	17439	16938	0	23	350	83
翁布里亚 Umbria	5660	5423	0	1	229	7
马尔凯 Marche	20792	20414	0	101	273	4
拉齐奥 Lazio	12995	10977	1	8	2001	8
阿布鲁佐 Abruzzo	3963	3711	0	50	200	2
莫利塞 Molise	4239	4096	10	17	115	1
坎帕尼亚 Campania	8896	7384	1	5	1502	4
普利亚 Puglia	8976	8457	12	21	484	2
巴西利卡塔 Basilicata	1972	1723	0	0	249	0

① Istituto nazionale di statistica, Statistiche report Anno 2015: I MUSEI, LE AREE ARCHEOLOGICHE E I MONUMENTI IN ITALIA [R], Roma: istat, 19 Dec 2016: 2.

② http: //vincoliinrete. beniculturali. it/VincoliInRete/vir/statistics/immobiliParametri.

③ 这部分文化遗产包括对外开放与不对外开放的申报文物保护点，与上一段有所区别。

续表

大区名称	文化遗产总数	建筑单体	建筑群体	考古遗产点	考古纪念物	公园及花园
卡拉布里亚 Calabria	4787	4455	1	1	327	3
西西里 Sicilia	8157	7299	1	2	852	3
撒丁 Sardegna	5016	3362	4	109	1522	19

5.2 意大利文化遗产与活动、旅游部概况及资金构成

意大利文化遗产与活动、旅游部（以下简称 Mibact）作为管理文化遗产的行政机构，主要使命是保护与利用文化及景观遗产，推广艺术、文化、电影、戏剧，支持并发展旅游，协调机构间关系，监督机关、团体和超出大区级行政权限的各种活动。

Mibact 行政总部的机构设置如下：

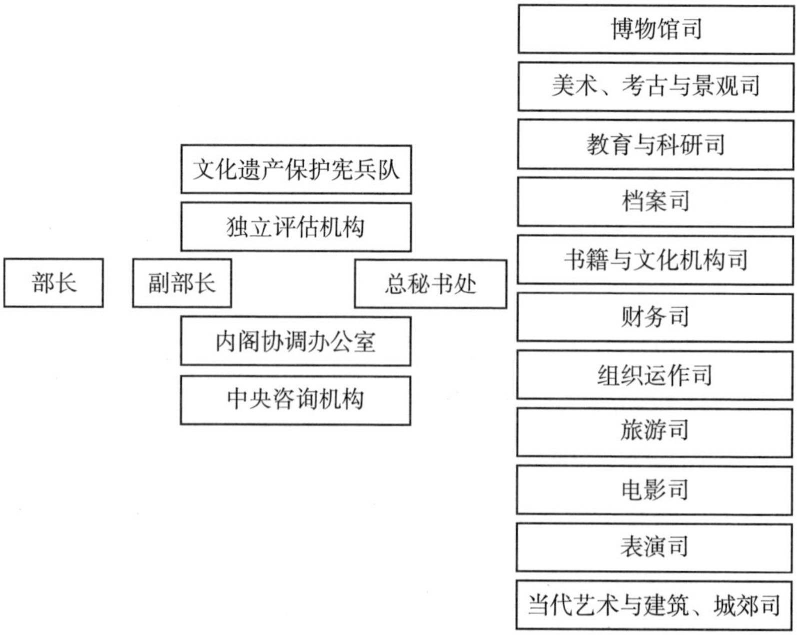

图 5－1　意大利文化遗产与活动、旅游部行政总部机构设置图

Mibact 的部分司级机构下设有附属机构，列表如下：

表 5－2 意大利文化遗产与活动、旅游部部分司级机构附属机构表

司级机构	下属机构	备 注
博物馆司	17 处大区级博物馆	除瓦莱达奥斯塔、特兰提诺－阿尔托阿迪、西西里外，每个大区设有一处
	7 处国家级考古公园	—
	25 处国家级自治博物馆	—
美术、考古与景观司	39 处美术、考古与景观监管局	根据文化资产的密度确定，一个大区可有若干监管局
	罗马美术、考古与景观特别监管局	—
	人种学中央研究院	—
	考古学中央研究院	—
	2016. 8. 4 地震影响区域特别监管局	—
教育与科研司	编目与文献中央研究院	—
	档案与书籍保护修复中央研究院	—
	保护与修复高等研究院	—
	硬石工厂	—
	图像学中央研究院	—
档案司	12 处档案与图书馆监管局	多数情况为每个大区设有一处，部分临近大区合并
	3 处档案监管局	弗留利－威尼斯 朱利亚、撒丁、西西里三个大区不设档案与图书馆监管局，设档案监管局
	国家档案中心	—
	档案中央研究院	—
	101 处国立档案馆	—
图书馆与文化机构司	罗马国立图书馆	—
	佛罗伦萨国立图书馆	—
	书籍与读物中心	—
	意大利图书馆与图书馆情报中央研究院	—
	声音与录像中央研究院	—
	44 处图书馆	—

续表

司级机构	下属机构	备　注
财务司	17 处大区秘书处	除瓦莱达奥斯塔、特兰提诺－阿尔托阿迪、西西里外，每个大区设有一处

Mibact 在 2015 年人员配置包括行政人员 184 人（一级 26 人，二级 158 人）以及非行政人员 17582 人。①

在 3 年度财政拨款计划方面，Mibact2016 年预算为 21.2 亿欧元，2017 年预算为 17.54 亿欧元，2018 年预算为 16.54 亿欧元。②

为了解 Mibact 预算在国家财政资金中的比重变化情况，下面列出 2000 年至 2016 年度 Mibact 与国家财政开支比例。③

表 5－3　意大利文化遗产与活动、旅游部 2000 年至 2016 年度预算拨款与国家财政开支比例

年份	国家财政总开支（€）	预算拨款（€）	占国家总财政比例（%）	实际拨款（€）
2000	534,301,220,904	2,102,267,762	0.39	2,398,719,341
2001	609,217,564,699	2,240,982,404	0.37	2,707,783,742
2002	609,225,460,106	2,114,531,106	0.35	2,478,989,157
2003	669,985,602,301	2,116,173,301	0.32	2,583,527,910
2004	654,485,846,000	2,196,711,000	0.34	2,405,206,549
2005	645,360,867,507	2,200,625,507	0.34	2,408,291,149
2006	651,341,048,752	1,859,838,752	0.29	2,226,883,335
2007	683,826,580,163	1,987,001,163	0.29	2,230,275,197
2008	730,838,103,020	2,037,446,020	0.28	2,116,328,608
2009	752,593,326,137	1,718,595,000	0.23	1,937,309,228

① Ministero dei beni e delle attività culturali e del turismo. PIANO DELLA PERFORMANCE 2016－2018 [R]. Roma：MIBACT－MIBACT－UDCM REP. Decreti 20/10/2016 N'480：9.

② ivi，10.

③ ivi，24.

续表

年份	国家财政总开支（€）	预算拨款（€）	占国家总财政比例（%）	实际拨款（€）
2010	801,798,067,118	1,710,407,803	0.21	1,795,542,455
2011	742,579,000,000	1,425,036,650	0.19	1,763,463,096
2012	779,043,263,273	1,687,429,482	0.22	1,812,112,445
2013	765,612,806,310	1,546,779,172	0.20	1,692,159,782
2014	825,093,152,224	1,595,345,278	0.19	1,646,916,242
2015	830,162,037,418	1,563,128,722	0.19	1,681,233,037
2016	811,233,775,611	2,128,366,723	0.26	—

由上表可知，从2000年到2008年，Mibact所占拨款占国家总财政资金的0.3%，之后下降到了不足0.2%，在2016年回升到了0.26%。Mibact的财政资金用于5项具体内容：研究与创新，保护与利用文化遗产、文化活动、文化景观，旅游，机构事务与公共行政，再分配资金。其中占份额最大的是保护与利用文化遗产、文化活动与文化景观，占到了87.73%，€1,867,239,951，其次是用于再分配的资金€168,715,349（7.93%），旅游€41,465,122（1.95%），机构事务与公共行政€30,181,941（1.42%），研究与创新€20,764,360（0.97%）。①

按部门统计，资金分配如下②：

表5-4 意大利2016年度文化遗产与活动、旅游部各部门财政资金分配比例

机构	2016年财政（€）	百分比（%）
内阁协调办公室	14,833,715.00	0.70
总秘书	301,745,628.00	14.18
档案司	139,731,612.00	6.57
书籍与文化机构司	142,612,364.00	6.70

① ivi, 26.

② ivi, 29.

续表

机构	2016年财政（€）	百分比（%）
考古、美术与景观司	279,851,347.00	13.15
表演活动司	346,038,946.00	16.26
电影司	129,366,048.00	6.08
财务司	462,754,206.00	21.73
旅游司	41,465,122.00	1.95
教育与研究司	20,764,360.00	0.98
当代艺术与建筑、城郊司	12,802,254.00	0.60
博物馆司	218,803,386.00	10.28
组织运作司	17,597,735.00	0.83

除财政资金外，Mibact还有以下几类资金来源：

（1）彩票

根据意大利法令662/1996（art. 3，comma 83）与449/1997（art. 24，comma 30），彩票的收益会根据一定比例拨付给Mibact，每年的总额不超过3000亿里拉（折合1.54亿欧元①）。近年来这一数额逐渐减少，到2015年仅为3997万欧元，2016年略有回升，达到4631万欧元。②

（2）社会捐赠

Mibact接受来自企业、个人以及非商业机构对文化遗产保护以及表演活动支持的捐款。来自企业的捐款可以参照意大利税法T. U. I. R（art. 100，comma 2，lettera m），具体内容如下：

“企业用于教育、研究、社会服务、医疗、宗教的支出最多可以抵除企业报税总额的0.5%。（m）用于资助国家、大区、地方团体、公共机构、合法的协会在文化遗产与表演领域的捐款：根据法令1997. n. 281第8条的准则，Mibact周期性出台可以享受捐款的对象以及类型，Mibact决定分配给捐助对象的

① 1欧元=1936.27意大利里拉，2002年2月28日，http://www.xe.com/zh-HK/currency/eur-euro.

② ivi，31.

份额，定义捐款人与受捐款对象的义务，监督捐款资金的使用，并在捐款次年的 3 月 31 日前通知税务机关捐款人以及捐款的数额。如果受捐款对象获得的数额超过了 Mibact 预定的数额，则需向国家返还差额部分的 37% 。”①

根据 2014 年数据，来自于企业的捐款数额达到 2410 万欧元，较 2013 年的 3099 万欧元下降了 8. 71% 。② 各大区的捐赠中，伦巴第大区以 918 万位列第一，威尼托大区以 311 万居第二，其后是艾米利亚罗马尼亚大区 283 万、拉齐奥大区 262 万、皮埃蒙特大区 189 万。其中，用于表演活动的捐款占 54. 97% ，用于文化遗产领域占 45. 03% 。

除了来自企业的捐款，个人捐款也是 Mibact 的一部分资金来源。

根据 T. U. I. R（art. 15，comma 1，lettera h）

“纳税人有权从个人所得税应纳税总额中扣除相当于下列费用的 19% 的金额：（h）捐助国家、大区、地方实体机构公共机构、Mibact 授权的组织、非盈利性质的基金会及团体从事与推动针对文化与艺术遗产的学习、研究记录行为，1939 年 1089 号共和国法令中所定义的文化遗产的收购、维修、保

---

① 1. Le spese relative ad opere o servizi utilizzabili dalla generalita'dei dipendenti o categorie di dipendenti volontariamente sostenute per specifiche finalita'di educazione, istruzione, ricreazione, assistenza sociale e sanitaria o culto, sono deducibili per un ammontare complessivo non superiore al 5 per mille dell'ammontare delle spese per prestazioni di lavoro dipendente risultante dalla dichiarazione dei redditi.

m) le erogazioni liberali in denaro a favore dello Stato, delle regioni, degli enti locali territoriali, di enti o istituzioni pubbliche, di fondazioni e di associazioni legalmente riconosciute, per lo svolgimento dei loro compiti istituzionali e per la realizzazione di programmi culturali nei settori dei beni culturali e dello spettacolo. Il Ministro per i beni e le attivita' culturali individua con proprio decreto periodicamente, sulla base di criteri che saranno definiti sentita la Conferenza unificata di cui all'articolo 8 del decreto legislativo 28 agosto 1997, n. 281, i soggetti e le categorie di soggetti che possono beneficiare delle predette erogazioni liberali; determina, a valere sulla somma allo scopo indicata, le quote assegnate a ciascun ente o soggetto beneficiario; definisce gli obblighi di informazione da parte dei soggetti erogatori e dei soggetti beneficiari; vigila sull'impiego delle erogazioni e comunica, entro il 31 marzo dell'anno successivo a quello di riferimento all'Agenzia delle entrate, l'elenco dei soggetti erogatori e l'ammontare delle erogazioni liberali da essi effettuate. Nel caso che, in un dato anno, le somme complessivamente erogate abbiano superato la somma allo scopo indicata o determinata, i singoli soggetti beneficiari che abbiano ricevuto somme di importo maggiore della quota assegnata dal Ministero per i beni e le attivita' culturali versano all'entrata dello Stato un importo pari al 37 per cento della differenza;

http://www.altalex.com/documents/leggi/2014/12/10/tuir-titolo-ii-capo-ii-base-imponibile-societa-enti-commerciali-residenti#61907.

② Ministero dei beni e delle attività culturali e del turismo. PIANO DELLA PERFORMANCE 2016 – 2018 [R]. Roma: MIBACT-MIBACT-UDCM REP. Decreti20/10/2016 N' 480: 31.

护、修复，意大利境内外组织的与文化遗产相关的科学 - 艺术活动、展览、表演、科普教育等。”①

2014 年，来自个人的捐款为 280 万欧元，较前一年度的 579 万欧元下降了 65.51%。

2014 年来自企业和个人的金额总计 2691 万欧元，较前一年下降了 19.09%。

艺术奖金（Artbonus）是一项用于文化遗产保护与利用领域的税收抵免政策，该法令出台于 2014 年 7 月 29 日。该法令出台的目的一方面是由于文化遗产大额的维护与修复成本成为政府财政的一大压力，另一方面是 2009 年阿奎拉地震以及 2012 年博洛尼亚的严重地震导致文化遗产遭受巨大损失，急需社会资本注入到文化遗产保护上。

捐款者既有自然人，也有企业、机构，上述主体向文化遗产以及表演事业进行捐赠之后可以申请一定数额的税收减免。原法令曾限定向私人或是教会捐赠的款项不可用于税收抵免，但是经 2016 年 10 月 17 日法律许可，因地震而损坏的教会资产可列入捐赠的对象。

具体操作上，实际捐赠数额的 65% 可以用于税收抵免，可抵免的部分有最高限额，分个人和企业两种情况。对于个人，可抵免的部分不可超过年收入的 15%；对于企业，不可超过年利润的 0.5%。同时，可抵免的税额分 3 年返还。

举例说明，某意大利公民申报其年收入 10 万欧元，最多可抵免的金

---

① 1. Dall'imposta lorda si detrae un importo pari al 19（7）per cento dei seguenti oneri sostenuti dal contribuente, se non deducibili nella determinazione dei singoli redditi che concorrono a formare il reddito complessivo：h）le erogazioni liberali in denaro a favore dello Stato, delle regioni, degli enti locali territoriali, di enti o istituzioni pubbliche, di comitati organizzatori appositamente istituiti con decreto del Ministro per i beni culturali e ambientali, di fondazioni e associazioni legalmente riconosciute senza scopo di lucro, che svolgono o promuovono attivita' di studio, di ricerca e di documentazione di rilevante valore culturale e artistico o che organizzano e realizzano attivita' culturali, effettuate in base ad apposita convenzione, per l'acquisto, la manutenzione, la protezione o il restauro delle cose indicate nell'articolo 1 della legge 1 giugno 1939, n. 1089, e nel decreto del Presidente della Repubblica 30 settembre 1963, n. 1409, ivi comprese le erogazioni effettuate per l'organizzazione in Italia e all'estero di mostre e di esposizioni di rilevante interesse scientifico-culturale delle cose anzidette, e per gli studi e le ricerche eventualmente a tal fine necessari, nonche' per ogni altra manifestazione di rilevante interesse scientifico-culturale anche ai fini didattico-promozionali, ivi compresi gli studi, le ricerche, la documentazione e la catalogazione, e le pubblicazioni relative ai beni culturali.

额为 10 万 ×15% =1.5 万欧元，因此对应可享受抵免的捐赠数额为 1.5 万欧元/65% =23077 欧元，大于此数额的捐款不享受税收抵免。1.5 万欧元分 3 年，按同等数额，即每年 5000 欧元用于年度个人所得税的实际抵免。

企业捐助与此类似，例如某一公司的年盈利为 2000 万欧元，最多可抵免的金额为 2000 万 ×0.5% =10 万欧元。因此对应可享受抵免的捐赠数额为 10 万欧元/65% =153846 欧元。上述金额分 3 年记入公司的税收抵免。

捐款人可以在网站 Artbonus 的网站上选择有意捐赠的项目，记录下收款人信息，写明汇款附言。捐赠方式包括银行转账、邮局汇款以及其他可查询资金来源的途径，不接受现金捐赠。捐款人需保存好凭证以便向税务机关申报。

截至 2016 年，艺术奖金募集金额超过 1.2 亿欧元，分配给了超过 900 个大大小小的工程项目。

以下是艺术奖金自推行以来每年捐款人数统计，[①] 不难发现这一政策的社会影响在逐渐扩大。

表 5-5 意大利艺术奖金政策出台以来捐款统计

年 份	捐款人数（个人、企业、团体）
2014	446
2015	1848
2016	2289
2017（截至 8.31）	1172

以 2016 年为例，捐款数额在 10 万欧元以上的共有 43 个机构或自然人，其中不乏知名企业、奢饰品行业、基金会，以及社会名流。数额在 1 万至 10 万欧元的有 150 个机构或自然人，其中绝大部分为企业。捐款额

① http://artbonus.gov.it/i-mecenati.html.

度在1千至1万欧元的将近400个，企业的数量与自然人的数量接近。其余为捐款数额小于1000欧元的，大多数为自然人。

以意大利工薪阶层为例，每月税前收入2000欧元，按照27%的额度缴纳个人所得税。如果按照最大抵税额度进行捐助，则为5538欧元（2000×12×0.15/0.65=5538），抵税后相当于该年度的实际缴税额调低到22%（15%抵税通过3年返还，相当于每年减少5%）。事实上，一年支出5538欧元，对于工薪阶层来说仍是一笔不菲的开销，因此普通民众一般不可能进行满抵税额度的捐款，通常量力而行。

附：意大利所得税缴纳标准①

① 个人所得税（IRPEF）

表5-6 意大利2011年个人所得税税率表

应税收入（欧元）	税率（%）
0-15000	23
15001-28000	27
28001-55000	38
55001-75000	41
超过75000	43

②公司所得税（IRES）

公司所得税是就意大利公司在意大利境内和境外获得的收入，以及非意大利公司在意大利境内获得的收入征收的税种。应税收入由公司一个会计年度内所有的经营收入构成，主要包括三部分，即毛收入、非经常项目收益、资本收益，这些收入可以按照《意大利所得税法》规定的特别税收原则进行调整。免税收入和缴纳最终预提税的收入不计入应税收入。应纳税所得额是按照税法规定进行调整后的利润。目前，意大利公司和非意大利公司均按照27.5%的税率统一征税。此外，意大利法律规定，外国公司

① 来源：《意大利的税收制度》，中华人民共和国财政部，http://gjs.mof.gov.cn/pindaoliebiao/cjgj/201303/t20130320_783463.html.

在意大利的分支机构产生的返回其本国的利润不征税。

艺术奖金包括下列 3 个领域：

A 类：维护、保护与修复公共文化遗产；

B 类：支持公共文化机构与文化场所（博物馆、图书馆、档案馆、考古遗址区或考古公园、纪念物群等意大利文物法定义的文化遗产与景观）以及歌剧、交响乐、传统剧院；

C 类：提升与增强公共机构既有的文化资产，即对于非盈利性质的文化场所、表演场所，在原有的基础上建设新的设施，修复和增强其功能。

艺术奖金资助案例简介：

A 类：都灵科学院大楼（现埃及博物馆）修复与再利用工程二期

都灵科学院大楼建于 17 世纪，1824 年开始作为埃及博物馆所在地，是意大利观众量最大的博物馆之一，世界第二大埃及博物馆，藏品数量仅次于开罗博物馆。修复与再利用工程包括对主体建筑的一、二、三层的修复，重新布置展览空间，保证雕像的安全。工程计划投资 1534.5 万欧元，现已收到 973 万欧元，大部分（全部）来源于圣保罗银行。①

B 类：米兰斯卡拉大剧院

斯卡拉大剧院建于 1778 年，目前斯卡拉剧院基金会是推广音乐、歌剧、从事音乐研究与教育的非盈利机构，直接管理剧院历史建筑和艺术品。资助将用于斯卡拉大剧院的所有活动，包括运营管理和培训。以 2016 年为例，剧院总开销为 1.23 亿欧元，接受捐赠数额 1512 万欧元，其中来自企业、机构和个人的捐助分别为 625 万欧元、886 万欧元、1000 欧元。②

C 类：松德里奥镇原圣洛可教堂

圣洛可教堂建于 1722 年，在 1855 年曾经作为军医院，1980 年时教堂败落，难以维持宗教活动，被市政收购，进行了结构加固，但是建筑内部未能找到合适的利用方式。直到 CARIPLO 基金会出资将建筑改造为礼堂。项目预计投资 75 万欧元，目前接受捐赠 20.05 万欧元，其中 CARIPLO 基

① http://artbonus.gov.it/palazzo-accademia-delle-scienze-(museo-egizio)-rifunzionalizzazione-fase-ii.html.

② http://artbonus.gov.it/fondazione-teatro-alla-scala-di-milano.html.

金会 10 万欧元，IPERAL 公司 10 万欧元，其他企业资助 500 欧元。[①]

（3）指定个人所得税用途

依据 2006 年意大利法令（Decreto del Presidente del Consiglio del 20/01/2006），纳税人可指定自己缴纳个人所得税的千分之五用于支持当地的非盈利组织、大学、科研、医疗研究等公益事业。自 2011 年开始，千分之五项目扩充了资助范围，将文化遗产的保护、提升和利用列入。2017 年文化遗产类的可获得捐助的非盈利组织在意大利境内共有 35 处，名录公布在网站上（http：//www. 5 - per-mille. it/），附有详细的项目说明以及联系人信息、地址。对纳税人而言，只要在收入申报的时候告诉会计师希望捐助的对象，签字即可。

享受资助的非盈利组织也必须满足一定要求。具体而言，这些机构必须拥有 5 年以上参与公共资产保护和利用经验，且项目的总额不小于 15 万欧元。非盈利机构必须通过具体的项目向国家提出申请，国家只受理数额大于 3 万欧元的项目，如果是修复项目必须要有前期的批复。这些非盈利机构也必须证明有充足的资金来源去完成千分之五税收补助所不能涵盖的那一部分。申请项目根据大中小可分为三档：3 万 - 10 万的项目，可获资助 30%，10 万 - 30 万的项目，可获资助 30%，超过 30 万的项目可获资助 40%。以 2015 年为例，千分之五项目共资助了 19 个机构，累计分配资金约 240 万欧元。

千分之八项目启动于 2017 年，但对象只限于国家公布的因地震破坏的文化遗产，有效期为 10 年，具体操作方式类似于千分之五。

5.3 国有文化资产租赁政策

意大利文物法[②] 106 条“文化遗产的个体使用”中指出：

1. 对于已经向国家、大区和其他公共机构交付的文化遗产，为赋予相

① http：//artbonus. gov. it/auditorium-comunale-ex-chiesa-di-san-rocco-in-via-vanoni. html.

② Decreto Legislativo 22 gennaio 2004，n. 42，Codice dei beni culturali e del paesaggio，ai sensi dell'articolo 10 Legge 6 luglio 2002，n. 137.

适应的文化用途，可以向个体出让使用权。

2. 对于 Mibact 拥有的文化遗产，文物监管局制定租金与相应的法律程序。

在具体操作上，可参考意大利政府公报（GAZZETTA UFFICIALE DELLA REPUBBLICA ITALIANA）第 294 期，2015 年 10 月 6 日 Mibact 向私人出让国有文化资产使用权。[①] 具体内容如下：

1. 对于现阶段未被租赁或是需要修复的意大利国有文化类不动资产，可以向私人出让其使用权。使用权的出让旨在让这类资产达到与《文物法》要求相适应的合理利用方案，加强公众使用以及更好的利用。

2. 如上所述的资产将由 Mibact 公布。在本法令颁布 60 天后，由大区申报汇总至 Mibact 博物馆司，每个大区不得多于 10 处。[②]

该法令限定当前承租机构为协会或基金会，非盈利性质的法人，需要满足以下要求：a）保证文化与景观遗产的保护、推广、利用、认知；b）在文化遗产的保护与利用领域需要有 5 年以上的参与合作经验；c）在近 5 年期间至少参与过对一处私人或公共文化不动产的管理，并由地区监管机构证明其有足够的维护与运营能力。

承租机构通过公开选拔确定，基于下列评审指标，选择经济利益最大承租人：

a）修复与保护方案，说明必要的技术手段、资金预算、资金来源渠道、方案完成所需的时间；

b）说明资产的公共使用方式与功能；

c）注重综合效应，与其他文化资源点、旅游线路相关联；

d）后期若涉及门票，需说明门票收入的使用，如何满足文化资产的保护与管理要求；

e）承租人所提议租金满足条款 4 的要求（条款 4：承租基础价格由 Mibact 和意大利国有资产代理公司 Agenzia del Demanio[③] 确定）；从承租费用中

① 参见附件二。

② DIREZIONE E REDAZIONE PRESSO IL MINISTERO DELLA GIUSTIZIA, La Gazzetta Ufficiale, Parte Prima, oltre alla Serie Generale, Roma: Anno 156° - Numero 294, Dec 2015: 15.

③ 意大利国有资产代理公司成立于 1999 年 7 月 30 日，属于公共利益代理公司，在 2003 年 7 月 3 日转变为隶属于意大利经济与财务部下的公共经济机构。https://it.wikipedia.org/wiki/Agenzia_del_demanio.

减去用于修复的费用，承租人必须在每年12月31日之前，向文化遗产与活动部提交所进行的干预项目与费用开销，该费用由Mibact审核后，从承租费用中扣除；

f）需证明经济方案的可持续发展能力。

租期一般不得少于6年也不可超过10年，特殊情况可长于10年但最多不超过19年。租期满后，不存在任何形式的自动续约。承租人可在租期满之前的6个月向Mibact申请续约，由Mibact审核后决定是否续约。

2016年10月28日，Mibact博物馆司公布了13处用于租赁的国有文化资产，列表如下：①

表5－7　意大利已租赁的国有文化资产

大区	名称	年租金底价（欧元）
阿布鲁佐 Abruzzo	阿奎拉市圣彼得教堂 Capestrano（AQ） – Chiesa di San Pietro ad Oratorium	595. 3
艾米利亚－罗马涅 Emilia-Romagna	博洛尼亚圣巴巴其阿诺 Bologna – Chiesa di San Barbaziano	4430
	卡诺莎城堡 Canossa（RE） – Castello di Canossa e Museo nazionale “Naborre Campanini”	760
拉齐奥 Lazio	巴萨诺罗马诺镇朱斯提亚诺别墅 Bassano Romano（VT） – Villa Giustiniani	18920
	科莱帕尔多修道院 Collepardo（FR） – Certosa di Trisulti	14658
皮埃蒙特 Piemonte	阿尔布尼亚诺圣玛利亚修道院 Albugnano（AT） – Abbazia di Santa Maria di Vezzolano	9100
	蒙卡列里城堡 Moncalieri（TO） – Castello	12335

① MINISTERO DEI BENI E DELLE ATTIVITà CULTURALI E DEL TURISMO DIREZIONE GENERALE MUSEI, Avviso pubblico per l'individuazione di enti non lucrativi cui affidare la concessione in uso di beni immobili appartenenti al demanio culturale dello stato, Roma: 28 Dec 2016.

续表

大区	名称	年租金底价（欧元）
托斯卡那 Toscana	卡斯泰尔夫兰科迪索普拉镇索菲娜修道院 Castelfranco di Sopra – Pianiscò（AR）– Abbazia di Soffena	1271
	蒙特里久尼圣莱奥纳多隐居地 Monteriggioni（SI）– Eremo di San Leonardo al Lago	1215
	威亚诺镇布兰迪别墅 Vignano（SI）– Villa Brandi	4059
翁布里亚 Umbria	佩鲁贾市卡迪那列别墅 Perugia – Villa del Colle del Cardinale	14100
	圣朱斯蒂诺镇布法里尼城堡 San Giustino（PG）– Castello Bufalini	12180
威尼托 Veneto	多尔切镇贝内城堡 Dolcé（VR）– Loc. Volargne – Villa del Bene	4713

与意大利当前的国民经济水平相比，上述国有资产的租金底价非常低廉，如果再扣除修复与维护费用的话，等于零租金。2017 年 6 月 16 日公布了结果，共有 5 处文化资产被指定了承租机构，2 处资产因申报机构条件不达标被否决，6 处资产没有机构提出申请。①

2017 年，意大利出台了“漫步旅程”（Cammini e Percorsi）政策，面向 40 岁以下的年轻人免费出租公共资产。该政策所涉及的公共资产的一大特点是沿着历史、宗教路线或者乡野骑行、徒步线路，最终形成覆盖意大利全境的文化遗产保护以及跨大区的旅游发展规划。该项目由意大利国有资产代理公司（Agenzia del Demanio）提出，受到 Mibact 和 MIT（意大利基础设施与交通部）支持。

具体而言，这 103 处不动产中包括 43 处国家拥有的资产，50 处地方拥有的资产，以及 10 处公路系统拥有的资产。类型既包括小型的设施，例如

① Decreto di approvazione della graduatoria dei partecipanti al bando di assegnazione di immobili dello Stato di cui all’Avviso pubblico del 28. 10. 2016，Roma：Mibact，16. 06. 2017.

山中的庇护所（旅社）、小车站、修路工人的居住点，也包括著名文化遗产，例如修道院、城堡、别墅等。这些公共资产将被改造成旅社、小酒店、饭店、修车店、服务点，服务于朝圣者、游客、步行、骑行者，利用公共资产提供服务，刺激旅游业发展。

从遗产的分布情况上看，这一计划涉及的线路与对应的出租遗产数量如下：①

表 5－8 “漫步旅程”计划涉及线路及遗产数量

线路类型	名称	纳入计划的遗产数量
宗教线路	阿庇亚古道（Via Appia）	9
	法兰契杰纳朝圣之路（Via Francigena）	18
	弗朗西斯科之路（Cammino di Francesco）	3
	圣本笃之路（Cammino di San Benedetto）	3
徒步骑行线路	“风” VEnTO 威尼斯至都灵骑行线路	15
	“太阳” SOLE	32
	“水” 普利亚水渠（Acqua-Acquedotto Pugliese）	11
其他特色线路		14

该政策采取 9＋9 年的免费承租制，企业如果与协会合作，最多可以申请到 40 年的租期。若是连同旅游方案一并提出，最多可免费使用该资产 50 年，以此作为公、私协作保护文化遗产的方式。该项目采取网上提交的方式，鼓励 40 岁以下的小业主参与。

项目引发了广泛的社会关注，为征询公共意见，意大利国有资产代理公司先在网站上发布了问卷调查。问卷的题目包括：

（1）基本信息：国籍、代表自然人或企业、年龄。

（2）机构性质：盈利、非盈利，协会、委员会、基金会、志愿者、公司等，所属地区，是否从事旅游业或文化产业，对本项目是否感兴趣，是否有

① https：//agcult. it/2017/05/09/cammini-percorsi-la-via-del-demanio-un-turismo-lento-consapevole/.

参与经验……

（3）慢旅游的认知度：是否了解慢旅游，是否走过宗教线路或者骑行徒步线路，了解意大利境内的哪些文化线路，用何种方式进行过文化线路旅游，文化旅游的时间会控制在多长、花销多少，以后是否愿与参与……

（4）对“漫步旅程”项目的认知度：参与线路的动机有哪些，线路中最有兴趣参与的是哪些，线路所需要的设施与服务……

（5）感兴趣的游线类型（特色建筑、特色手工艺品、艺术－历史价值），项目中感兴趣的不动产，感兴趣的大区……

截至2017年7月，Demani代理公司收到了近25000份回复，其中78%的问卷作答者年龄在40岁以下，6000份问卷来自意大利境外。经统计，最受关注的前3个地点为：鲁卡市（Lucca）的一处乡村建筑，维泰博市（Viterbo）的布雷拉城堡（Blera），以帕维亚市（Pavia）附近的一栋老磨坊。2017年7月24日已经公布了9年期的遗产名单，包括30处国有资产（表5－9）和13处地方资产，[①] 同年12月结果揭晓，共接到47份承租请求，经审核后13处国有资产获得免费租用，[②] 后期还将陆续出台新一批招租公告。

表5－9　已公布可租赁的遗产名单

大区名称	数量	遗产名称
皮埃蒙特 Piemonte	2	FABBRICATO RESIDENZIALE Palazzolo Vercellese（VC）；CASA DEL FASCIO a Vinzaglio（NO）
伦巴第 Lombardia	1	VILLETTA A SCHIERA a Lardirago（PV）
威尼托 Veneto	2	ABITAZIONE CANALE LUSENZO – via Foxia Chioggia（VE），ABITAZIONE CANALE LUSENZO – via San Felice Chioggia（VE）
艾米利亚－罗马涅 Emilia-Romagn	3	CASA DEL FASCIO a Ro Ferrarese（FE），TORRE DELLA BASTIGLIA a Serramazzoni（MO），CASA DI GUARDIA a Campegine（RE）

① https：//trekking. it/news/demanio-cammini-percorsi. html.

② http：//www. agenziademanio. it/opencms/it/progetti/camminipercorsi/bandogaracammini/.

续表

大区名称	数量	遗产名称
马尔凯 Marche	5	FABBRICATI RESIDENZIALI a Potenza Picena（MC）
拉齐奥 Lazio	1	RUSTICO CASA CANTONIERA a Località BORGO GRAPPA, Latina
莫利塞 Molise	2	APPARTAMENTO a Campomarino（CB），EDIFICIO IN CORSO DI COSTRUZIONE Sepino（CB）
坎帕尼亚 Campania	3	CONVENTO SAN MARCO a Sant' Angelo dei Lombardi（AV），UFFICIO POSTALE a Caserta，TORRE ANGELLARA a Salerno
普利亚 Puglia	3	CASELLO FERROVIARIO a Altamura（BA），CASELLO FERROVIARIO Grumo Appula（BA），CASELLO FERROVIARIO a Toritto（BA）
巴西利卡塔 Basilicata	2	CASA CANTONIERA a Irsina（MT），APPARTAMENTO a Barile（PZ）
卡拉布里亚 Calabria	2	EX UFFICIO AGENZIA DELLE ENTRATE a Mileto（VV），EX PADIGLIONE IMPOSTE DIRETTE A Mileto（VV）
西西里 Sicilia	3	CASELLO FERROVIARIO PONTE PATTI a Calatafimi Segesta（TP），STAZIONE DI VEDETTA CAPO FETO Mazara del Vallo（TP），TORRE S. FRANCESCO C. da Marausa，Trapani
撒丁 Sardegna	1	POSTAZIONE ANTIAEREA a Alghero（SS）

5.4 企业出资修复文物案例

意大利还存在着一部分需要大量资金注入的综合性保护与利用项目。这一类型的项目保护对象价值重大、知名度高，因此成为了时尚产业、奢饰品产业的资助对象。这些资助项目既有一定的公益性，也带有企业宣传的色彩，可作为提升企业形象的手段，与上文的资助形式有一定区别。

（1）托德斯公司出资修复古罗马斗兽场

2010 年 7 月，Mibact 发布通知，为古罗马斗兽场修复寻求赞助，提出了

2500 万欧元的修复预算。[①] 2010 年底，Mibact 通过筛选确定托德斯（Tod's）为修复赞助人。2011 年，Tod's 与意大利文化遗产与活动部签署协议，正式启动斗兽场的修缮。修缮计划分成 8 个部分，具体包括：

表 5 - 10 古罗马斗兽场修复计划项目及金额

项 目	金额（€）
修复北立面	5,165,000
修复南立面	1,936,000
更换围栏	1,680,000
检查、修复过道	7,000,000
检查、修复、加固地下过道	4,500,000
设备	900,000
照明	待定
服务	2,500,00/mq

双方协定要求如下：

项目专员与文物局监管人必须定期向 Tod's 汇报工程的进展，指定工程负责人，确定工程时间与阶段，管理施工全部过程，负责超过资助的工程费用。

Tod's 负责资金支持，通过分期付款形式推动修复工作，成立非盈利基金会“斗兽场之友”进行工程协调，推动修缮工作以及后期推广，让斗兽场能更好被公众利用。

Tod's 可以在显著的位置标识“Tod's 作为斗兽场修缮计划的唯一赞助人”，并在斗兽场的门票上印企业的 logo，可以使用斗兽场修缮的图片用于其企业内部和网站宣传。

Tod's 的特权可以在修缮结束后持续两年，而基金会的有效期为 15 年。[②]

---

① http：//www. beniculturali. it/mibac/opencms/MiBAC/sito-MiBAC/Contenuti/MibacUnif/Comunicati/visualizza_ asset. html? id = 77998&pagename = 129.

② Comunicato stampa AL VIA I GRANDI RESTAURI DEL COLOSSEO：FIRMATA OGGI L' INTESA TRA IL MIBAC E DIEGO DELLA VALLEhttp：//www. beniculturali. it/mibac/export/MiBAC/sito-MiBAC/Contenuti/MibacUnif/Comunicati/visualizza_ asset. html_ 1717154490. html.

（2）宝格丽公司出资修复西班牙广场

2014年3月，宝格丽（BVLGARI）在创立130周年的庆典上宣布将出资150万欧元修复西班牙广场的台阶，BVLGARI的第一家商店正是在西班牙广场东侧的道路Via Sistina开业，现在迁到了西班牙广场西侧的via Condotti，西班牙广场作为BVLGARI创立与发展的见证，对宝格丽公司有着不一般的意义。BVLGARI的总裁Paolo Bulgari说："在意大利有不计其数的美景名胜，但国家无法全部修复，因此需要私人投资者介入。"罗马市长说："自任期开始我就想方设法促进文化遗产的慈善事业。我们有国家参与的项目，也有像Diego Della Valle（Tod's总裁）在斗兽场的经验，今天我们又取得了新的进展。我认为这对BVLGARI——一个与罗马有着深厚渊源的企业——有着重要的意义，他们决定捐资如此可观的数额用于修复这个世界上最美丽的风景之一。"①

修复资金分三批拨付，第一批在2014年3月之前到位，在一年之内启动修复工程，工程两年之内竣工。2016年9月修复工程顺利完成，西班牙广场重新对外开放。但是令人无奈的是，修复仅40天后，西班牙广场的台阶就已经出现了老化现象，135级台阶被冰淇淋甜筒的碎屑、烟头弄脏。尽管有4个执勤人员监督，但依旧难以规范广大游客的行为。罗马市政府认为，唯一的解决途径就是禁止人们在西班牙广场的台阶上驻留。BVLGARI总裁Paolo Bulgari惋惜地说道："我们做了，但杯水车薪"，"与其修复它，还不如帮助那些遭受地震影响的古迹。"②

（3）芬迪公司出资修复许愿池

2014年6月-2015年11月，奢侈品公司芬迪（Fendi）赞助220万欧元修复罗马许愿池，该项目在罗马文物监管局的监督下实施。这次修复特殊之处在于向普通游客开放了修复工地，在许愿池上架设了一个临时性透明的通道，使游客从另一个角度参观许愿池。这一想法吸引了

① http://www.ilmessaggero.it/roma/cronaca/bulgari_ scalinata_ piazza_ di_ spagna_ trinit_ agrave_ monti_ 130_ anni_ festa_ roma-336140.html.

② http://roma.repubblica.it/cronaca/2016/11/04/news/roma_ trinita_ dei_ monti_ degrado_ bulgari-151285544/http://roma.repubblica.it/cronaca/2014/03/20/news/piazza_ di_ spagna_ bulgari_ annuncia_ restaureremo_ la_ scalinata_ di_ trinit_ dei_ monti-81435979/.

300 万游客前来体验，Fendi 网站的浏览量达到 59,092 次，app 下载量达到 4588 次。①

2016 年，作为许愿池修复赞助的 Fendi 公司在许愿池上架设了玻璃廊道进行时装走秀，庆祝公司成立 90 周年。在这一案例中，文化遗产修复和公司营销策略结合在了一起。②

5.5　经验与启示

意大利的文化遗产保护一直走在世界前列，与其完备的法律体系、行之有效的管理体制、根植于国民内心的保护意识有密切关系。在调动社会资本参与方面，意大利多管齐下，近年来出台了一系列新政策，充分调动起企业和个人的积极性，成效显著。这些政策之所以能够取得较好效果，一个很重要的基础条件在于意大利的税法体系较为完善，且税额较高。税款主要用于公共事业支出，文化遗产保护是公共事业中非常重要的一项内容，意大利政府根据当前经济状况颁布法令，保证文化遗产事业的常规支出和一部分应急支出。

上述一系列项目中，艺术奖金影响力最大，其本质可理解为将众筹与所得税减免相结合的一种做法。在吸纳社会资本参与的过程中，意大利注意资金的透明管理与公众监督。艺术奖金项目确保项目信息公开、捐款人信息公开、资金使用公开，得到社会的高度认可。

从整体运行机制可以看出，意大利非常重视文化遗产的活化利用。在资金分配中，用于保护修缮的只是一部分，有相当一部分是用于文化场所的提升与在文化场所内开展的活动。这一做法有利于让文化遗产在当代社会发挥出新的作用，让更多公众认识文化遗产的价值并参与到文化遗产保护利用中来，公众在享用文化遗产的同时，也会加深对文化遗产价值的认知，进而更加积极地参与文化遗产保护利用，这也是意大利能够广泛调动社会力量参与

---

① http：//www. beniculturali. it/mibac/export/MiBAC/sito-MiBAC/Contenuti/MibacUnif/Comunicati/visualizza_ asset. html_ 1615257709. html.

② https：//www. fendi. com/it/fendi-roma/fendi-is-rome/il-restauro-della-fontana-di-trevi.

的重要因素。

实践证明，通过指定个人所得税用途方式为文物保护项目募资，通过税收减免方式鼓励企业和个人捐赠，通过低价出租国有文化资产让文化遗产得到更好的活化利用，通过赋予企业冠名权和举办活动权鼓励企业出资保护文化遗产，这些都是吸纳社会资本参与文化遗产保护利用行之有效的方式，值得我们借鉴。鼓励社会资本参与文物保护利用，相应的法律法规、管理体制机制、制度体系都需要逐步完善，通过广泛的宣传教育强化全社会的保护意识也是一个重要前提。

6　社会资本参与文物保护利用的政策诉求

社会资本参与是社会力量参与文物保护利用的重要途径和主要形式。实践表明，鼓励和引导社会资本参与文物保护利用，有利于弥补财政资金不足，建立健全文物保护利用资金多渠道筹措机制；有利于引入市场竞争机制，提高文物保护管理利用效率和公共文化服务水平；有利于转变政府职能，促进政府与市场有机结合、优势互补。与此同时，还可以在全社会广泛传播文物保护理念，营造“文物保护、人人有责”的良好社会氛围。

关于什么是社会资本，国内尚无严格的统一定义。按照国家发改委《政府和社会资本合作项目通用合同指南（2014 版）》：社会资本主体，应是符合条件的国有企业、民营企业、外商投资企业、混合所有制企业，或其他投资、经营主体。鉴于文物的特殊性，本书所指社会资本，不包括外商投资企业。

6.1　构建社会资本参与文物保护利用的政策体系

社会资本参与文物保护利用，需要完备的政策法规体系和良好的制度环境，一方面要积极鼓励引导，另一方面要约束和规范。在法律层面，需要进一步明确社会资本参与文物保护利用的法律地位；在政策层面，需要进一步明确参与的范围和方式，完善相关税收优惠政策、金融政策、奖励政策等；在监管层面，需要建议严格的审批程序，明确哪些领域可以参与，哪些领域不可以参与。

吸纳社会资本参与文物保护利用，需要建立健全相关制度和工作机制，全面加强服务和监管。要建立信息公开制度，及时向社会公开相关政策，以及社会资本可以参与的领域和范围，保障社会资本投资主体及时享有相关信息；要制定科学的标准、规范和程序，确保投资主体有章可循、有据可依，项目审核审批流程应简便、快捷，政府部门对社会资本主体的信息反馈应及时有效，保障社会资本参与的顺畅和高效；要建立监督管理机制，依法对社会资本参与文物保护利用活动进行全程监督管理，对保护利用方案严格把关，确保文物的安全以及社会效益的发挥；要建立绩效评价机制，鼓励社会资本创新工作手段和方法，提升保护管理水平，提高公共文化服务质量；要建立社会资本退出机制，在严格清产核资、落实文物后续保护利用方案的情况下，允许社会资本退出，维护社会资本的合法权益，同时保证公共利益不受侵害。

6.2 推广 PPP 模式在国有文物保护利用领域的应用

对于投资额较小的项目，社会资本参与的形式可以灵活多样。对于投资规模大、周期长的项目，PPP 模式是较为理想的模式。PPP 模式既是一种融资机制，也是一种管理机制。《国务院关于进一步加强文物工作的指导意见》指出：推广政府和社会资本合作（PPP）模式，拓宽社会资金进入文物保护利用渠道。截至 2017 年 7 月 31 日，财政部入库 PPP 项目已达 13599 个，其中 1624 个示范项目（国家示范项目 669 个，省级示范项目 955 个），但与文物保护利用相关的入库项目数量还很有限。由此可以看出，PPP 模式在文物领域刚刚起步，还有很大的发展空间，需要从多方面支持引导。

（1）在文物领域推广 PPP 模式，弥补文物保护利用资金不足，提高公共文化服务或产品质量

在文物领域推广运用 PPP 模式，是进一步转变政府职能，激活市场活

力，推进文物治理体系和治理能力现代化的一次重要体制机制变革。目前，PPP 模式一般由政府或社会资本发起，以政府发起为主，主要适用于投资规模较大、需求长期稳定、价格调整机制灵活、市场化程度较高的基础设施及公共服务类项目。在 PPP 模式中，主要由社会资本承担设计、建设、运营、维护基础设施的大部分工作，并通过“使用者付费”及必要的“政府付费”获得投资回报。通过有效运用社会资本，可以缓解政府财政资金压力。而且，由于基于竞争机制，PPP 项目往往引入应对风险能力最强者投资，市场规律会促使投资者优化项目投资和维护方案，尽可能提高项目质量，因而 PPP 项目的投资效率一般高于其他投资方式。PPP 模式可以弥补文物保护财政资金投入不足，特别是低级别文物保护利用资金匮乏的问题，也可以提高公共文化服务或产品质量。

（2）充分发挥财政资金的引导撬动作用，在国家重点文物保护专项补助资金中列支 PPP 项目扶持资金

财政部《关于推广运用政府和社会资本合作模式有关问题的通知》[①] 指出，财政部将积极研究利用现有专项转移支付资金渠道，对示范项目提供资本投入支持。这就意味着，今后国家重点文物保护专项补助资金可直接投入 PPP 项目，这一政策将进一步拓宽国家重点文物保护专项补助资金的使用范围，更好地发挥财政资金的引导撬动作用，对文物领域的 PPP 项目也将起到有力的带动和引领作用。

（3）文物与财政部门联合出台《关于深入推进文物领域政府和社会资本合作的实施意见》，加大政策引导力度

为更好地推动 PPP 模式在文物领域的广泛运用，国家文物行政部门可参照其他部委做法，与财政部联合出台《关于深入推进文物领域政府和社会资本合作的实施意见》，对文物领域 PPP 模式的重点发展领域、项目的入库标准、利益共享和风险共担机制、工作机制、融资渠道、绩效监管、信息公开等做出规定，在兼顾社会效益和经济效益的前提下，激发市场主体的积极性与创造性，实现政府、市场、社会共建共管，良性互动，合作

① 财金［2014］76 号。

多赢。鉴于 PPP 模式投资规模大和周期长的特点，博物馆建设、考古遗址公园建设、世界遗产保护和展示、古城古镇古村保护和旅游开发等领域可以作为 PPP 模式推广的重点领域。文物领域的 PPP 项目具有专业性和技术性强、投资额大、回报周期长、营利空间小等特点，因而对社会资本的吸引力不强，需要通过必要的财政补贴，或者以奖代补等手段予以激励，而且要保证社会资本有合理的利益回报，这样才能调动起社会资本参与的积极性。同时，也可以参照国外成功经验，完善多方参与、共同决策的机制，不仅能有效解决资金来源问题，而且有利于在协调各方利益的基础上充分达成共识，使 PPP 项目运作更顺畅、更高效。引导社会资本参与 PPP 项目，要选择重点领域、重点区域、重点项目先行先试，进行示范性探索，及时总结经验，完善政策，逐步形成可复制、可推广的合作模式。同时要充分利用广播、电视、报刊、网络等多种媒体，大力宣传 PPP 的理念和政策，示范项目的成功经验，营造良好的舆论氛围，增强社会和公众对 PPP 的理解和共识，逐步扩大 PPP 模式在文物领域的运用。

6.3 完善经济激励机制

引导社会资本与文物保护利用，在明确各方责、权、利的前提下，经济激励手段必不可少，以奖代补、贷款贴息、税费优惠等是较为常用的手段。

（1）以奖代补

认领认养不可移动文物是当前引导社会资本参与文物保护利用的一种方式。为更好地调动社会资本的积极性，地方政府或文物行政部门可以依据社会资本的投资额度，分档次对程序规范、管理科学、质量合格、成效明显的社会资本投入的文物保护工程项目进行奖励。奖励其实也是监督和管理，奖励需要参考的因素包括程序是否依法合规、工程质量是否合格、工程资料是否完备等。奖励的标准不宜太低，否则难以起到激励作用。山西省曲沃县的古建筑认领人投入资金从 50 万到 500 万不等，但曲沃县只奖励认领人每人 3000 元，激励作用非常有限。山西省晋中市根据社会资金投入文物保护的额度确定了 2 万元－50 万元的以奖代补标准，[①] 江苏省苏州市对古建筑保护管理责任人给予不高于工程维修总额的 10% 的奖励，[②] 较为合理。财政部在 PPP 项目管理中也采用以奖代补的方式，根据投资规模给予 300 万元－800 万元的奖励。[③]

（2）贷款贴息

对于通过银行贷款投入文物保护利用的企业或个人，政府可依据其投资额度，在工程通过验收后，给予一定年限的贴息。贷款额度不得超过审计部门的工程决算审计报告所确定的金额。贴息分为全部贴息和部分贴息。贴息资金的安排应遵循突出重点、择优扶持、额度控制、先付后贴、公开透明的原则。贴息需要向文物行政部门提出申请，申请材料应包括贷款合同、维修方案、验收报告等，由文物行政部门和财政部门审核。贷款贴息应纳入当地财政支出预算，专款专用。

（3）税费优惠

一般情况下，文物建筑修缮后，可作为博物馆、图书馆、文化馆、文化旅游场所、文化产业经营场所等。如果用于建设非国有博物馆，可以享受当地关于非国有博物馆在土地、税收、规费等方面的优惠待遇，以及用电、用水、用气、供暖价格等方面的优惠。当前，国家大力鼓励发展文化产业，也出台了相关政策。如《文化产业发展专项资金管理暂行办法》[④] 规定，文化

① 《晋中市社会资金投入文物保护工程以奖代补实施方案（试行）》规定：投入资金 200 万元以上（含 200 万元）的，补助 50 万元；投入资金 100—200 万元（含 100 万元）的，补助 20 万元；投入资金 50—100 万元（含 50 万元）的，补助 10 万元；投入资金 20—50 万元（含 20 万元）的，补助 5 万元；投入资金 10—20 万元（含 10 万元）的，补助 2 万元。

② 《苏州市区古建筑抢修贷款贴息和奖励办法》规定：江苏省苏州市对古建筑保护管理责任人维修古建筑给予奖励的最高标准为工程维修总额的 10%，工程维修总额以审计部门的工程决算审计报告所确定的金额为依据。

③ 《财政部关于实施政府和社会资本合作项目以奖代补政策的通知》（财金［2015］158 号）规定：对中央财政 PPP 示范项目中的新建项目，财政部将在项目完成采购确定社会资本合作方后，按照项目投资规模给予一定奖励。其中，投资规模 3 亿元以下的项目奖励 300 万元，3 亿元（含 3 亿元）至 10 亿元的项目奖励 500 万元，10 亿元以上（含 10 亿元）的项目奖励 800 万元。对符合条件、规范实施的转型为 PPP 项目的地方融资平台公司存量项目，财政部将在择优评选后，按照项目转型实际化解地方政府存量债务规模的 2% 给予奖励，奖励资金纳入相关融资平台公司收入统一核算。

④ 财文资［2012］4 号。

产业发展专项资金对文化企业开展高新技术研发与应用、技术装备升级改造、数字化建设、传播渠道建设、公共技术服务平台建设等予以支持。支持方式包括项目补助、贷款贴息、保费补贴、绩效奖励等。各地也有鼓励发展文化产业的相关政策和资金，参与文物保护利用的文化企业可以依据这些政策申报相关项目，获得资助或优惠。

6.4　强化监督管理机制

社会资本参与文物保护利用，一方面需要鼓励和支持，另一方面也需要约束和规范，确保参与程序和方式的科学规范，防控可能出现的风险。就目前情况看，市县级文物保护单位和尚未核定公布为文物保护单位的不可移动文物保护资金最为欠缺，其中文物建筑对社会资本具有较强的吸引力，下面以文物建筑为例探讨如何强化监督管理机制。

社会资本投入文物建筑的保护修缮，要严格遵循文物保护相关法律法规和制度，不仅程序要依法合规，保护利用手段也要科学规范，在秉持文物保护基本理念和原则的基础上开展保护，在坚持公益性、弘扬正能量的前提下合理利用。

投资人应当组织编制设计、施工方案，根据文物保护单位的级别，报相应的文物行政主管部门审查批准；施工应由取得文物保护工程资质证书的单位承担，施工单位要严格按照方案进行施工；保护工程应当接受审批机关的监督和指导，工程竣工时，应当报审批机关验收。文物建筑的修缮应遵循最小干预、不改变文物原状的原则，不得任意改变和破坏原有建筑的布局、结构和装饰，不得随意改建、扩建。文物建筑的认领应坚持完整性原则，对于一组文物建筑，要完整认领并采取保护措施，不能为了经济利益只认领其中价值高、保护成本低、能带来较大经济效益的部分，而置其他部分于不顾，而且，保护文物建筑的同时也要维护周边环境，确保历史风貌的完整。

国有文物是国有资产，文物行政部门在引入社会资本参与的同时有义务维护国有资产的安全和保值增值，要坚决防范国有资产的流失。文物的认领认养要坚持公开、公平、公正的原则，最好引入第三方机构监督，防止寻租等腐败行为的滋生。基于文物的重大价值和民族意义，出让使用权时应对主体作出一定限制。如，外国人一般不作为受让主体等。

意大利的国有文化资产的租赁政策中对租赁人提出了较高要求：在文化遗产的保护与利用领域需要有 5 年以上参与合作经验，在近 5 年中至少参与过对一处私人或公共文化不动产的管理，并由地区监管机构证明其有足够的维护与运营能力。在当前我国社会力量参与文物保护利用整体水平较低的情况下，对投资人提出太高要求不太现实，但至少应该要求投资人在现有法律法规的框架内、在坚持文物保护的基本理念和原则、在不损害文物价值的前提下进行。

保护是为了更好的利用。文物建筑修缮后如果能得到合理利用，这样既有利于文物的存续，也能使投资人得到一定回报，可以实现双赢，但利用的前提是要坚持文物的公益属性。国有文物资源是公共资源，具有社会公益性，要依靠全社会来保护，保护成果也应为全社会共享，因此保护修缮后要尽可能对公众开放，这是保障人民群众基本文化权益的重要体现。一般来说，文物建筑修缮后可作为博物馆、陈列室、图书馆、文化馆、社区活动室等公益场所，也可作为从事与文化产业相关的经营活动场所，但一定不能作为服务特定少数人的场所。2014 年，中共中央办公厅、国务院办公厅转发了住房城乡建设部、文化部、公安部、民政部、商务部、税务总局、工商总局、国家旅游局、国家宗教局、国家文物局《关于严禁在历史建筑、公园等公共资源中设立私人会所的暂行规定》，其中明确规定："严禁在历史建筑、公园等公共资源中以自建、租赁、承包、转让、出借、抵押、买断、合资、合作等形式设立私人会所。""本规定所称历史建筑，是指各级各类国有文物保护单位以及烈士纪念设施保护单位、宗教活动场所中具有特殊历史文化价值的建（构）筑物。"这一要求应作为引入社会资本的前置条件，投资人在认可这一条件的前提下才可以认领认养文物建筑。此外，文物行政部门对使用过程要予以监督，坚决防止文物建筑成为不法分子进行非法集会、开展非法活动的场所。

文物建筑既有作为建筑的使用功能，同时由于它承载了丰富的历史信息、文化信息，与重要的历史人物、历史事件有密切关系，文物建筑也具有宣传教育和价值推广的功能。修缮后文物建筑如果作为博物馆或陈列室，展陈的设计要在尊重史实的基础上解读历史，不能以偏概全，更不能曲解历史，同时也要体现时代精神，要为保护和传承中华优秀传统文化服务，为培育和弘扬社会主义核心价值观服务，为爱国主义教育服务，在全社会凝聚和激发正能量，营造积极向上的良好社会氛围。青海省西宁市的马步芳公馆（馨庐）是青海省保存最为完整的民国建筑，省级文物保护单位，长期由私人承包经营，但该馆在介绍历史时过分“美化”马步芳，对他残忍杀害红军西路军被俘官兵及解放战争时期负隅顽抗的行径却做了回避。针对这一严重歪曲历史的问题，该景区被要求闭馆整改。此类事件应引起相关部门和个人的足够重视，文物行政部门对相关展陈和解说词要严格审核把关，坚决避免有悖国家和民族历史、有悖社会文明风尚、有悖社会主义核心价值观的消极内容被广泛传播。

6.5 社会资本参与文物保护利用的前提与原则

文物保护利用和经济社会发展紧密相关，和老百姓生产生活紧密相关。实践证明，文物保护只有融入大局，服务大局，才能实现可持续发展，单纯为保护而保护是没有出路的，必须通过适当的方式让文物在现代生活中发挥出应有作用。

社会资本能否有效进入文物保护领域，不仅取决于公众对文物保护利用的认知水平，也取决于文物行政部门的组织管理和引导能力。如果文物行政部门措施得力，引导得当，可以将公众潜在的文物保护意识和社会责任感激发出来。事实上，有很多企业家或个人有参与社会公益事业的意愿，但对如何参与、参与能给企业或自身带来什么、在社会上能产生哪些积极影响知之不多，这就需要文物行政部门主动作为，做好组织和引导工作，通过召开新闻发布会、座谈会等形式，分析形势、讲解政策、分享案例、答疑解惑，通过深层次的沟通和交流，让企业家或个人对参与文物保护利用有充分的认知，对自己能否参与、如何参与、如果参与会产生哪些积极影响等相关问题有一个初步预判，这样有利于在理性权衡的基础上做出决定。但不容忽视的是，当前文物事业发展的一个重要瓶颈就是机构和人员问题，近些年市县文物行政部门被撤销撤并的现象十分普遍，在很大程度上削弱了其管理能力，日常事务已经应接不暇，对引导社会力量参与更是有心无力。这一现象也应引起足够重视，因为加强能力建设，机构和人员是根本。

就近期社会资本参与文物保护利用的情况看，还存在着积极性不高、参与深度广度不够的问题。根据民政部发布的《2016 年社会服务发展统计公报》数据显示，全国共有各类基金会 5559 个，共接收社会各界捐赠 625.5 亿元。目前，文物保护领域基金会的数量和接收捐赠数额没有准确的统计数据，但就实际情况看，文物保护领域基金会的数量并不多，接收捐赠数额也不容乐观，文保基金这一平台的重要作用还没有得到有效发挥。通过文物保护基金会资助文物保护利用项目是较为的合理的方式，因为基金会最重要的功能就是向社会募集资金，用以资助文物保护利用项目。关于基金会的管理，2004 年公布实施的《基金会管理条例》和 2016 年公布实施的《中华人民共和国慈善法》都有明确规定，可以有力保障基金会资金募集、管理、使用的规范，维护基金会、捐赠人和受益人的合法权益。而且，民政部门和业务主管部门通过年检和评估两种方式对基金会进行管理，包括其内部治理情况、业务活动情况和财务管理情况，其目的都是为了规范基金会的活动，提升基金会的管理和服务水平。吸引更多社会资本参与文物保护利用，一方面要充分发挥现有基金会的作用，另一方面要鼓励有条件的地区设立文物保护基金，广开渠道筹集资金，用以支持财政资金难以覆盖的领域。基金会可以通过直接资助或奖励的方式支持文物保护利用项目。资助或奖励都应遵循依法合规、公开透明、科学管理、利于监督的原则。为更好地发挥作用，基金会要切实加强机构和队伍建设，大力提高募资能力。

目前，社会资本进入文物保护领域的难度还比较大。造成这种现象，一方面与相关鼓励引导政策不完善有关，另一方面也与全社会对文物保护重要性的认识不足有关。因此，要从根本上提高社会力量参与文物保护利用的整体水平，需要切实加大宣传和引导力度，要充分利用广播、电视、报刊、网络等多种媒体，大力宣传文物的价值和保护文物的重要性。对社会力量参与文物保护利用的成功案例，各级政府和文物行政部门要予以大力表彰奖励，并通过多种渠道加以报道，对参与者来说是莫大的鼓励，对潜在参与者来说也是有力的动员。此外，也要引导社会力量不能只看重眼前的经济利益，要从长远考虑，从大局考虑。对于企业来说，参与文物保护利用可以向外界传达出一种信息，那就是企业是有社会责任感、有实力的，不仅可以在很大程度上提升企业的知名度和美誉度，也能增强员工的凝聚力和向心力，从而提高企业的长期竞争力，或许可以为企业带来新的发展契机。而且参与过程本身也是提升企业对文物保护认知水平的过程，传播文物保护理念的过程。与此同时，也要发挥舆论的监督作用，对保护不力或保护不当，对文物本体或周边风貌造成破坏，以及利用不当或利用过度，对文物造成损毁或产生恶劣社会影响的行为和事件，要利用媒体及时曝光，引发社会广泛关注，并责令其在一定时限内整改。通过舆论的引导和监督在全社会宣传文物保护利用的正确途径，营造有利于文物保护的良好氛围。

吸引社会资本参与文物保护利用，应坚持服务大局原则。相关政策的制定，要紧密结合特色小（城）镇建设、培育农业农村发展新动能、文化旅游、文化产业发展等相关政策，不仅要改善环境，提高当地居民的生产生活品质，而且要和打造业态、发展产业相结合，以促进当地经济社会发展为目标。

吸引社会资本参与文物保护利用，应坚持分类指导原则。地方文物行政部门要根据保存现状、地理位置、与其他文物的关联度等基本情况，从投入产出能否平衡、能否带来规模效应等角度，对文物资源进行分类、评估，确订是否适合引入社会资本参与、适合以哪种方式参与，在此基础上提出指导性建议，明确各方的责、权、利，在公开、公平、公正的前提下引入社会资本。

吸引社会资本参与文物保护利用，应坚持公益属性原则。文物是公共资源、文化资源，要优先发挥其公共文化服务和社会教育功能，发挥其在传承中华优秀传统文化、培育和弘扬社会主义核心价值观方面的重要作用。

吸引社会资本参与文物保护利用，应坚持多方获益原则。通过文物的保护利用，应使文物的所有人、使用人、投资人、当地居民、社会公众都能获益。鉴于文物保护专业性强、投资高、难度大、回报周期长等特点，合同期限不宜太短，以 5－30 年为宜。

吸引社会资本参与文物保护利用，应坚持因地制宜原则。结合当地文物资源状况、经济社会发展水平、历史文化传统、社会公众对文物保护的认知水平、社会力量参与文物保护利用的基础条件等现实情况，制定适合当地的相关政策。

吸引社会资本参与文物保护利用，应坚持循序渐进原则。先从试点做起，从小范围做起，发现问题及时调整，基础好的地区先行先试，通过试点探索出几种不同模式，逐步在更大范围内推广。

当前，社会各界对文物工作的关注度越来越高，参与的积极性也越来越高，但社会资本投入文物保护利用还很有限，市场活力还没有得到充分释放，需要进一步加强宣传、完善政策、提升能力。引导和规范社会资本参与是一个长期的过程，需要不断探索、不断创新，一方面在资金、技术、人员培训等方面给予支持和引导，另一方面对参与的范围、形式、程序等加以规范，避免因不当参与对文物造成不良影响。随着经济社会的发展和全社会文化自觉的提升，以及相关政策制度的完善，社会资本参与文物保护利用的整体水平一定会不断提升，“政府主导、社会参与”的文物保护格局也会更趋完善。

附 件

一、基础数据

表1 2005年－2014年参与长城保护利用的单位名单①

省份	勘察设计单位	施工单位	监理单位
北京市	北京古代建筑保护研究所	北京城建亚泰建设集团有限公司	北京华林源工程咨询有限公司
	北京兴中兴建筑设计事务所	北京房地集团有限公司	北京方亭工程监理有限公司
	—	北京市文物建筑工程公司	北京市工程咨询公司
	—	北京怀建集团有限公司	北京英诺威工程监理有限公司
	—	北京市同兴古建筑工程有限公司	北京华清科技工程管理有限公司
	—	中兴文物建筑设计公司	—
天津市	天津大学建筑设计研究院	天津万事兴建工集团有限公司	天津市环外建设监理有限公司

① 数据来源：中国文化遗产研究院文物研究所长城项目组。

续表

省份	勘察设计单位	施工单位	监理单位
河北省	河北省古代建筑保护研究所	河北省古代建筑保护研究所	河北中原工程项目管理有限公司
	清东陵古建工程公司	清东陵古建工程公司	—
	秦皇岛冶金设计院	北京大龙建设集团有限公司	河北木石古代建筑设计有限公司
	河北省建筑科学研究院	北京房修一建筑工程有限公司	浙江省古典建筑工程监理有限公司
	清华大学文化遗产研究所	福建省泉州市古建筑有限公司	赤峰长城文物古建筑工程监理有限责任公司
	北京古代建筑保护研究所	北京房地集团有限公司	吉林省工程建设监理有限责任公司
	—	北京国文琰园林古建筑工程有限公司	北京中建协工程咨询有限公司
	—	山东省文物工程公司；	—
	—	北京昊海建设有限公司	—
	—	北京园林古建工程有限公司	—
	—	河北省建筑科学研究院	—
	—	北京城建亚泰建设工程有限公司	—
	—	承德市文物局古建处	—
山西省	山西古建筑保护研究所	山西杨氏古建筑工程有限公司	山西省古建筑保护所监理公司
	清华大学文化遗产研究所	山西省古建筑保护研究所	大同市昀泽建筑工程监理有限责任公司
	山西省达志古建筑保护有限公司	山西省古建筑保护工程有限公司	太原市考古监理公司
	—	山西省文物技术中心	太原市文物保护工程监理站

续表

省份	勘察设计单位	施工单位	监理单位
内蒙古	北京建工建筑设计研究院	内蒙古王府建筑工程有限公司	四川省文物考古研究院
	内蒙古苏勒德文物古建筑设计有限公司	内蒙古启原文物古建筑修善工程有限责任公司	赤峰长城古建筑工程监理有限责任公司
	内蒙古启原文物古建筑修缮有限责任公司	北京凯莱斯建筑工程有限公司	北京方亭工程监理有限公司
辽宁省	辽宁省文物保护中心	曲阜市园林古建筑工程有限公司	辽宁省文物保护中心
	—	沈阳故宫古建筑有限公司	—
	—	辽宁省大连市古建园林工程有限公司	辽宁兴博文化遗产保护设计有限公司
	—	北京同兴古建筑工程有限责任公司	—
吉林省	北京建工建筑设计研究院	—	—
	总装备部工程设计研究总院	—	—
黑龙江省	清华大学文化遗产保护研究所	北京园林古建筑工程有限公司	吉林省工程建设监理有限责任公司
	北京东洋机械建筑工程有限公司	—	—
山东省	山东省文物科技保护中心	山东省文物工程公司	济南舜泉工程咨询监理有限公司
	—	曲阜市三孔古建筑工程管理处	赤峰长城文物古建筑工程监理有限责任公司
	—	—	山东海岱文化遗产保护咨询服务中心
陕西省	陕西省文化遗产研究院	西安文物保护修复工程有限公司	陕西省文化遗产研究院
	—	湖北殷祖古建园林责任有限公司	延安中安工程监理公司
	—	韩城秦鑫古建责任有限公司	—
	—	西安文物保护修复工程有限公司	—
	—	陕西普宁工程建构特种技术有限公司	—

续表

省份	勘察设计单位	施工单位	监理单位
甘肃省	甘肃省文物保护维修研究所	甘肃省永靖古典建筑工程总公司	甘肃经纬建设监理咨询有限责任公司
	中铁西北科学研究院有限公司	山西省古建筑保护工程有限公司	
	甘肃西创安科数码科技有限公司	甘肃中铁建设工程有限公司	甘肃省文物保护维修研究所
	西安北方信息科技有限责任公司	西安文物保护修复工程有限公司	陕西省文化遗产研究院
	中国华云技术开发公司	嘉峪关市第三建筑工程公司、	甘肃省建设监理公司
	酒泉市水利水电勘测设计院	西安龙创电子科技有限公司	甘肃裕兴建筑实业集团有限公司
	敦煌研究院	甘肃民安现代防雷工程有限公司	赤峰长城文物古建筑监理有限责任公司
	兰州大学文物保护研究中心	甘肃裕兴建筑实业集团有限公司	张掖市金水水利水电监理有限责任公司
	甘肃省张掖市甘兰水利水电建筑设计院	甘肃酒泉工程勘察院	张掖市启翔工程监理有限责任公司
	—	敦煌研究院	甘肃经纬建设监理咨询有限责任公司
	—	敦煌第二建筑工程公司	—
	—	武威市第二建筑有限责任公司	张掖市智达工程监理有咨询有限公司
	—	北京凯莱斯建筑工程有限公司	—
	—	玉门市第二建筑公司	—
	—	甘肃颐隆建筑工程有限公司	—
	—	张掖市鑫厦建设工程有限责任公司	—
	—	山丹县水利水电工程局	—
	—	酒泉市兴厦建业有限责任公司	—

续表

省份	勘察设计单位	施工单位	监理单位
青海省	兰州大学文物保护研究中心	北京市园林古建工程有限公司	陕西省文化遗产研究院
	敦煌研究院	敦煌第二建筑工程公司	甘肃经纬建设监理咨询有限责任公司
	—	陕西普宁工程结构特种技术有限责任公司	—
	—	湖北殷祖古建园林工程有限公司	—
	—	北京凯莱斯建筑工程有限公司	—
宁夏	北京建工建筑设计研究院	新疆文物古迹保护中心	浙江省古典建筑工程监理有限公司
	—	敦煌第二建筑工程公司	—
新疆	新疆文物古迹保护中心	敦煌第二建筑工程公司	新疆城乡建设工程设计有限公司
	中铁西北科学研究院有限公司	甘肃中铁建设工程有限公司	河南卓越工程管理有限公司
	—	咸阳三木文保古建有限公司	—
	—	成都市屹华建筑工程公司	—
	—	甘肃昊挺古建工程有限公司	—
	—	新疆维吾尔自治区文物古迹保护中心	—

表2 参加“第七届中国博物馆及相关产品与技术博览会”企业名单①

编号	企业名称	编号	企业名称
1	北京首邑文博科技有限公司	2	上海宽创国际文化创意有限公司
3	北京美大文博科技有限公司	4	金大陆展览装饰有限公司
5	鲁迅美术学院艺术工程总公司	6	江苏大美天第文化产业有限公司
7	北京嘉元文博科技有限公司	8	天津旺达文博展具有限公司
9	北京融通新风洁净技术有限公司	10	北京华尊环艺建筑设计有限公司
11	广州市保艺文化传播有限公司	12	北京英博伦科技发展有限公司
13	天津森罗科技股份有限公司	14	四川金孔雀建筑装饰工程有限公司
15	四川克里克展览展示有限公司	16	北京玻名堂玻璃有限公司
17	北京清尚建筑装饰工程有限公司	18	天禹文化集团有限公司
19	北京天图设计工程有限公司	20	点意空间文化产业集团
21	广州力天展览设计工程有限公司	22	万达信息股份有限公司
23	广东晶谷照明科技有限公司	24	深圳市远望奕畅科技有限公司
25	贝林基金会	26	精锐世纪（天津）会展有限公司
27	上海美术设计有限公司	28	佳博（东莞）照明有限公司
29	湖南宏瑞文博集团股份有限公司	30	西安市雅特展览有限公司
31	兴德纳智（北京）科技有限公司	32	西安琉复工贸有限公司
33	上海麦艺文化艺术有限公司	34	赛尔富电子有限公司
35	中山汤石照明有限公司	36	陕西威望科技有限公司
37	江苏荣博智能科技有限公司	38	上海妙文会展服务有限公司
39	复雅照明	40	西安超人雕塑研究院
41	汉唐高强防潮电子（上海）有限公司	42	沈阳世博天逸装饰设计有限公司
43	深圳市冠标科技发展有限公司	44	上海傲特盛照明电器有限公司
45	惠州市西顿工业发展有限公司	46	上海望德环保科技有限公司
47	西安鼎诺测控技术有限公司	48	好合苑（东莞）文化创意有限公司
49	南京春辉科技实业有限公司	50	北京文博远大数字技术有限公司

① 数据来源：中国博物馆协会。

续表

编号	企业名称	编号	企业名称
51	华格照明灯具（上海）有限公司	52	深圳市埃克苏照明系统有限公司
53	江西文展装饰艺术有限公司	54	浙江莱鼎光电科技有限公司
55	天津恒达文博科技有限公司	56	湖南金正文博科技有限公司
57	佰路得信息技术（上海）有限公司	58	广州凡拓数字创意科技股份有限公司
59	北京博众展示艺术有限公司	60	武汉数文科技有限公司
61	广州宏达工程顾问有限公司	62	上海金鑫计算机系统工程有限公司
63	苏州清听声学科技有限公司	64	诺拉建筑建筑材料（上海）有限公司
65	依古姿妮照明（中国）有限公司	66	中兵勘察设计研究院
67	陕西正野装饰设计有限公司	68	北京 LORD 国际文化发展有限公司
69	北京北图文化发展中心	70	华协国际珍品货运服务有限公司
71	凯迈（洛阳）航空防护装备有限公司	72	福建恒达教育装备工程有限公司
73	北京远大博文科技有限公司	74	北京水晶石数字科技有限公司
75	深圳金丽声电子科技有限公司	76	宁波高新区阁朗照明科技有限公司
77	上海昂兴装饰工程有限公司	78	深圳元景工艺品有限公司
79	北京博德珍品货运代理有限公司	80	上海汇展国际物流有限公司
81	北京兰德华电子技术有限公司	82	天津耀莱数字科技有限公司
83	四川省克里克尼泽菲德展览展示有限公司	84	上海玄科计算机技术有限公司
85	北京公大永泰安全防范技术有限公司	86	广州盈商电子科技有限公司
87	贝罗修复科技（北京）有限公司	88	思特世纪（北京）科技有限公司
89	北京瀚海域达文化创意有限公司	90	机械工业仪器仪表综合技术经济 研究所
91	北京秦汉阁工艺品有限责任公司	92	江苏瀚港文化发展有限公司
93	深圳原石生林文化发展有限公司	94	深圳市易尚展示股份有限公司
95	北京泰克仪器有限公司	96	云南骏宇国际展览设计有限公司
97	苏州石海轩艺术馆	98	欧科照明
99	北京忆空间文化发展有限公司	100	考迪迅（上海）建筑设计咨询有限公司

续表

编号	企业名称	编号	企业名称
101	盛世光影（北京）科技有限公司	102	深圳雅昌艺品文化有限公司
103	北京华奥博展科技有限公司	104	武汉大势智慧科技有限公司
105	爱可声（嘉善）信息技术有限公司	106	山东丞华文业工程有限公司
107	野草莓影业（北京）有限公司	108	陕西跃动文化展示工程有限公司
109	广东华瑞照明科技有限公司	110	北京朋利嘉业装饰工程有限公司
111	北京华源彤达科技有限公司	112	北京永一格展览展示有限公司
113	北京赢康科技开发有限公司	114	北京市紫微阳光文化股份有限公司
115	北京浩宇天地测绘科技发展有限公司	116	北京西典展览股份有限公司
117	上海摩奇贝斯展示设计营造有限公司	118	上海安得顺诺建筑装饰制品有限公司
119	西安如闻网络科技有限公司	120	北京嘉德伟烨文化发展有限公司
121	法如国际贸易（上海）有限公司	122	美国科视达中国有限公司
123	北京中科天合科技有限公司	124	上海图聚智能科技股份有限公司
125	深圳市美格红苹果贸易有限公司	126	宁波邦达实业有限公司
127	珠海市四维时代网络科技有限公司	128	南京中观软件技术有限公司
129	北京艺托罗科技文化有限公司	130	北京光之狸文化传播有限公司
131	北京中鼎恒信科技股份有限公司	132	北京黑油数字展览股份有限公司
133	耐博斯通	134	昆山优能光电子科技有限公司
135	汉森珍品（北京）国际货运代理有限公司	136	北京汇道万家科技有限公司
137	英华检测（上海）有限公司	138	乐山立远玻璃加工有限公司
139	安吉唐舍竹制品有限公司	140	深圳市莱蕾科技发展有限公司
141	北京帝测科技股份有限公司	142	国家高级工艺美术师一龙石乔紫砂作品展
143	乌克兰画	144	中山同济国际股份有限公司
145	上海宝品电子科技有限公司	146	北京四月兄弟科技有限公司
147	成都体育学院博物馆	148	北京市汉龙实业有限公司
149	博略（北京）文化传播有限公司	150	四川川大智胜系统集成有限公司
151	廊坊市文博展览科技开发有限公司	152	苏州多棱镜网络科技有限公司

续表

编号	企业名称	编号	企业名称
153	河南看一看信息科技有限公司	154	中国南玻集团股份有限公司
155	西安知象光电科技有限公司	156	北大荒文化创意产业集团股份有限公司
157	中电科技集团重庆声光电有限公司	158	西安元智
159	沈阳仪表科学研究院有限公司	160	北京天康达科技发展有限公司
161	中聚新能（北京）机电设备有限公司	162	四川省科学城珀斯科技有限公司
163	厦门精图信息股份有限公司	164	杭州海康威视数字技术股份有限公司
165	四川文保科技有限公司	166	郑州枫华实业有限公司
167	厦门硅田系统工程有限公司	168	四联集团
169	北京海天健翔科技股份有限公司	170	快威科技集团有限公司
171	丹东奥龙射线仪器集团有限公司	172	中国航空规划设计研究总院有限公司
173	江苏瀚远科技股份有限公司	174	安徽中博智能科技有限公司
175	四川世诚电子信息系统有限责任公司	176	深圳市华图测控系统有限公司
177	西安微纳传感器研究所有限公司	178	河南海力特机电制造有限公司
179	江苏天瑞仪器股份有限公司	180	天津三英精密仪器有限公司
181	武汉旗云高科工程技术有限公司	182	大恒新纪元科技股份有限公司
183	易拍全球（北京）科贸有限公司	183	ART GRAPHIQUE PATRIMOINE
184	ARTIPS	185	ART OF CORNER
186	AWABOT	187	FLAMEFY
188	SOPRA STERIA	189	HISTOVERY
190	美国博物馆与网	191	博物馆协会交流平台
192	丝绸之路国家展览推介	193	烟台和壹博物馆有限公司
194	清投视讯（北京）科技股份有限公司	195	北京优艺康光学技术有限公司
196	恒久	197	西安同一数据科技有限公司
198	北京武信科技有限公司	199	北京鑫泓森商贸有限公司
200	北京欧诺嘉科技有限公司	201	德图仪器国际贸易（上海）有限公司

续表

编号	企业名称	编号	企业名称
202	小签科技	203	中旅国际会议展览有限公司
204	沈阳琳琅文化用品设计有限公司	205	北京华协文化发展有限公司
206	苏州创捷传媒展览股份有限公司	207	上海育拓青少年发展中心

表3 全国性文物保护社会组织一览表①

序号	组织名称	业务主管单位	成立时间	组织类型	业务范围
1	中国文物学会	国家文物局	1984	社会团体	在文物的征集、保护、维修、科技、管理、宣传等方面对国家文物事业发展大计建言献策；组织专家调查研究，开展文物学术交流；编辑出版文物书刊；录制文物音像制品；举办文物专业展览、宣传文物知识、培训文物专业人才；开展文物专业咨询服务等
2	中国博物馆协会	国家文物局	1935	社会团体	加强行业自律性管理，促进博物馆事业的改革、建设和发展；开展调查研究，了解各级各类博物馆的现状、要求和愿望，为国家法律、法规和相关政策的制定提出建设性意见；建立健全有关行业规则、标准和服务规范，进行行业考评，协调会员关系，维护行业利益；开展博物馆相关领域的基础和应用学科研究；组织开展新技术、新标准的推广和信息交流，开展职业继续教育、各类培训和技术咨询，不断提高行业的知识水平和科技含量；建立行业和行政管理机关间的沟通渠道，发挥桥梁与纽带作用，促进博物馆与相关组织间的联系、交流与合作，为博物馆的建设和发展搭建平台

① 此表部分数据由国家文物局人事司提供，部分数据来源于网络。

续表

序号	组织名称	业务主管单位	成立时间	组织类型	业务范围
3	中国文物保护基金会	国家文物局	1990	基金会	发展与一切热爱和关心文物博物馆事业的团体与个人间的联系与合作；资助宣传《文物保护法》及有关方针政策，提高全民文物保护意识等公益活动；资助文物保护项目和博物馆建设以及相关课题研究，如编撰出版学术专著，拍摄电视专题资料片等；资助文物、文化遗产保护专项展览，学术讲座与研讨活动；资助文博领域的学术交流、咨询服务、教育培训；奖励文物保护工作先进集体与个人；国家法律法规允许的其他业务活动
4	中国收藏家协会	国家文物局	1996/3	社会团体	积极开展各种收藏知识讲座和学术研讨活动，培养会员学习与运用有关法规的自觉性，提高会员的收藏意识与修养，以及收藏的科学性；建立民间收藏咨询鉴定实体，为协会会员提供服务，指导、维护其正常收藏活动和权益；举办民间收藏品展示会、交流会，提高鉴赏及收藏水平，促进收藏者之间的交流；积极发展收藏文化产业，为收藏爱好者传递信息，提供展示平台，架起收藏者与社会的桥梁；加强与港、澳、台收藏家之间的联系与友谊，广泛团结海外华侨、华人同好，以收藏为纽带，增进彼此交流与借鉴，拓展内地收藏家的收藏视野与市场，共同促进中国收藏事业的发展和祖国的和平统一；加强与国外收藏家、收藏组织的友好交往，发展国际交流与合作，增进相互了解；利用、开发影视传媒，全面客观地介绍和宣传我国优秀的民族传统文化及民间收藏业绩，交流收藏经验，发布民间收藏活动信息等

续表

序号	组织名称	业务主管单位	成立时间	组织类型	业务范围
5	中国书画收藏家协会	国家文物局	1995/10	社会团体	团结国内外书画收藏家、书画艺术家、专家、学者、书画收藏爱好者；帮助会员在国内外办书画展，开展国内外书画收藏交流活动；帮助书画收藏者对藏品进行鉴定，并出具鉴定证明；帮助会员出版书画著作；定期举办学术交流、讲学、笔会与联谊活动；为把藏品走向市场服务
6	湘、鄂、豫、皖楚文化研究会	国家文物局	1992/9	社会团体	理论研究、学术交流、业务培训、书刊编辑、国际合作、咨询服务
7	中国避暑山庄外八庙保护协会	国家文物局	1991	社会团体	宣传避暑山庄外八庙的历史价值和艺术价值；开展学术研究，探讨避暑山庄外八庙的历史和现实意义；开展国际间文化交流活动，发展同国外文化保护团体和科研人员的交往；联系国内外各民间团体，台港澳同胞，海外华侨以及其他各界人士，为保护和恢复避暑山庄外八庙及有关历史文物提供资助；开展咨询服务活动
8	中国长城学会	国家文物局	1987/6	社会团体	组织长城文化研究、宣传长城精神、保护、开发等方面的学术研讨活动；编辑有关长城研究的书刊、资料，电影、电视、动漫等多媒体教材剧本等
9	中国古代铜鼓研究会	国家文物局	1980/3	社会团体	积极开展学术研究和各种形式的学术活动；编译国内外研究古代铜鼓的学术动态和著作；对会员重要课题的研究尽可能提供条件

续表

序号	组织名称	业务主管单位	成立时间	组织类型	业务范围
10	中国古陶瓷学会	国家文物局	1980	社会团体	组织开展中国古陶瓷和古外销陶瓷研究的学术活动，进行海内外学术交流；组织会员从事有关课题研究、编印研究信息；出版研究文集；对古陶瓷遗址文物进行调查、鉴定、考证，促进文物保护工作；普及陶瓷历史知识，举行有关古陶瓷培训班、展览等学术活动，弘扬中华民族优秀陶瓷文化
11	中国海外交通史研究会	国家文物局	1979/4	社会团体	学术活动；出版学术刊物《海交史研究》；科研活动
12	中国孔庙保护协会	国家文物局	1995/9	社会团体	认真宣传贯彻执行《文物保护法》，协助各级政府做好文物保护工作；开展各种专题调研、向有关部门提供文物保护意见和建议；组织会员单位开展保护修复、陈列展览、宣传讲解等学术和业务研讨活动；交流工作经验；协调各单位间的文化和业务交流，举办流动展览；接待世界各地前来拜谒和瞻仰孔子或进行儒学研究考察的团体和个人；与世界各地孔庙及儒学组织建立联系，发展友谊，加强交流；进行其他有助于孔庙及儒家纪念建筑保护、发展的事业
13	中国秦文研究会	国家文物局	1979	社会团体	通过策划科研课题、出版学术书刊、举办秦文论坛与学术讨论会等多种形式，推动和组织专家学者进行有关秦文字、文物及历史文化的学术研究、正史编修，开展国内外文化交流与合作；推动和组织书法家、篆刻家、造型艺术家进行有关秦文字、文物的书法、篆刻及造型艺术的创作和文化传播，举办展览会、笔会等；搜集和整理文献与文物考古信息，建立数据库和网页，促进有关秦文字、文物的学术信息交流与传播；开展秦刻

续表

序号	组织名称	业务主管单位	成立时间	组织类型	业务范围
13	中国秦文研究会	国家文物局	1979	社会团体	石篆文的复原研究，在各地遗址重建秦七刻石；编撰《中华篆文大字典》及其他有关秦文的工具书、资料集等；面向公众普及有关秦文字、文物及历史文化知识；开展有关秦文字、文物的咨询、培训服务；举办社会公益性与纪念性活动
14	中国同泽书画研究院	国家文物局	1989/6	社会团体	组织美术创作，展出、出版、学术研究和交流，等项艺术活动，以及开展与自身专业有关的社会活动和公益活动
15	中国紫禁城学会	国家文物局	1995	社会团体	联络国内外中国古建筑及历史、文物、艺术、自然科学等学科研究力量，对故宫宫殿建筑及相关的坛庙、园林、陵寝、行宫、官署、府第等明清宫廷建筑文物、相关非物质文化遗产和紫禁城文化进行广泛深入研究，逐步建立紫禁城学。具体业务包括：理论研究、学术交流、业务培训、书刊编辑、专业展览、国际合作、咨询服务
16	中国敦煌石窟保护研究基金会	国家文物局	1995	基金会	接受关心和支持敦煌文物保护、研究事业的自然人、法人或其他组织的自愿捐赠（包括资金和物品）；资助敦煌石窟的科学保护和修复；资助有关敦煌学的科研项目；资助出版有关敦煌学的科研成果；资助国内外敦煌保护、研究的学术交流和人才培养；同国内外有关团体、研究机构、或个人合作举办与敦煌有关的展览、讲座、学术研讨会等活动；为国内外有关团体、研究机构和个人提供敦煌学研究资料、研究成果、信息咨询等服务
17	历道证券博物馆	国家文物局	2004/1	民办非企业单位	通过丰富、珍贵的藏品，展现自清代以来中国证券发展的百年历史

续表

序号	组织名称	业务主管单位	成立时间	组织类型	业务范围
18	中国古迹遗址保护协会	文化部	2005	社会团体	为政府、团体及个人提供保护古迹和遗址的联系途径，收集、研究并交流有关古迹与遗址的保存、保护、修复和加固的原则、方针、政策、法规与技术，培训相关人才，组织和实施文化遗产保护、研究合作、交流项目，就有关专业工作提供咨询、制定指导性文件，参与古迹、遗址保护法规的研讨与制定，募集古迹、遗址保护经费等；参加国际古迹遗址理事会国际间一切有关促进古迹、遗址保护、加固、修缮和研究活动，及其他相关活动；与联合国教育、科学及文化组织（UNESCO），国际文物保护与修复研究中心（1CCROM），世界保护联盟（IUCN），联合国教育、科学及文化组织所赞助的地区性保护中心，以及其他追求同样目标的国际或地区性机构及组织建立并保持密切合作；与章程相符的其他活动
19	东方华夏文化遗产保护中心	文化部	2009/3	民办非企业单位	文化遗产保护研究、文献整理、宣传教育、专业培训、展览展示、代理申遗、咨询服务、文化遗产项目策划设计和开发建设，国际交流与合作
20	中国华夏文化遗产基金会	文化部	2007/8	基金会	募集海内外资金、接受社会捐赠、开展国际合作与交流，修缮和保护中国文化遗产；组织专家考察濒危文化遗产，制定相应保护方案，并予以有效的保护措施；配合有关部门通过研究、调查制定出各种不同文化遗产的保护标准，以试推行的方式将调整、修正的资料提供给政府作为该类规范标准的参考；适时召开专家之间以及各文化遗产地负责人之间的研讨会；定期组织专家对各文化遗产地的相关人员及社会各界热心于文化遗产保护事业的人士进行专业培训，培养、发展更多文化保护人才；积极配合联合国教科文组织参与国际合作，当好联合国教科文组织中国委员会的助手

续表

序号	组织名称	业务主管单位	成立时间	组织类型	业务范围
21	中国圆明园学会	文化部	2004	社会团体	学术交流、理论研究、编辑出版、规划设计、国际合作、宣传教育、科学普及、展览展示、咨询服务
22	中国少数民族文化艺术基金会	文化部	1988/9	基金会	保护、研究、展览海内外各民族、民间艺术珍品，推动各类优秀文化艺术作品研发和交流；开展国内外民族文化艺术交流、依照有关规定举办高峰论坛和民族文化博览；抢救、维护、复建濒危古迹，兴建、更新民族文化设施、设备和各类技术软件，建立民族文化保护基地和少数民族新农村文化示范基地；保护非物质文化遗产和各类原生态资源；开展“关心老一代、帮扶下一代”的民族传统文化教育活动与项目；组织人才培训，编辑发行文化、艺术类杂志刊物等
23	世界运河历史文化城市合作组织	文化部	2009/9	社会团体	文化交流、国际合作、咨询服务
24	中国非物质文化遗产保护协会	文化部	2006/9	社会团体	承担全国非物质文化遗产保护的有关具体工作，履行非物质文化遗产保护工作的政策咨询；组织全国范围普查工作的开展；指导保护计划的实施；进行非物质文化遗产保护的理论研究；举办学术、展览（演）及公益活动，交流、推介、宣传保护工作的成果和经验；组织实施研究成果的发表和人才培训等工作职能
25	中国地名文化遗产保护促进会	民政部	2013/6	社会团体	组织协调全国地名文化遗产保护的理论研究与学术交流，提供地名文化遗产保护和地名地域文化建设工作的学术咨询与技术服务；开展地名文化遗产挖掘考证和宣传保护，经政府主管部门批准，承担地名文化遗产评审

续表

序号	组织名称	业务主管单位	成立时间	组织类型	业务范围
25	中国地名文化遗产保护促进会	民政部	2013/6	社会团体	鉴定和记录公示；依照有关规定编撰出版与地名文化遗产研究保护相关的著作、学术刊物、培训教材、影视作品，受政府委托承办或者根据市场和学科发展需要举办相关展览、研讨和培训活动；经政府有关部门批准，评选地名文化遗产研究保护成果，表彰做出突出贡献的先进单位和个人；开展与联合国地名组织、教科文组织和其他国际组织及专家学者的地名文化学术交流和项目合作，拓展地名文化遗产研究保护领域
26	中国少数民族文物保护协会	国家民族事务委员会	1993/6	社会团体	以为民族工作和国家民委工作服务为中心，开展中国少数民族文物保护、抢救、征集和民族传统工艺的传承开发工作；进行中国民族文物的科学研究和学术交流；进行中国民族传统文化和民族文物知识的普及宣传；为会员进行学术研究提供服务；争取海内外社会各界在人力、物力、财力方面的支持
27	中国自然科学博物馆协会	中国科学技术协会	1980	社会团体	开展学术交流和科学普及活动，活跃学术思想，促进学科发展，推动自主创新和博物馆事业发展；对国家自然科学博物馆发展战略、政策或重大决策，进行科学论证提供咨询，提出建议；接受国家有关主管部门委托，组织、承担项目评估，标准制定，及专业技术职务资格评审；组织举办科技展览；提供技术咨询和技术服务；组织开展馆际交流，增进自然科学博物馆之间的交流与合作；开展继续教育和培训工作，举荐人才，表彰、奖励优秀会员和科技工作者；研究有关自然史博物馆、综合馆自然部、专业自然博物馆、科技馆、专业科技博物馆、水族馆、动物园、植物园、自然保护区以及博物馆相关单位的生存和发展问题；积极推进开展与自然科学类博物馆业务有关的国际交流

续表

序号	组织名称	业务主管单位	成立时间	组织类型	业务范围
27	中国自然科学博物馆协会	中国科学技术协会	1980	社会团体	与合作；编辑出版与本会宗旨相符合的会刊、会讯、以及有关信息资料、书刊、声像材料等；兴办与本会宗旨相符的实体；为会员提供相关服务
28	中国文物保护技术协会	中国科学技术协会	1980/12	社会团体	开展各种不同形式的学术交流活动，加强自然科学和社会科学学科之间的联系，以促进文物科技工作者之间的联系和科学技术水平的提高；开展国际文物科技的学术交流活动，增进同国外文物机构和学者的友好联系；宣传文物保护的意义，普及文物科技知识，总结传统文物保护经验，推广现代先进技术成果；编辑、出版文物科技书刊；接受业务主管部门委托进行的文物科技业务和管理方面的活动；提供技术咨询和技术服务；对文物科技工作提出合理化建议，向文物管理部门反映科技工作者的意见和呼声，发挥咨询作用；根据文物科技工作的需要，开展继续教育，帮助科技工作者补充新的知识，提高会员业务水平，发现并推荐人才，受政府相应部门委托，表彰和奖励在科技活动中取得优秀成绩的会员和科技工作者；保障会员进行科技活动的正常权利，开展为科技工作者服务的各种活动
29	中国考古学会	中国社会科学院	1979/4	社会团体	促进全国考古工作者之间的学术交流，定期组织专题讨论，推动中国考古事业的发展，提高考古研究的科学水平

表4　地方性文物保护社会组织一览表①

省份	序号	名称	业务主管单位	成立时间	类型	业务范围
北京市	1	北京市文物保护协会	北京市文物局	1985/8	社会团体	专业研究、学术交流、社会宣传、咨询服务、编辑专刊
	2	北京博物馆学会	北京市文物局	1985/7	社会团体	开展博物馆学理论研究、学术交流、成果鉴评、专业培训、咨询服务、编辑专刊
	3	北京考古学会	北京市文物局	1994	社会团体	开展考古学研究、学术交流、专业培训、咨询服务、编辑专刊
	4	北京文物保护基金会	北京市文物局	1988/8	基金会	为文物事业筹集资金，开展学术交流，咨询服务，人才培训，编辑专业刊物
	5	北京故宫文物保护基金会	北京市文物局	2010/9	基金会	资助故宫博物院建设、藏品保护开发及其他社会文化公益活动；奖励文物、博物馆学等相关领域的教学和研究
	6	北京文化遗产保护中心	北京市文物局	2003/4	民办非企业单位	文化遗产保护的调查；文化遗产保护的宣传、咨询和委托培训
	7	北京歌华文化遗产发展中心	北京市文物局	2003/3	民办非企业单位	研究文化遗产项目开发和发展，从事文化遗产保护方面的展览，展示，策划和咨询，举办学术交流，技术引进，为文化遗产保护筹集资金

① 地方性文物保护组织包括省级及省级以下的社会组织，以及跨区域的社会组织。此表信息来源渠道较为多元，因而详略程度不一。此表部分数据来源于各省（区、市）民政部门网站，很多省（区、市）民政部门网站没有相关内容，因此，国家文物局官网、各省（区、市）文物局和博物馆网站、各种新闻报道等都是数据的来源渠道。尽管花了很大精力来收集相关信息，依然有很多信息无从获得，难以做到全面和准确。因此，此表只能大致反映出地方性文保组织的基本情况。

续表

省份	序号	名 称	业务主管单位	成立时间	类型	业务范围
北京市	8	北京民族文化遗产保护基金会	北京市文化局	2007/3	基金会	筹集资金、接受捐赠，开展文化交流，奖励优秀文化人才，保护民族文化遗产，从事促进文化事业发展的公益活动
	9	北京收藏家协会	北京市文物局	2003/12	社会团体	编辑专刊，成果鉴评，对外交流，课题研究，联谊活动，人才培训，文物收藏，信息交流，学术交流
	10	北京市京西古道文化发展协会	北京市门头沟区文学艺术界联合会	2008/12	社会团体	组织古道文化展览、展示；组织古道文化旅游产品开发，旅游观光；保护及修复京西古道文化遗址、遗迹；组织书画摄影宣传京西古道文化资源；编辑京西古道文化会刊
	11	北京市东城区文物保护协会	北京市东城区文化委员会	1999/5	社会团体	理论研究、法规宣传、信息交流与开发、专业培训、咨询服务、学术研讨与交流
	12	北京市西城区文物保护协会	北京市西城区文化委员会	2008/12	社会团体	法规宣传、咨询服务、经验交流、编辑专业刊物
	13	北京市朝阳区文物博物馆专门人才培训中心	北京市朝阳区教育委员会	2004/3	民办非企业单位	办学层次：中级教育；办学形式：业余面授（短期）；办学范围：文物博物馆学、文化艺术类、成人高考辅导
	14	北京市石景山区文物保护协会	北京市石景山区文化委员会	2000/10	社会团体	开展社会调查和研究工作，提供咨询服务，组织专业知识讲座，编辑文物专集，促进学术交流

续表

省份	序号	名称	业务主管单位	成立时间	类型	业务范围
北京市	15	北京市通州区文物保护协会	通州区文化委	2007/5	社会团体	法规宣传、咨询服务、文物保护、专业服务、专业培训、专业研究、编辑专刊、学术交流
	16	北京市房山区文物保护学会	北京市房山区文化委员会	2007/10	社会团体	信息交流、技术交流
	17	北京市怀柔区文物保护协会	北京市怀柔区文化委员会	2001/6	社会团体	政策宣传、专项研究、业务培训、咨询服务、经验交流、协调管理、编辑刊物
	18	北京市西城区文化遗产教育中心	北京市西城区教育委员会	2010/9	民办非企业单位	文化遗产的宣传、交流及教育
	19	北京市门头沟区大台地区文化遗产保护协会	北京市门头沟区文化委员会	2005/12	社会团体	负责本地区文物古迹的保护、维修，传统民俗民间文化的继承、传承和发展工作
	20	北京市延庆区文物保护协会	延庆区文化委员会	2011/3	社会团体	进行文物的调查研究、宣传展览、保护鉴定、考察培训、产品开发等
	21	密云区文物保护协会	密云区文化委员会	2000/4	社会团体	开展与文物保护有关的法规宣传、科学考察、学术交流专业研究、专业培训、经验交流
天津市	1	天津市文物博物馆学会	—	1999/12	社会团体	文物博物馆学术研究

续表

省份	序号	名称	业务主管单位	成立时间	类型	业务范围
天津市	2	天津市收藏家协会	—	2011/5	社会团体	组织有关民间收藏的学术研究，开展多种形式的藏品展示与交流活动，抢救和保护文物
	3	天津市冯骥才民间文化基金会	—	2004/12	基金会	遵循基金会的设立宗旨，接受国内外的捐赠；支持和资助具有重要性和紧迫性的民间文化抢救和保护项目；支持和资助具有重要学术价值的民间文化研究项目；策划和组织旨在弘扬和发展中华民间文化的文化交流项目；奖励和表彰对民间文化抢救和保护工作做出重要贡献的团体和个人
河北省	1	河北省文物考古学会	—	—	社会团体	—
	2	河北省博物馆学会	河北省文物局	1984	社会团体	组织博物馆学研究，提高博物馆工作者的业务和学术水平；加强馆际间学术交流，增进省内外博物馆的联系与了解；开展博物馆业务咨询；提供符合学会宗旨的社会服务；配合国家和省内业务行政主管部门开展业务活动
	3	河北省收藏家协会	—	2011/5	社会团体	组织评选出民间收藏家，举办书画藏品展，举办民间收藏研讨会

续表

省份	序号	名称	业务主管单位	成立时间	类型	业务范围
河北省	4	石家庄市文物博物馆学会	—	2009/11	社会团体	加强对石家庄历史的挖掘、研究和宣传，策划组织文物、传统工艺品、现代工艺等文化产品的展览活动等
	5	保定市文物保护协会	—	—	社会团体	调查研究、咨询活动
山西省	1	山西考古学会	—	1984/12	社会团体	开展考古学术交流与学术研究，考察省内重要的考古遗址
	2	山西省收藏家协会	—	1990	社会团体	—
	3	山西文博志愿者之家	—	2013	—	以“爱护文物 守望历史家园、人人参与 共享文明成果”为理念，面向全省乃至全国为广大文博行业志愿者提供公益服务
	4	运城市文物保护协会	—	2008/4	社会团体	团结广大文物保护、研究和管理工作者，做好文物保护工作
	5	山西明道文物保护基金会	山西省文物局	2013	基金会	发挥政府与社会力量和民间资金投入文物保护工作的助手和桥梁作用，引导和组织民间文物保护行动，宣传普及文保知识，资助文物保护项目，为保护抢救山西文物、继承弘扬三晋文化做力所能及的工作

续表

省份	序号	名称	业务主管单位	成立时间	类型	业务范围
内蒙古自治区	1	内蒙古自治区考古博物馆学会	内蒙古自治区文化厅	—	社会团体	理论研究，学术交流，举办文物展览，编辑刊物
	2	内蒙古文化遗产保护与发展协会	—	—	社会团体	集合全社会的力量保护文化遗产
	3	内蒙古北方民族文化遗产研究会	内蒙古自治区社科联	—	社会团体	—
	4	内蒙古蒙古族文化遗产保护与发展基金会	内蒙古自治区文化厅	2009	基金会	募集、管理和使用基金；接受国内外政府部门、社会团体、企事业单位和个人的捐赠；挖掘、抢救、保护民族民间文化与非物质文化遗产，促进民族、民间文化与非物质文化遗产的传承；资助培养奖励民族民间文化艺术传承人和民族文艺拔尖人才；开展影视、音像、多媒体传媒、编辑出版、教学培训、海内外学术交流、民族民间工艺美术、大型专题文艺表演等相关系列文化传播活动；法律、法规允许的其他相关活动
	5	内蒙古收藏家协会	—	—	社会团体	学术交流、举办展览、业务培训、咨询服务
	6	内蒙古红山文化学会	—	2008/12	社会团体	整合红山文化考古与科研资源，共同追踪草原文化、中华文明的起源及发展脉络

续表

省份	序号	名 称	业务主管单位	成立时间	类型	业务范围
内蒙古自治区	7	内蒙古非物质文化遗产保护与发展协会	—	2007/6	社会团体	增进全社会对文化遗产以及草原历史文化内涵的非物质文化遗产的认识和了解，提高全社会公众挖掘、整理、抢救、传承、发展、保护非物质文化遗产的意识，宣传非物质文化遗产保护成果，营造全社会共同参与氛围，大力弘扬优秀民族、民间传统文化，促进民族文化大区、首府文化大市建设
辽宁省	1	辽宁省博物馆学会	辽宁省文化厅	1999/10	社会团体	开展学术交流，搜集编辑资料，提高专业水平，增进省内文博机构和会员之间的联系
	2	辽宁省考古学会	辽宁省文化厅	1999/10	社会团体	组织开展科学研究和学术交流活动；搜集、整理并提出中外文物保护、考古调查、发掘和研究方面的学术资料和信息；推荐、出版会员的科研成果，编辑出版有关学术资料
	3	辽宁省红山文化研究会	辽宁省文化厅	2006/1	社会团体	召开年会，研究会，交流会，组织著名红山文化学术讲座，对疑难问题进行解答，组织收藏品展览
	4	辽宁省收藏家协会	辽宁省文化厅	2004	社会团体	收藏文化艺术方面的研究；出版刊物；开办讲座、交流、培训、展览、鉴定、评估、服务、礼品艺术品的监制与发行

续表

省份	序号	名 称	业务主管单位	成立时间	类型	业务范围
辽宁省	5	沈阳市文物保护协会	—	2011/12	社会团体	宣传文物保护的法律法规；协助政府完善文物保护措施；积极引导和组织会员通过多种渠道和形式，围绕沈阳市文化遗产保护工作广献良策，协助党委和政府妥善处理城市建设与文物保护之间的矛盾
	6	桓仁县地方史研究会	桓仁县党史办	2002/5	社会团体	组织会员学习，普及地方历史知识，征集考订历史资料、文物和遗迹
	7	锦州市文物博物馆学会	—	2001/5	社会团体	组织会员参加学术研究，开展各种形式的学术活动，普及文物基础知识，交流省内外文物保护利用经验，不定期编辑出版文博刊物
	8	鞍山市文物博物馆学会	—	—	社会团体	科学展览、科学研究
	9	本溪市文物博物馆学会	本溪市文化局	2001/4	社会团体	学术研究、业务交流
	10	铁岭市考古博物馆学会	—	—	社会团体	开展研究活动，促进考古事业发展
吉林省	1	吉林省博物馆协会	—	2011/3	社会团体	搭建博物馆行业内部沟通协作平台，组织有关博物馆学的研究和学术活动，开展博物馆业务培训、经验交流等
	2	吉林省考古学会	—	1979/10	社会团体	学术交流、编辑书刊、友好往来

续表

省份	序号	名 称	业务主管单位	成立时间	类型	业务范围
吉林省	3	吉林收藏家协会	—	1996/9	社会团体	普及收藏、鉴赏知识
	4	吉林省古迹遗址保护协会	—	2015	社会团体	制订规章制度；开展吉林省考古遗址公园、吉林省优秀文物保护工程项目、吉林省优秀考古发掘项目评选工作及组织开展文物保护工程从业人员培训工作
黑龙江省	1	黑龙江省文物博物馆协会	黑龙江省文化厅	—	社会团体	学术研究，政策咨询和联系，协调、支持各博物馆开展业务活动
	2	黑龙江省收藏家协会	黑龙江省文化厅	1992	社会团体	收藏展览、文物鉴赏、学术研究、文物法律知识竞赛
	3	大庆市文物博物馆学会	大庆市文化局	1995/12	社会团体	大庆市文博研究、创新发展、宣传普及和学术交流等活动
上海市	1	上海文物博物馆学会	上海市社科联	1994/2	社会团体	组织文博学术研究，开展国内外学术交流，编印资料
	2	上海金城文物艺术专修学院	上海市普陀区教育局	2007/8	民办非企业单位	高等及高等以下非学历业余培训（艺术、职技、考古与文物鉴定、文物修复、书画鉴定、印章篆刻）
	3	上海市收藏协会	上海市文化广播影视管理局	1986/6	社会团体	弘扬中华民族文化，开展民间收藏活动，促进中外文化交流

续表

省份	序号	名 称	业务主管单位	成立时间	类型	业务范围
上海市	4	上海天机文化遗产发展中心	上海市长宁区文化局	2011/7	民办非企业单位	承办政府委托的文化服务项目；提供信息、合作交流，组织并开展有关文化遗产的专业论坛和相关比赛、演艺、展览、咨询服务等
	5	上海东方文化遗产发展中心	上海市虹口区文化局	2010/9	民办非企业单位	承办政府委托的文化服务项目；提供信息、合作交流，组织专业论坛、比赛、演艺、展览、培训，咨询服务等
	6	上海阮仪三城市遗产保护基金会	上海市城市规划管理局	2006/6	基金会	设立基金资助项目，主要用于支持上海城市遗产保护事业，并兼顾周边地区的城市遗产保护事业；资助和奖励对上海及周边地区城市遗产保护事业作出杰出贡献的个人和组织，设立固定的奖项以及资助申报的民间保护项目；进行城市遗产的科研、教育和宣传等活动，为政府和民间的城市遗产的保护活动提供咨询和技术支持；积极与国内外组织和个人合作，支持、参与上海及周边地区城市遗产保护事业有关的项目，以及按照捐赠者的意愿进行的资助

续表

省份	序号	名 称	业务主管单位	成立时间	类型	业务范围
上海市	7	上海世华民族艺术瑰宝回归基金会	—	2009	基金会	坚持以“弘扬中国优秀传统文化，保护中国文物艺术珍品，培训文物艺术品收藏、鉴赏和投资人才”为宗旨，依托北京大学公共考古与艺术中心和国内一批文博教学精英为基础，为培训文物艺术品鉴赏、收藏和投资人才服务
江苏省	1	江苏省文物保护学会	江苏省社科联	2011/7	社会团体	宣传贯彻《文物保护法》；开展专题调研和学术活动；开展文物学术研究及国内外文物学术交流活动；编辑、翻译、出版文物资料及文物鉴定、估价、保护相关专著书刊；拍摄相关资料和电视片，举办文物展览；协助有关单位开展文物鉴定设备和方法及文物保护材料的科技研究，开展文物的仿制、复制、咨询、鉴定评估与保护等各项工作
	2	江苏省博物馆学会	江苏省文化厅	1980/9	社会团体	组织开展有关江苏省的博物馆学研究；组织开展有关陈列、保管、考古征集、讲解等与博物馆学相关学科的综合研究；组织开展学术交流活动；编辑出版学术研究成果；向社会普及博物馆知识；积极培养博物馆学人才

续表

省份	序号	名 称	业务主管单位	成立时间	类型	业务范围
江苏省	3	江苏省考古学会	江苏省文化厅	1980/9	社会团体	积极开展学术活动；开展国内、国际间的学术交流；普及文物考古知识，编辑出版有关文物考古的资料
	4	江苏省收藏家协会	江苏省文化厅	2004/6	社会团体	开展收藏文化、艺术诸方面的学术研究，进行藏品的交流、展览、鉴赏、评估、开发、收藏爱好者的培训、咨询服务及联谊活动
	5	无锡市文化遗产保护基金会	江苏省文化厅	2007/4	基金会	资助文化遗产研究课题；资助历史文化名城重点工程建设项目；资助成果出版；表彰奖励文保先进个人；资助民营、个人出资修缮保护文物保护单位工程
	6	连云港市文物保护学会	连云港市社科联	2012/7	社会团体	宣传贯彻《文物保护法》；开展专题调查研究；文物保护学术研究；编辑、翻译、出版文物保护资料和专业年刊、拍摄文物资料和电视片；协助有关单位开展文物保护研究，开展文物保护咨询、文物鉴赏、文物修复等各项工作
	7	南京博物馆协会	—	—	社会团体	政策法规宣传、交流协作、业务培训、编辑

续表

省份	序号	名 称	业务主管单位	成立时间	类型	业务范围
江苏省	8	苏州博物馆协会	苏州市文广局	2003/10	社会团体	规范行业管理；加强馆际交流，讨论、研究、解决博物馆开办、运作及发展中的有关共性问题；进行文博知识与文物政策的学习、宣传；藏品管理、陈列展览的讨论和咨询；学术研究的交流及工作人员的业务培训；协助文化主管部门对各博物馆工作的检查、评选及表彰奖励；协助政府及其有关部门制订博物馆的行业发展规划、管理规章制度和有关政策
	9	苏州古城拍摄记录志愿者协会	苏州市文广局	2007	社会团体	文物调查研究，古城拍摄记录
	10	宿迁市考古学会	—	2010/11	社会团体	组织开展有关淮河下游地区与考古学相关学科的综合研究，编辑出版学术研究成果，向社会普及考古知识，积极培养考古学人才
	11	保护和传承楚州历史文化志愿者联盟	—	2009/6	社会团体	拍摄、记录当地文化遗产影像史料和记录历史变迁；配合政府有关部门对民族、民间文化遗产进行有效保护、开发和利用
	12	镇江市文物保护协会	镇江市文广新局	2015	社会团体	从事文物保护政策法规的宣传，文物现状的保护与研究，文物保护单位的巡查与认领，提出文物保护工作的建议与意见等

续表

省份	序号	名称	业务主管单位	成立时间	类型	业务范围
浙江省	1	浙江省博物馆学会	浙江省文化厅	1986/7	社会团体	组织博物馆学的学术研讨，提高博物馆的业务、学术水平；开展学术交流，增进国内外博物馆及博物馆工作者之间的联系；组织博物馆界的理论、相关技能的培训；组织开展博物馆之间陈列展览的交流、引进（出）；负责博物馆工作的咨询；编辑、出版有关资料、书籍；开展与博物馆、文物保护相关的技术服务、经营、咨询等工作
	2	浙江省考古学会	浙江省文化厅	1986	社会团体	学术交流、业务培训、咨询、服务
	3	浙江省收藏协会	浙江省社科联	1996/5	社会团体	收藏、保护祖国珍贵的历史文化遗产，弘扬中国传统文化；丰富群众文化生活，引导会员通过收藏的实物资料，开展藏品研究、陈列展览和交流活动
	4	宁波市文物考古博物馆学会	—	1991	社会团体	开展文物学、考古学、博物馆学等学科的学术研究和交流活动
	5	宁波市海曙区历史文化遗产保护者协会	—	2003/8	社会团体	海曙区乃至宁波市的文物保护
	6	洞头县文物保护协会	—		社会团体	文物保护

续表

省份	序号	名称	业务主管单位	成立时间	类型	业务范围
浙江省	7	浙江省非物质文化遗产保护协会	浙江省文化厅	2010/7	社会团体	协助完成省级非物质文化遗产保护任务；调查、搜集、整理、研究浙江省非物质文化遗产；加强非物质文化遗产理论研究和资料整合，编辑出版相关书籍、杂志、音像制品等；培养非物质文化保护人才；组织学术讨论；配合有关部门举办全省性非物质文化遗产宣传、展示活动；开展对外学术交流
安徽省	1	安徽省文物学会	安徽省社科联	2013/10	社会团体	宣传贯彻《文物保护法》；开展有关文物的各种专题调查研究；开展文物学术研究及省内和省际的学术交流活动；编辑、翻译、出版文物资料、文物专著书刊，举办文物展览；协助有关单位开展文物保护材料的科技研究，开展文物的仿制、复制、咨询、鉴定等各项工作；开展文物交流活动；举办文物知识、技、技能班培训，培养文物人才
	2	安徽省博物馆学会	安徽省文化厅	1981	社会团体	普及博物馆学基础知识，积极开展博物馆学的研究和学术活动，提高博物馆业务水平和学术水平；组织经验交流，促进全省博物馆工作者之间的联系；增进全省博物馆馆际之间的协作；了解省内外博物馆动态，编辑出版本会会刊和有关资料

续表

省份	序号	名 称	业务主管单位	成立时间	类型	业务范围
安徽省	3	安徽省考古学会	—	—	社会团体	—
	4	安徽省收藏家协会	—	2002/6	社会团体	宣传徽派文化、举办藏品展、专题研讨会
	5	寿县非物质文化遗产保护研究协会	—	2010/6	社会团体	非物质文化遗产调查、分析、研究；组织非物质文化遗产学术交流、特色展示等活动
福建省	1	福建省文物考古博物馆学会	—	1987/5	社会团体	学术研究、交流，文物展览，编辑会刊
	2	福建省收藏家协会	福建省文化厅	1991/9	社会团体	开展民间收藏品的发掘、收集和交流；社会收藏的知识传播、经验交流和培训；收藏品的咨询、鉴定服务；展示收藏成果；开发收藏文化资源；建设社会收藏文化理论；为海峡两岸民间收藏文化的交流活动牵线搭桥
	3	福建省云霄县文物保护协会	—	1991/10	社会团体	宣传文物保护政策和法规，维修、保护、管理文物保护单位等
	4	南靖县文物保护协会	—	2003/7	社会团体	文物保护、维护
	5	莆田市文物保护协会	—	2010/6	社会团体	完善文物保护网络，推进文物保护工作的开展
	6	长汀县汀州府城隍庙文物古迹修复协会	—	1999	社会团体	修复汀州府城隍庙

续表

省份	序号	名称	业务主管单位	成立时间	类型	业务范围
福建省	7	汀州天后宫文物古迹修复协会	—	1994/8	社会团体	修复汀州天后宫
山东省	1	山东省博物馆学会	山东省文化厅	1982/12	社会团体	组织博物馆学的研究和学术活动，提高博物馆及其工作者的业务和学术水平；开展博物馆之间的业务协作与工作交流，增进博物馆工作者的联系；编辑会刊及有关博物馆学的著作和资料；开展博物馆业务咨询；提供符合学会宗旨的社会服务
	2	山东省文物保护与收藏协会	—	2013/1	社会团体	举办学术讲座，组织文物鉴赏活动，编辑出版《山东文物精品大系》丛书计划，举办收藏文物精品大展
	3	山东省收藏家协会	山东省文联	1998/12	社会团体	团结组织收藏家和收藏爱好者举办藏品交流展览、收藏知识讲座、培训收藏骨干、组织参观学习、联谊、交友等活动，举办大型收藏知识讲座，免费给收藏者鉴定收藏品等
	4	山东省考古学会	—	1982/8	社会团体	学术研究、学术交流、成果出版
	5	即墨市七级镇文物保护协会	—	1998/3	社会团体	及时反映会员要求和意愿，维护会员的合法权益；围绕民俗、文化搞好基本建设，修复新建庙宇，恢复双塔古建筑群；进行会员之间的合作与交流；开展旨在提高会员科技水平和先进的经营管理方式培训活动

续表

省份	序号	名称	业务主管单位	成立时间	类型	业务范围
山东省	6	威海市文物保护技术协会	威海市文联	2002	社会团体	文物保护研究
	7	青岛市文物博物馆学会	—	2003/9	社会团体	学术交流、汇编资料、提供信息
	8	淄博市文物博物馆学会	淄博市社科联	—	社会团体	文物保护、宣传教育、科学研究
	9	淄博市考古学会	淄博市文物局	2011/8	社会团体	组织学术活动，加强学术交流，编辑出版学术研究成果和有关文物考古资料，开展考古学普及展览，让考古知识进学校、进课堂，并组织“考古夏令营”
	10	淄博文昌古陶瓷博物馆	—	1996	社会团体	淄博窑古陶瓷的收藏、保护、传承与研发
	11	山东省新泰市民间文艺家协会	—	2014	社会团体	—
	12	泰安市博物馆学会	—	1991/12	社会团体	学术交流、文物保护宣传、编辑学术资料
	13	烟台市博物馆协会	—	2012/4	社会团体	组织博物馆学的研究和学术活动，开展市区间博物馆学术交流活动，编辑会刊及通讯
	14	山东省非物质文化遗产保护协会	山东省文化厅	2011/1	社会团体	调查、搜集、整理、研究山东省非物质文化遗产

续表

省份	序号	名称	业务主管单位	成立时间	类型	业务范围
河南省	1	河南省博物馆学会	河南省文物管理局	1984/12	社会团体	—
	2	河南省文物考古学会	—	—	社会团体	—
	3	河南省收藏家协会	河南省文化厅	1994	社会团体	举办藏品展览、藏品鉴定、学术交流等活动
	4	新乡市文物保护者协会	新乡市文物管理局	2007/1	社会团体	宣传文物保护法规；义务对全市文物保护单位进行巡视保护；开展文物知识的普及学习、研究和交流；协助政府普查新乡的田野文物
	5	安阳殷墟文化遗产保护协会	—	2006/6	社会团体	积极开展安阳殷墟文化遗产保护活动，依法维护其相关知识产权；出版会刊或相应的学术资料；定期召开学术交流活动，举办研讨会、联谊会，加强与其他世界遗产地之间的联系；协助文物管理部门加强对文物遗产的抢救和保护；开展专业知识培训及专业文化咨询等
	6	卫辉市文物保护协会	—	2008/12	社会团体	—
	7	长垣县文物保护协会	长垣县文化局	2009/11	社会团体	保护辖区内地上、地下可移动文物和不可移动的文物实物及古文化遗存
	8	平顶山民间文化保护协会	—	2006	社会团体	—

续表

省份	序号	名称	业务主管单位	成立时间	类型	业务范围
湖北省	1	湖北省博物馆协会	—	2010/10	社会团体	—
	2	湖北省考古学会	—	2001/9	社会团体	—
	3	湖北省收藏家协会	湖北省科学技术协会	2002/8	社会团体	广泛普及收藏知识，大力宣传收藏活动的社会意义；开展多层次、多形式的收藏品展览和交流活动；进行法规、政策和道德教育，引导会员树立正确的收藏观；组织专家学者深入开展收藏学术研究
	4	武汉文化遗产协会	武汉市文联	2011/12	社会团体	为全市各类物质文化遗产登录、申报各级文物保护单位和为全市各类非物质文化遗产登录、申报各级非物质文化遗产代表作提供专业指导；开展文化遗产保护、研究、利用和传承，推动开展文化遗产研究，为政府提供决策咨询服务；组织加强对文化遗产理论的研讨，举办有关文化遗产的学术讲座，宣传、推广文化遗产保护知识和成果，提升全市文化遗产保护水平；协调组织指导文化遗产的鉴定、鉴赏、展示、展销、宣传、推介、拍卖、交流等重大活动；组织会员外出学习、参观、考察和学术交流等相关的活动，提高会员对文化遗产的保护意识、理论水平和实践能力；培养从事文化遗产保护工作的传承者、

续表

省份	序号	名称	业务主管单位	成立时间	类型	业务范围
湖北省	4	武汉文化遗产协会	武汉市文联	2011/12	社会团体	研究者、保护者、经营者、管理者、爱好者，发展协会会员
	5	宜昌市文物博物馆协会	宜昌市文化局	2011/1	社会团体	—
	6	襄阳拾穗者民间文化工作群	襄阳市文化新闻出版局	2013	民办非企业单位	致力于民间文化、地域文化和汉水文化的整理、研究、保护和传播，“回到田野 守望故乡”是其核心理念，志愿奉献是其核心价值
	7	武汉共享遗产研究会	—	2015/4	社会团体	以促进武汉申请世界文化遗产、打造设计之都为目标，推进武汉文化遗产的保护与发展
湖南省	1	湖南省博物馆学会	湖南省社科联	1982/6	社会团体	普及博物馆学基础知识，积极开展博物馆学的研究和学术活动，提高博物馆业务水平和学术水平；组织经验交流，开展学术交流活动，促进全省博物馆工作者之间的联系；增进全省博物馆馆际之间的协作，增进同省外博物馆及博物馆工作者之间的联系；通过中国博物馆学会，参加国际学术交流活动；了解省内外博物馆动态，编辑出版本会会刊和印发有关资料

续表

省份	序号	名 称	业务主管单位	成立时间	类型	业务范围
湖南省	2	湖南省考古学会	—	1982	—	—
	3	湖南省收藏协会	—	—	—	—
	4	老司岩民族民间文化遗产保护协会	古丈县文化局	2006/7	社会团体	开展文物保护法律法规宣传活动，推动民族民间文化遗产保护
	5	株洲市考古与博物馆学会	株洲市文物局和株洲市社会科学联合会	2011/11	社会团体	组织本地区考古学和博物馆学的研究和学术活动，为繁荣发展考古和博物馆事业服务；组织开展全地区各文博单位之间的学术交流活动；编辑会刊、通讯、考古和博物馆学术专著、资料；组织会员参加社会科学优秀成果评奖，向有关部门推荐优秀人才和优秀成果；举办考古学和博物馆学讲座及培训班，提高考古及博物馆工作者的业务和学术水平；提供符合学会宗旨的社会服务；配合业务行政主管部门开展业务活动，交流工作经验
	6	攸县文物保护协会	—	—	—	—
广东省	1	广东省文物博物馆学会	广东省文化厅	1988/7	社会团体	组织有关文物、博物馆学的研究和学术活动；组织经验交流，促进博物馆和各有关学术研究机构之间的联系与协作；组织广东省文博系统与国外文物、博物馆界的学术交流活动；开展有关行业协

续表

省份	序号	名称	业务主管单位	成立时间	类型	业务范围
广东省	1	广东省文物博物馆学会	广东省文化厅	1988/7	社会团体	调自律，行业服务工作；编辑书刊，编译文物、博物馆学资料；对在文物、博物馆学的研究或对文博工作有贡献的会员给予表彰或奖励
	2	广东省文物保护基金会	广东省文化厅	1999	基金会	资助各种宣传文物保护的相关活动，如展览、交流、讲座、培训、出版等；支持文物保护项目；资助对社会流散珍贵文物的征集；开展省内外、国内外文物保护工作交流
	3	广东省收藏家协会	广东省人民政府参事室	1998	社会团体	开展收藏品慈善义卖、义卖助学、现场挥毫义卖赈灾，免费为市民鉴定收藏品等慈善公益活动，捐赠文物
	4	广东省古迹保护协会	—	2015	社会团体	开展行业服务、组织行业考评和表彰、维护行业整体利益、促进行业的健康发展、规范广东省古迹保护行业生产、完善古迹保护工作、推动广东省文化遗产保护
	5	茂名市文物研究会	—	—	—	—
	6	肇庆市文物博物馆协会	—	2012/5	社会团体	团结和组织文博博物馆专家学者和广大文博爱好收藏者，积极开展文物保护各专业学科的理论研讨和学

续表

省份	序号	名 称	业务主管单位	成立时间	类型	业务范围
广东省	6	肇庆市文物博物馆协会	—	2012/5	社会团体	术交流，以提高肇庆市文物保护、研究、宣传、利用及管理水平，协助文物主管部门贯彻执行文物保护法及相关法律法规，对肇庆市文物保护管理工作中的重大决策和重要技术问题提出建议和意见
	7	江门文物学会	—	—	—	—
	8	汕头市文物博物馆学会	—	—	—	组织文物、博物馆学的研究、交流、编辑出版会刊等
	9	古村之友	—	2014/11	民办非企业单位	以古村与乡土文化保护为基，以乡村全面复兴、乡土社会长治久安为终极目标，为全国三十个省、近千个县市共计数万的古村落保护与活化志愿者社群搭建平台、研发模式，共同推动古村落的全面保护与活化
	10	湛江市古迹保护协会	—	2016	社会团体	团结和凝聚社会力量，积极从事本市辖区内文化遗存的保护、研究、推广和普及，为文化遗存的保护工作提供专业咨询服务
广西壮族自治区	1	广西考古博物馆学会	—	1990/1	社会团体	开展文物考古知识宣传，组织年会、学术活动，编辑书刊
	2	广西文物收藏家协会	—	1990/9	社会团体	举办文物法规、知识、技能讲习、举办交流、考察、观摩活动；主办收藏品展览，协办私人博物馆

续表

省份	序号	名 称	业务主管单位	成立时间	类型	业务范围
江西省	1	江西省博物馆学会	—	—	社会团体	理论研究、学术探讨、经验交流
	2	江西省考古学会	—	—	社会团体	开展各种不同形式的学术活动，以促进省内考古工作者之间的联系和学术水平的提高；参加全国和省际之间的学术交流，增进与国内考古机构和学者的联系；编辑刊物，出版文物考古资料
	3	江西省收藏协会	江西省文化厅	2004/12	社会团体	举办展览、文化交流、业务培训、咨询服务、学术研究
	4	新营村文物保护协会	—	2006	—	修缮文物保护单位
	5	海口村文物保护管理协会	—	2007	—	调查、登记海口村、古民居和古樟，收集整理和挖掘海口村古文化资料
海南省	1	海南省文物研究会	海南省社科联	2006/10	社会团体	编辑出版报刊杂志；组织建立文物保护基地；组织文物藏品交流，展览；藏品鉴定，为民间收藏提供有偿服务；组织文物收藏知识培训
	2	海南省收藏家协会	海南省文联	2012/9	社会团体	沟通海内外收藏爱好者的联系，开展收藏品的交流、鉴定、展览及学术研究，促进海南民间收藏水平的不断提高；为保护、抢救海南历史文物发挥积极作用

续表

省份	序号	名称	业务主管单位	成立时间	类型	业务范围
重庆市	1	重庆市博物馆学会	重庆市文化广播电视局	2004	社会团体	理论研究、交流、编辑刊物
	2	重庆市收藏协会	重庆市社科联	—	—	—
	3	重庆市南岸区巴渝公益发展中心（重庆市文物保护志愿者服务队）	—	2012	民办非企业单位	致力于重庆传统文化的传承与发展，开展重庆市老街文物实地调查，全面梳理重庆历史文化名城各片的文物和典型建筑；协助参与开展重庆市历届文化遗产宣传月活动，开展文物保护志愿服务队培训会；走进文物保护现场，参与全市文物考古发掘志愿服务活动，协助进行考古发掘；通过重庆考古网、三峡论坛等网络平台，向文物部门提供线索
贵州省	1	贵州省收藏家协会	贵州省文化厅	2002/5	社会团体	组织收藏家学术研究、学术交流、收藏品展览、咨询、培训并开展鉴定服务；展示收藏成果；开发收藏文化资源；建设社会收藏文化理论
	2	贵州省安顺地区文物爱好者协会	—	—	—	宣传文物法规，传播文物知识，组织学术研讨
云南省	1	云南省文物博物馆协会	—	2001/1	社会团体	—
	2	云南省收藏家协会	—	2006/8	社会团体	—

续表

省份	序号	名称	业务主管单位	成立时间	类型	业务范围
云南省	3	大理古城文化遗产保护协会	—	2013/6	社会团体	—
	4	昆明市非物质文化遗产保护协会	—	2010/12	社会团体	致力于非物质文化遗产保护、研究、传承和利用工作，抢救和保护昆明市非物质文化遗产，弘扬优秀民族民间文化
四川省	1	四川省博物馆学会	四川省文化厅	2009/6	社会团体	增进相关博物馆人员的联系与了解；开展和提供相关学术交流、咨询、社会服务；刊物编辑
	2	四川省收藏家协会	四川省文化厅	1997/3	社会团体	举办藏品展馆，提倡、鼓励会员撰写、发表、出版藏品研究的文章和书籍
	3	四川省古迹遗址保护协会	—	2014	社会团体	文物保护专业咨询，文物保护工程管理，推动社会组织承担或参与行业管理
	4	成都古迹遗址保护协会	—	2015	社会团体	致力于有效保护、合理利用古迹遗址，为市内古迹遗址保护提供技术支持，培训相关人才，组织和实施文化遗产保护、研究合作、交流项目；协助市级相关部门开展文化遗产保护、管理、申报工作；建立行业与行政管理部门的沟通渠道，发挥桥梁与纽带作用
西藏自治区	1	西藏自治区收藏家协会	西藏自治区文联	2003/5	社会团体	联合社会力量，为收藏、保护、研究、弘扬西藏民族民间工艺民俗器物积极开展工作

续表

省份	序号	名称	业务主管单位	成立时间	类型	业务范围
陕西省	1	陕西省博物馆学会	—	1985/11	社会团体	—
	2	陕西省考古学会	—	1999/10	社会团体	学术讨论
	3	陕西省收藏家协会	陕西省文联	1996/6	社会团体	学习宣传国家有关文物保护和民间收藏的政策、法规，传授有关文物艺术品和民间收藏的科学知识；组织有关民间收藏学术研究和宣传教育活动；组织经验交流和藏品展示；开展学术交流活动；编辑会刊及民间收藏资料
	4	渭南市文物保护协会	—	2010/1	社会团体	营造全民保护文物的氛围，推动渭南文保工作
	5	铜川市耀州区陈家坪村文物保护协会	—	2004	—	维护和修缮泰伯庙古建筑及庙内的珍贵壁画
	6	唐大明宫遗址文物保护基金会	—	2008/10	基金会	联络和争取关心唐大明宫遗址、文物保护及博物馆事业的团体和个人的支持、赞助；增进文物界、博物馆间的交流与合作；促进大明宫遗址区文物保护展示、博物馆事业的发展及相关科学研究等工作
	7	陕西秦兵马俑文物保护基金会	陕西省文物局	2014	基金会	推动秦兵马俑的发掘、保护、陈列、研究等各方面的发展；开展宣传秦始皇帝陵及兵马俑相关的公益活动，进行传统优秀文化公益倡导

续表

省份	序号	名称	业务主管单位	成立时间	类型	业务范围
陕西省	8	陕西省西安城墙保护基金会	—	2011	基金会	开展各类文物保护工程、文保研究项目、文化展示交流活动，守护历史责任，践行文化使命，与各界人士共同关注、参与、致力于文化遗产的保护与研究、中华文化的交流与传承，现代文明的融合与发展
甘肃省	1	甘肃省博物馆学会	—	2010/6	社会团体	组织博物馆学的研究和学术活动；开展学术交流活动，组织参观学习；编辑出版刊物、通讯，印发有关资料；开展博物馆各学科门类业务咨询，向社会普及博物馆知识等
	2	甘肃省收藏协会	—	1993	—	—
	3	甘肃非物质文化遗产保护协会	—	2014/1	—	—
青海省	1	青海省考古学会	—	1978	社会团体	—
	2	青海省收藏家协会	青海省文化厅	2004/6	社会团体	—
宁夏回族自治区	1	宁夏收藏家协会	宁夏自治区文化厅	1998/8	社会团体	理论研究、信息、经验交流、人才培训、咨询服务等

续表

省份	序号	名 称	业务主管单位	成立时间	类型	业务范围
新疆维吾尔自治区	1	新疆维吾尔自治区博物馆协会	—	2012/11	社会团体	组织开展博物馆从业人员培训、创办会刊、全区博物馆行业先进示范评比、馆长论坛研讨
	2	新疆维吾尔自治区收藏家协会	新疆维吾尔自治区文化厅	2005/12	社会团体	组织收藏者进行交流展览；协助收藏家进行考察、交流并参与拍卖业务；举办收藏与鉴定讲座，普及收藏与鉴定知识；设立鉴定咨询委员会，为会员、企业和社会提供收藏与鉴定咨询；编辑通讯资料，给会员通报国内、国外的收藏信息及动态；编辑有关图书、画册、宣传品和音响制品

表5 文物保护志愿者团队一览表①

序号	所属省份	团队名称	成立时间	简介
1	北京	老北京拍记队	2000	利用网络平台，宣传文保意识，传播传统文化知识
2	北京	四月公益	2010	立足于各级各类博物馆，以人文素养的提升为出发点，通过“i看博物馆”公益参观、四月沙龙公益讲座、四月人文公益杂志、四月儿童团、四月公益小课堂等一系列活动，探寻历史文化艺术的魅力，搭建跨越古今的桥梁，致力于为爱好历史、文化、艺术的伙伴们提供一个学习、交流的平台

① 此表数据主要来源于网络及重庆市文物保护志愿者服务队扫街年鉴（2014－2016）。

续表

序号	所属省份	团队名称	成立时间	简介
3	北京	中国记忆网	2006	以保护文化遗产、记录历史变迁为己任，以保护优秀历史建筑为切入点，致力于中国物质与非物质文化遗产的保护与传承，通过建立文保信息系统向全国志愿者提供一个公益性的信息交流与共享平台。在此基础上组织志愿者对文化遗产进行文字、影像、视频等不同形式的记录，并通过各种方式、渠道进行文保宣传，促进文保理念的社会化传播，提高全社会、全民族的文保意识
4	北京	长城小站	1999	基于“热爱长城、热爱生活”的宗旨，通过网络和影像的力量促进长城知识整理、传播、分享，促进长城的宣传与保护
5	天津	天津建筑遗产保护志愿者团队	2006	文化遗产调查、抢救和保护；利用公共媒体宣传文保常识，推动公众参与；与高校、科研机构等单位合作，就文化遗产保护展开交流；为老街区的居民提供文保、法律及生活援助
6	天津	天津记忆	2011	致力于天津建筑遗产及地域文化的挖掘、整理、研究、考证、保护和传承，并利用报刊、网络等媒体介绍天津、宣传天津、弘扬天津。以“保护文化遗产，留住城市记忆，打开历史之门，重铸天津自信”为口号，唤起人们对天津历史的记忆，引导更多的人参与到保护城市文化的行列中
7	河北	承德历史文化遗产保护志愿者团队	2006	宣传文化遗产保护、探访考察承德历史文化遗迹
8	河北	太行人家团队	2016	宣传太行山区的地域文化和自然人文景观、传承保护保定古城的文化历史，免费为山区农村做规划策划，进行一系列服务乡村、改变乡村的活动
9	河南	楚长城研究保护团体	2005	文化遗产宣传、保护，发现问题上报、督促整改

续表

序号	所属省份	团队名称	成立时间	简介
10	河南	访古寻踪·南阳文化遗产保护公益团队	2011	坚持“公益·公开·透明·独立·自由·合作”的原则，秉承“用心灵感悟文化，以行动保护遗产”的宗旨，致力于河南南阳本土文化遗产挖掘、整理、研究、宣传
11	河南	大河网文化遗产志愿者团体	2005	以保护文化遗产、发现乡村文化传承人、感召公众参与民间文保、记录口述历史为宗旨，以大河网文化遗产版块为平台，自主自费组织文保活动，聚集河南省内各地市热心传统文化的网友
12	黑龙江	黑龙江文化遗产保护志愿者团队	2002	拍摄、调查、研究、建言献策、文物保护单位巡视
13	吉林	吉林文保志愿者团队	2007	开展对吉林省域内文物保护单位的踏查和拍记，关注文保状况和史料的收集整理，发掘和记录省内文物保护单位
14	辽宁	辽宁文化遗产保护志愿者团队	2007	记录各时期辽宁地区的文化遗产，加强大众对文化遗产的认识，促进文化传承
15	辽宁	大连历史遗迹守护者	2013	发掘和整理大连历史文化，记录城市历史变迁，以民间的视角对大连历史文化进行发现、整理、记录、收藏和研究
16	辽宁	大连历史文化保护志愿者团队	2012	以“探索和研究大连先民为我们留下的珍贵物质遗产”为核心使命，继承大连文明的精髓，发扬真正的本土文化，宗旨是保护文化遗产，记录整理历史变迁
17	宁夏	青铜峡市文化遗产保护志愿者	2008	文化遗产普查、保护、传承

续表

序号	所属省份	团队名称	成立时间	简介
18	江苏	南京城市记忆民间记录团	2008	秉承让历史说话，探寻历史的使命，在南京的大街小巷发现历史、了解历史，保护历史遗迹，弘扬历史文化
19	江苏	常州市文物保护志愿者联盟	2014	弘扬常州地方历史文化，普及文物保护知识，参与文化遗产保护实践
20	湖南	湘南古村保护志愿服务队	2011	保护规划编制
21	湖北	湖北省通山县江源古民居保护管理理事会	2015	积极宣传文物保护法律法规和相关政策，增强村民的保护意识，大力宣传江源优秀历史文化，弘扬江源优良传统，增强村民的文化自豪感与归属感；在文物局的指导下，按照古民居国家文物保护申报条件和要求，认真组织材料申报；积极介入与协调现存拟纳入“文保”范围内的房屋土地等产权纠纷。协助做好相关安置调处工作；在村委会的指导下，成立本土自治组织，制定乡规民约，实行封山育林，环境整治，禁止毒鱼电鱼，禁止乱倒乱扔垃圾。达到山清水秀、村容整洁、乡风文明；发动引导村民投入乡村旅游开发建设
22	湖北	“人文武汉”志愿者团队	2004	积极研究武汉文化遗产和历史文化，收集珍贵的历史建筑照片资料，致力于物质和非物质文化遗产的保护传扬，呼吁社会各界关注文化遗产保护，躬身力行发动群众广泛参与文化遗产抢救
23	广东	广州民间文物保护协会	2012	拍摄广州古迹、深挖广州历史、保护广州文化、记录口述历史
24	广东	恩宁路学术关注组	2010	关注旧城改造，鼓励社区居民参与社区规划
25	广东	河南地文化学社	2012	挖掘广州市海珠区历史文化，建立文物线索档案，为城市规划提供参考

续表

序号	所属省份	团队名称	成立时间	简介
26	广东	古粤秀色工作室	2004	采访广州越秀区建筑背后的故事，手绘建筑细节，调查破坏现状
27	福建	福州老建筑团队	2011	致力于老建筑、文物保护的普及和推广，搜集本地老建筑资料，供大家网上浏览，监督本地政府对文物及历史建筑的保护

表6　高校文保社团一览表①

序号	组织名称	成立时间	简　介
1	北京大学文物爱好者协会	1984	协会宗旨：普及文物知识，宣传文物法令，增强文物意识 主要活动：立足北大，面向全社会，举办讲座，放映有关文物知识的录象；组织参观博物馆，举办文物图片展，知识竞赛；开展形式多样的街头宣传，大型的假期调查活动
2	北京大学自然与文化遗产协会	2006	协会宗旨：进行自然与文化遗产保护教育，宣传自然与文化遗产保护意识，积极保护自然与文化遗产 协会目的：通过各种可能形式，立足于校内外从事自然与文化遗产保护的教育宣传和实践，并向全社会传播自然与文化遗产保护意识，树立并扩大协会的社会影响
3	北京大学燕园文化遗产保护协会	2013	协会宗旨：发掘并宣传北京大学作为教育遗产的价值，保护燕园文物，传递燕园记忆 主要活动：立足于北京大学教育遗产保护，保护范围包括物质文化遗产（可移动与不可移动文物、地上与地下文物）与非物质文化遗产（北京大学历史记忆，以及与燕园景观相联系的部分燕京大学历史记忆）两部分
4	中央民族大学文物与博物馆学会	2001	开展文博知识竞赛、讲解员大赛等精品活动，提供切实深入了解国内文物博物馆事业发展现状的契机，拓展大学生的视野，丰富大学生的校园生活，激发同学们对于文物博物馆相关事业的兴趣与关注

① 此表数据主要来源于网络。

续表

序号	组织名称	成立时间	简 介
5	北京联合大学文化遗产保护协会	2011	协会宗旨：发展和促进中国考古学和文化遗产研究的新思想与新技术，特别是发掘方法与技术、考古遗址的保护及管理；帮助培训新一代中国文化遗产保护的研究力量，特别是文物保护方面；激发公众对中国文化遗产的认知，帮助中国这一世界文化遗产大国更有效、更完美地向公众开放；积极推动丰富的中国文化遗产知识的传播工作
6	复旦大学博雅学社	2001	办社宗旨：普及文博知识、保护文化遗产、传承中国传统文化 活动内容：围绕文博系课程和专业设置，关注考古学、文物学、非遗（民俗民艺等）、博物馆学（展览形式策划、策展博物馆教育等）等相关领域，在尊重学术的基础上拓宽活动半径，挖掘活动形式，形成集学术讲座、体验课程、实践出游、雅集聚友和国际博物馆日系列活动一体的基本框架
7	华中师范大学文化遗产协会	2006	协会宗旨：宣传文化遗产知识，提高保护文化遗产的意识，弘扬中华文化精神 协会目的：通过阅读有关文化遗产书籍、开展一系列与文化遗产相关的活动，提高会员对文化遗产保护的保护意识、理论水平和实践能力，并唤醒民众对文化遗产的关注和保护 主要活动：定期举行读书交流会；不定期组织有关文化遗产的多媒体文献、经典影片的阅读与欣赏活动；不定期举办有关文化遗产的学术讲座；不定期举办各种保护文化遗产的宣传活动
8	中国地质大学文化遗产和岩土文物保护协会	2008	协会宗旨：保护和弘扬祖国文化遗产和岩土文物，发扬爱国主义情感 活动任务：鼓励与地质工程学相关专业同学认真学习专业知识；为参与者讲授文化遗产和岩土文物相关知识及保护方法；积极努力参与保护文化遗产和岩土文物相关科研项目；为参与者提供社会锻炼机会 活动内容：在校期间主要工作为在校内、校外（主要在武汉市内）学习、宣讲中国文化遗产和岩土文物及其保护的相关知识；寒暑假期间到全国的文化遗产和岩土文物保护区进行相关的地质工程研究，同时利用工程学院明德工程基金会资助贫困家庭

续表

序号	组织名称	成立时间	简 介
9	浙江理工大学文化遗产保护协会	2003	协会宗旨：保护文化遗产，弘扬民族文化 品牌活动：暑期社会实践；文保大讲堂；传统节日
10	西安交大文物爱好者协会	2001	协会宗旨：普及文物知识，唤起文保意识，感受山河历史，弘扬中华文化 协会主要活动：知识性的专题讲座、讨论式的现场交流、感知性的文物景点参观和深入的考古调查
11	山西大学文物爱好者协会	2006	协会宗旨：热爱历史，了解考古，拼搏创新，勤学善思 协会目的：弘扬祖国优秀文化，增加考古知识，促进学科发展，丰富校园生活 主要活动：走近考古，了解考古
12	南京大学文物爱好者协会	2010	协会宗旨：普及考古学和文物学知识
13	吉林大学文物爱好与保护者协会	1992	协会宗旨：让我们携起手来共同致力于祖国的文物保护事业 主要活动：举办讲座，讨论会，组织参观，举办展览
14	黑龙江大学文物考古爱好者协会	2010	协会宗旨：弘扬中国传统文化，进一步使考古学向正常有序的方向发展，为发展黑龙江考古学文化做贡献 协会目的：本着“培养兴趣，培养能力”的原则，锻炼同学们在野外与博物馆的实际操作能力 主要活动：举办各种座谈、讲座，开展各种学术交流活动；定期举办考古知识讲授课程、参观博物馆与遗址等活动；通过调查研究，了解掌握考古学领域的发展状况和趋势，为政府引导产业结构调整提供意见和建议；为广大文物考古爱好者提供与文物考古相关的咨询、服务，为黑龙江省考古学文化事业的发展提供更好的契机及空间；组织会员开展各种形式的学术研讨会，促进会员间的横向联系，为会员提供考古学文化学术研究的平台
15	哈尔滨师范大学文物爱好者协会	—	协会宗旨：促进各界文博爱好者之间的交流学习

续表

序号	组织名称	成立时间	简 介
16	广西师范大学文物鉴赏与保护协会	2000	协会宗旨：积极宣扬文物保护意识，普及文物鉴赏知识，丰富校园生活，弘扬民族文化 主要活动：协会目前拥有桂海碑林（与西安碑林齐名）、李宗仁官邸、李宗仁故居、靖江王府、桂林博物馆、八路军办事处等多个游览基地，协会组织会员免费参观各个景点，并请专人进行讲解，定期邀请专家学者讲授桂林文化、文物和珠宝玉器鉴定常识
17	赣南师范学院大学生文物爱好者协会	2011	协会宗旨：积极宣扬文物保护意识，普及文物鉴赏知识，丰富校园生活，弘扬民族文化 主要活动：文物知识讲座、文物知识竞赛和文物演讲；文物介绍专题影片；文物图片展；文物征文；文物辩论；游赣州博物馆等活动
18	兰州大学少数民族非物质文化遗产保护协会	2011	协会宗旨：弘扬民族文化、保护传统技艺、引导青年体验和创造传承氛围 主要活动：针对“少数民族地区的社会文化变迁”、“少数民族历史文化开发与保护”、“民族地区社区文化建设”等问题展开学术调查与研究，希望借对少数民族非物质文化遗产保护的相关活动对少数民族地区经济建设、社区文化建设提出建设性意见；开展支教、政策宣教、社区服务、心理辅导等相关公益活动；开展相关学术调查，利用成果申报项目；组织相关学术讨论会及研讨会；邀请文化传承人进行现场演示
19	河南师范大学大学生非物质文化遗产保护协会	2006	协会宗旨：宣传、保护、传承非物质文化遗产 协会目的：服务非物质文化遗产保护和教育 主要活动：以非遗为主题的征文比赛、大学生传统才艺培训班、暑期社会实践与服务以及非物质文化遗产进校园演出等
20	河南教育学院非物质文化遗产保护协会	2011	协会宗旨：团结广大非物质文化遗产爱好者，整合社会各界力量，集结优势互补的队伍，加强学术交流与理论研究，以与时俱进的科学态度继承并发扬中华民族优秀的传统文化；积极深入地挖掘、探索非物质文化遗产资源，开展非物质文化遗产的调查与保护工作；了解社会、体验生活，培养学生的社会责任感、营造良好的社会氛围；充分发挥动员、挖掘、整理、保护、弘扬民族民间文化等职责

续表

序号	组织名称	成立时间	简 介
21	浙江师范大学非物质文化遗产保护与传承协会	2010	主要活动：开展非遗理论研究、实践考察和普及宣传活动

二、意大利文化遗产、活动与旅游部部长法令①

向私人出让国有文化资产使用权

意大利文化遗产、活动与旅游部部长

2015 年 10 月 6 日法令

鉴于《宪法》第一百一十八条末款规定；

鉴于 2004 年 1 月 22 日关于《根据 2002 年 7 月 6 日第 137 号法律第十条规定制定的文化遗产和景观规范》的第 42 号法令；

特别是鉴于上述《规范》第五十七条之二（“公共建筑物的转让程序”）、第一百零六条（“文化遗产的个人使用”）、第一百一十五条（“管理形式”）规定；

鉴于 2014 年 8 月 29 日关于《根据 2014 年 4 月 24 日第 66 号法令第十六条第四款（后经 2014 年 6 月 23 日第 89 号法律连带修正案内容一并转换）规定制定的意大利文化遗产、活动与旅游部和独立绩效评估机构的组织条例》的第 171 号部长理事会主席令；

鉴于 2000 年 2 月 10 日关于《关于私营法律实体认可程序及公司成立契约和章程修正案批准程序简化规则的条例》的第 361 号共和国总统令；

鉴于 2004 年 12 月 30 日关于《编制国家年度和多年度财务报表的规定》的第 311 号法律第一条第三百零三款、第三百零四款和第三百零五款规定；

鉴于 2000 年 12 月 7 日关于《社会促进协会的纪律》的第 383 号法律、1991 年 11 月 8 日关于《社会合作社的纪律》的第 381 号法律、1991 年 8 月 11 日关于《志愿服务框架法》的第 266 号法律以及 1987 年 2 月 26 日关于《意大利与发展中国家合作的新纪律》的第 49 号法律中的规定；

鉴于 2012 年第 95 号法令第四条第八款规定（后经 2012 年 8 月 7 日第 135 号法律连带修正案内容一并转换）；

---

① 文字校对：杜骞。

鉴于2005年9月13日关于《关于国有不动产使用和租赁特许权的标准和方法的条例》的第296号共和国总统令；

鉴于1997年12月11日关于《关于国有古迹、博物馆、画廊、古物、公园和巨大花园门票制定规则的条例》的第507号部级法令；

鉴于2014年6月27日关于“1997年12月11日关于《国有古迹、博物馆、画廊、古物、公园和巨大花园门票制定规则》的第507号法令修订条例”的第94号部级法令；

鉴于意大利于2013年2月27日签署的《2005年10月27日〈法罗（Faro）公约〉》第十一条（共同承担文化遗产和公众参与责任），特别是第二段第c）至第e）项内容，其中要求公约各方“c）开发公共当局与其他参与者合作的创新方法；d）尊重和鼓励整合公共当局作用的自愿性举措；e）鼓励有意为符合公共利益而保留遗产的非政府组织”；

考虑到《宪法》第一百一十八条末款中规定：国家、大区、大都市、省和市镇应提供便利条件，使公民、个人和合伙人能够根据辅助原则提出自主倡议并开展符合普遍利益的活动；

考虑到上述2004年1月22日法令第六条第三款和第一百一十一条第四款中规定：“共和国赞成并支持私人、个人或合伙人参与开发文化遗产的活动”以及“通过私人倡议进行的开发是社会上有益的活动，以社会团结为目的的活动应得到认可”；

考虑到需要改进和加强关于向公众开放使用文化资产，以及开发当前未向公众开放或未经充分开发的文化资产，采用促进参与的公私合伙形式，同时呼吁非营利性、在文化遗产和活动领域开展业务并在文化遗址管理方面具有重要积极经验的“第三方机构”参与其中；

此外，考虑到需要通过授予文化遗产管理使用权的方式采取必要的程序化保护干预措施，以进行研究、预防、维护和修复；全部或部分工作均应由被特许机构承担，筹资方式包括利用公共活动收益向该等活动进行整体再投资或通过补充性服务开发资产，以及通过个人和企业募集资金（包括公众的赞助和自由捐赠）；

考虑到需要继续开发和利用国有不动产中的文化遗产，当前在使用时不予收费，然而可能需要加以修复；

兹颁布如下法令：

第一条　向私人出让国有文化资产使用权

第一款　可根据第二条规定特许私人主体使用国有文化领域不动产，当前在使用时不予收费，然而可能需要加以修复；出让使用权的目的是为了妥善保护遗产，根据2004年1月22日关于《根据2002年7月6日第137号法律第十条规定制定的文化遗产和景观规范》（下称《规范》）的第42号法令第二十九条规定实施管理项目，以及向公众开放使用并实施进一步开发。

第二款　该等遗产的确定依据为意大利文化遗产、活动与旅游部（下称“本部”）秘书长令，在该清单上，每个大区至多列入十处遗产；在进行首次申请时，本部驻大区主管秘书应于听取主管大区文化遗产委员会的意见后，自本法令颁布之日起六十天内通过“博物馆”总干事将上述清单呈交至秘书长。

第二条　被特许私人主体

第一款　本法令中规定的使用权出让的对象仅限《意大利民法典》第一卷中列明的协会和基金会，且该等协会和基金会应具有法人资格和非营利性质，同时应符合下列要求：

a）根据法律或法规中规定的主要目的，开展针对文化遗产和景观的保护、推广、开发或宣传活动；

b）在文化遗产保护和开发的合作领域至少具有五年经验的文字证明；

c）在最近五年内具有第三条中所述关于发布公告的管理经验的文字证明，其中至少应有一份公告应涉及公共或私人文化不动产；同时还应持有经主管该地监督部门出具的关于可适当维护和公开使用的证明；

第三条　被特许方的遴选程序和授予标准

第一款　被特许方的遴选应通过选择程序进行，在此过程中应确保各参与者得到公平对待。为此，本部将专门向第二条中列明的主体发出公告，进而遴选第一条中所述的遗产被特许方。

第二款 公告中应包含关于特许权相关遗产的说明以及拍卖基础上的相关费用。

第三款 由本部发布的特别公告中规定的公共证据程序中应列明关于根据本部秘书长令委任评审委员会的内容，委员会成员构成具体如下：

a）秘书长或副秘书长；

b）“博物馆”总干事或副总干事；

c）“美术和景观”总干事或副总干事；

d）“当代艺术与建筑与城市郊区”总干事或副总干事；

e）“财务报表”总干事或副总干事；

第四款 加入该委员会将不收取费用，同时不提供津贴或出席会议补贴。

第五款 应根据经济上最有利的报价标准授予不动产的使用权，同时应当考虑：

a）由每个程序参与者提出的程序化修复和保护方案，其中应列明用于确保遗产保护的必要措施和干预方式；报价方应负责估算可能发生的费用、通过特定计时方案编制干预措施落实时间表以及指明可能出现的资金来源；

b）由每个程序参与者提出的方案，其中应列明公众使用遗产的方式以及先前使用目的的后续进展状况；

c）在可能根据《规范》第一百一十二条规定与其他公共和私人机构之间签订的协议框架内提出的遗产开发方案，其中应列明预期根据《规范》第一百一十七条规定提供的接待服务，以及可能通过与其他文化场所和文化旅游线路及参考地域优质线路之间的联系而产生的协同效应；

d）竞标方设定的任何门票价格，同时有义务将门票收入全部用于计划性的保护和遗产管理，参考《规范》第一百零三条规定确定进入文化机构和场所的门票价格的要求、以及 1997 年 12 月 11 日第 507 号部级法令以及 2014 年 8 月 29 日第 171 号部长理事会主席令中的规定；

e）每一竞标方结合第四条规定提出费用金额；

f）经由主要信贷机构确认的经济财务计划，其中应列明管理方面的经济财务可持续性。

第四条 确定拍卖基础上的费用

第一款 构成用于评估本条例第三条第五款第 e）节中所述评估要素的拍卖基础的费用应由本部与意大利国有资产管理局协商确定。

第二款 应从资产租赁费中扣除由被特许方承担、不超过最高限额且用于修复的费用。为完成扣除，被特许方应于每年 12 月 31 日前向本部提交关于已根据特许权所涵盖程序化修复和保护方案采取的干预措施和已发生费用的报告。扣除金额应由本部自报告文件发送之日起三个月内根据审查结果予以确认，审查内容包括已根据特许权所涵盖程序化修复和保护方案采取的干预措施与已发生费用之间的对应关系。

第三款 本法令未尽事宜，应根据 2005 年 9 月 13 日第 296 号共和国总统令第十一条规定执行。

第五条 使用特许权和服务合同

第一款 在根据第三条规定确定程序后，本部主管办事部门应在三十天内授予特许权，被特许方应事先存放相当于三个月已商定费用的保证金。

第二款 如被特许方未能在第一款规定的期限内存放保证金，则本部有权在不提供正当理由的情况下宣布特许权失效，并没收可能于招标期间存放的押金。

第三款 特许权应涵盖：

a）根据第四条规定核算的遗产租赁费用金额；

b）修复和保护方案，其中应列明用于确保遗产保护的必要措施和干预方式，且被特许方应自行承担相关费用；

c）列明遗产公共使用方式和时间的方案；

d）根据《规范》第一百一十四条规定制定的开发服务和附加服务最低标准；

e）根据现行法律规定确定的门票价格；

f）第四条中规定的报告义务内容。

第四款 本部和被特许方应通过特定合同确定有关特许权的关系，其中应列明的内容包括但不限于遗产管理和开发活动项目的内容以及相关的执行时间表、应确保的活动以及应提供服务的质量水平，以及员工的专业程度等。应于服务合同中载明依照《规范》第一百一十五条第六款要求确定的为确保遗产公共使用的基本服务内容。

第六条　特许权的期限和续展

第一款　特许权的期限不得小于六年或大于十年。

第二款　如主管部门在考虑申请人提出的特定目标，特别是在考虑被特许方承诺进行的繁重的实质性修缮、修复或翻新工程以及已列明的完工时间等内容后，能够确定积极的方面，则可授予期限大于十年但小于十九年的特许权。

第三款　特许权届满时，不得实施任何形式的自动或默许续展。被特许方应在第四款中列明的期限内提出申请，随后由本部决定对特许权进行续展，然而续展期限不得超过原定期限，同时应重新确定相关费用并审查：

a）租赁方在履行正常支付费用以及开展修复工作等义务的确切情况；

b）自本部发出公告起计算的合理期限内，竞标人在通过非正式招标的方式表明获得出让权意向之外无法对相关不动产进行更以盈利为目的的开发。根据该等假设，主管部门可根据本法令第三条规定确定被许可方也可参与的新的选择程序。

第四款　应当在关系终止之日前的六个月内根据第二款规定向本部提交特许权续展申请。第三条规定同样适用。

第七条　特许权的终止和解除

第一款　对于未能遵守特许权费用支付方式或未落实修复方案以及已列明遗产公共使用方式和时间的方案的情况，特许权将被终止。

第二款　本部有权对被特许方所承担义务的确切履行情况以及遗产使用方式规定的遵守情况进行核查。无法利用其他方法进行核查的，本部官员有权根据特许权中列明的时间和方式亲自进入不动产加以核实。

第八条 费用恒定

第一款 本法令的实施不会对公共财政造成新的或更大的负担。为完成既定任务，相关办事部门有权根据现行法规要求动用现有的人力、工具和财政资源。

请将本法令发送至审计部门。

2015 年 10 月 6 日于罗马。

部长：弗朗切斯基尼

已于 2015 年 11 月 20 日在审计法院登记。

意大利教育、大学与研究部审计办公室；意大利文化遗产与活动部审计办公室；意大利卫生部审计办公室；意大利劳动与社会政策部审计办公室。登记号：4460

后　记

《保护遗产　永续根脉——社会力量参与文物保护利用实践研究》一书是在国家社科基金项目《文化遗产领域社会组织作用机理研究》与国家文物局项目《社会力量参与文物保护利用情况调查与研究》两个课题研究成果的基础上，经过作者进一步深入系统的调查研究，又增加了典型案例和政策制度的系统研究而最终形成的。

课题研究和成书过程中，我们得到国家文物局原局长、中国文物保护基金会理事长励小捷，国家文物局原副局长刘曙光，中国文化遗产研究院院长柴晓明，国家文物局政策法规司司长陆琼，督察司司长陈培军、副司长岳志勇，政策研究处处长彭跃辉、调研员罗娟的指导和帮助，也得到中国文物保护基金会、中国文物学会、中国博物馆协会、中国敦煌石窟保护研究基金会、中国考古学会、中国长城学会、山西省文物局、江苏省文物局、成都市文物局、苏州大学金螳螂建筑学院、浙江省古建筑设计研究院、松阳县委县政府和松阳县文物局的大力协助和支持，还得到记忆中国、北京文化遗产保护中心、襄阳拾穗者民间文化工作群、人文武汉志愿者团队、天津建筑遗产保护志愿者团队、重庆市文物保护志愿者服务队、苏州古城拍摄记录志愿者团队、古村之友、湖北通山县江源古民居保护管理理事会、新乡市文物保护者协会等社会组织和志愿者团队的热心支持和帮助。中国文物报社社长李耀申和中国文化遗产研究院研究员乔梁精心审阅书稿，提出许多具有重要价值的修改意见，使得本书结构更完善、观点更明确、表述更准确，为本书增色颇多。中国文化遗产研究院文物研究所长城项目组提供了长城相关数据资料，张晨在中国文化遗产研究院工作期间收集整理了大量数据资料，文物出版社谷雨在资料收集整理方面予以大力协助，中国博物馆协会顾婷提供了博协相关资料，文物出版社编审李睿为本书的出版付出了辛勤的劳动。在此一并致以诚挚的谢意！

在调研过程中，我们不仅对文物保护有了更深刻的认知，也深深地被各地参与文物保护利用的企业、社会组织、文物保护员和志愿者所打动、所感染。他们满怀对中华文化的敬仰和对文化遗产的敬畏，自觉担当起这一重要使命和责任，十几年甚至几十年如一日，心甘情愿、无怨无悔地为之奉献，付出了常人难以想象的艰辛与努力。从他们身上，我们不仅看到了文化遗产保护的希望，而且看到了人性的光辉。在此对他们致以由衷的敬意！

本书各部分执笔人如下：

绪论：刘爱河

第 1 章：刘爱河

第 2 章：刘爱河

第 3 章：余建立、刘爱河、于冰

第 4 章：于冰、刘爱河

第 5 章：杜骞、刘爱河

第 6 章：刘爱河、于冰

附录部分的基础数据，除做出特殊说明外，均由刘爱河汇总整理。

全书统稿：刘爱河

关于社会力量参与文物保护利用的研究，对我们而言还是一个全新的领域，研究才刚刚起步，无论是资料的收集、数据的统计分析，还是政策建议的提出，都难免存在疏漏和偏颇之处，恳请业内外专家学者和社会各界朋友不吝赐教，提出批评和建设性意见。希望通过本书抛砖引玉，引起社会各界对文物保护利用的更多关注、更多支持，为文物保护和文化传承做出更多贡献，让中华文明根脉永续。

刘爱河

2018 年 10 月